名画中的隋唐史

章雪峰 著

山东文艺出版社

图书在版编目（CIP）数据

名画中的隋唐史 / 章雪峰著.—济南：山东文艺出版社，2021.1
ISBN 978-7-5329-5896-2

Ⅰ.①名… Ⅱ.①章… Ⅲ.①中国历史－隋唐时代－通俗读物 Ⅳ.①K240.9

中国版本图书馆CIP数据核字(2020)第168705号

名画中的隋唐史
章雪峰 著

主管单位	山东出版传媒股份有限公司
出版发行	山东文艺出版社
社　　址	山东省济南市英雄山路189号
邮　　编	250002
网　　址	www.sdwypress.com
读者服务	0531-82098776（总编室）
	0531-82098775（市场营销部）
电子邮箱	sdwy@sdpress.com.cn
印　　刷	山东新华印务有限公司
开　　本	720毫米×1020毫米　1/16
印　　张	16.5
字　　数	248千
版　　次	2021年1月第1版
印　　次	2021年1月第1次印刷
书　　号	ISBN 978-7-5329-5896-2
定　　价	88.00元

版权专有，侵权必究。如有图书质量问题，请与出版社联系调换。

作者简介

章雪峰,文史作家、出版人、国家出版基金评审专家、江西省人文社科专家,现任湖北科学技术出版社编审。出版有《中国出版家·章锡琛》《唐诗现场》《隋唐韬略》《一个节气一首诗》《藏在节日里的古诗词》等作品。其中,《唐诗现场》、《一个节气一首诗》(繁体版更名为《二十四节气的诗词密码》)、《藏在节日里的古诗词》(繁体版更名为《藏在节日里的诗词》),已由中国台湾好读出版有限公司出版繁体中文版。

序

画原来还可以这样看！
——章雪峰《名画中的隋唐史》

"味摩诘之诗,诗中有画;观摩诘之画,画中有诗",东坡《书摩诘〈蓝田烟雨图〉》中的这则评论,早已成了诗坛与画坛的至理名言。"诗中有画"固然是对诗人的褒奖,"画中有诗"更是对画家的揄扬。

"诗中有画"与"画中有诗",后来成了诗人与画家的共同追求,也成了人们读诗观画的审美导向——一念诗就想寻找画意，一观画就想到了诗情。

如今，说起"画中有诗"，无疑所有人都会首肯；要说"画中有史"，估计许多人将会摇头。看到眼前这本《名画中的隋唐史》，仅仅书名就可能让不少人大吃一惊：别蒙我，名画中还有"隋唐史"？从画里还能"看"出"史"来？

殊不知"左图右史"说，比起东坡的"画中有诗"来，不仅起源更早，而且来头更大。早在《周易·系辞上》中就称"河出图，洛出书，圣人则之"，后来郑樵在《通志·二十略》中更大加发挥："图，经也。书，纬也。一经一纬，相错而成文……图至约也，书至博也，即图而求易，即书而求难。古之学者为学有要，置图于左，置书于右，索象于图，索理于书。"

图为经而书为纬的说法也许有点夸张，但不可否认，古人最先是以图画来记事，"画中有史"倒是说出了先人图画的实情。《名画中的隋唐史》这种"看"画的方式，使我们不只是看到画面的诗意，更能直击画面背后的史实，它为我们开启了"看"画的另一种方式。

由《名画中的隋唐史》，我想起了唐代孟棨的《本事诗》，二者都是揭示诗与画背后的"故事"。不过，前者比后者更要靠谱，后者体裁上属于笔记小说，虽然作者声称摒弃"异传怪录"，但大多是捕风捉影的逸闻，许多"本事"基本上是"戏说"，而前者则是言必有据的文献梳理，正如作者在前言中所说的那样，处处"立足于历史故事本身"，挖掘名画"后面"的历史真实；前者也比后者更见艺术匠心，《本事诗》常常"点到为止"，仅只交代一个大致梗概，《名画中的隋唐史》叙述了名画涉及的许多历史细节，作者用活泼生动的口语娓娓道来，他明明是在以画来"讲史"，但我们读来好像是在"听书"，他把隋唐史讲得引人入胜，也把画中的人物说得栩栩如生。

我们来看看第一篇《〈张议潮统军出行图〉：他为大唐收复百年失地，再次打通河西走廊》。张议潮出身于敦煌一带豪族，是中晚唐一位名将。唐宣宗大中年间，趁吐蕃内乱的大好时机，他立即散尽家财，率众驱逐了吐蕃的镇将，收复了敦煌一带的失地，此后又收复了沙、瓜、伊、西、甘、肃、兰、鄯、河、岷、廓等十一州，被唐宣宗授予归义军节度使。唐懿宗咸通年间又再次收复西州、轮台、清镇等城镇，将吐蕃势力全部逐出河西、陇右地区。且看作者如何"导读"此画——

先交代此画的概况："《张议潮统军出行图》，全长8.55米，高1.08米，绘有人物一百多个，骏马八十多匹。"然后再分头一一道来："全图按照行进的方向，可以分为三个部分：第一部分是前卫部队；第二部分是乐舞、六纛、旌节；到了第三部分，我们才能看到张议潮本尊和他的侍卫亲军，以及由射猎、驮运等骑队组成的后卫部队。"看古画也像看古书一样，要从右往左边看，最右的也就是最前的，最右边的就是前卫部队，前卫部队最前边的四人四骑是鼓手，鼓手后面的四人四骑是吹角手，吹角手之后尾随两面队旗，由两个头戴兜鍪、身披盔甲的骑士高高擎起。三对执稍的骑士紧跟着队旗，作者还顺便介绍了骑士所执之稍，它们"既是具有实战功能的军用武器，也是兼具礼仪功能的仪仗兵器"。第二部分分别描述十个身穿大红袍的骑士，二十人的乐队，包括拍板、横笛、筚篥、琵琶、竖箜篌、笙、担鼓、腰鼓等乐器，六纛、门旗、信幡，以及门旗、信幡为其开道的"旌节"，说到旌节可谓是浓墨重彩。因为"旌节"不只处于整个画面的中心位置，而且也是张议潮出行的原因——他这次"出行"不是上山狩猎，更不是去野外郊游，而是隆重地参加接受节度使"旌节"的仪式。

那么何为旌节？旌节又何模样？接受旌节又有何排场？要回答这一连串的问题，需要丰富的史学知识和扎实的文献学功底，对于历史文献学科班出身的作者来说，这些恰恰是他的拿手好戏，他也从不放过表现自我的机会，而且次次都"表演"得十分精彩。以这次"旌节"为例。它是唐代节度使政治合法性的凭证，是"朝廷赐予他作为节度使专制一方唯一的权力象征"，《唐六典》说"旌以专赏，节以专杀"，具有"'免死金牌'加'尚方宝剑'的双重功能"。它长得什么模样呢？由于"新旧唐书"对此的记述过于简略，作者从《宋史》中找到了旌节相关的描述："旌用涂金铜螭头，髹杠，绸以红缯，画白虎，顶设髹木盘，周用涂金饰。节亦用髹杠，饰以金涂铜叶，上设髹圆盘三层，以红绿装钉为旒，并绸以紫绫复囊，又加碧油绢袋。"至于节度使接受旌节的仪式，所有正史都语焉不详，"后来发现的敦煌文献《凡节度使新受旌节仪》，对于这些的记录倒是详细"，但一是不太直观，二是不得要领。作者说"只有《张议潮统军出行图》最贴心了，直接甩给我们一张全景照片"。画的"第三部分一开始，就是戴幞头、穿红袍、系革带、骑白马的张议潮了。可惜的是，千年的历史烟云模糊了他的面容，今天的我们已无法看清他的模样。仔细想来，虽然他干出了惊天动地的大事，但其本人的那张脸，应该不至于也帅得惊天动地，毕竟这一年他已经是年过花甲的人了"。唐人早就明白"雪暗凋旗画"，经历了一千多年时代风雨的磨蚀，历史名画大多有些模糊斑驳，这段对张议潮形象的解说中，调侃处颇多敬重，描摹时又略带遗憾。

第一节说完了画面细节，作者再用两节的篇幅讲画背后的故事：先讲张议潮伟大的历史功绩，再讲他的生世、个性和结局。读者可能觉得有点喧宾夺主，作者不是要讲"名画"吗？

大家可不要忘了书名就叫《名画中的隋唐史》，作者引导我们从画入而从史出，落脚点不在"画"而在"史"。著名史学家陈寅恪先生的《元白诗笺证稿》，时而"以史证诗"，时而"以诗证史"，将我国"诗史互证"的方法发挥到了极致。也许作者章雪峰受到了陈氏的启发，该书对十八幅名画的解说，有时以画补史之阙，有时以史明画之意，所以在他的笔下，历史名画是工笔描摹的历史细节，他的叙述是阐释名画背后的历史底蕴。

我详细评点第一章的优点和亮点，不过是想举一反三地抓住全书的特点。该书十八章几乎章章都可圈可点，如《明皇击球图》，作者像一名出色的体育解说员一样，让我们观看了一场唐代上层社会紧张激烈的马球比赛。又如《便桥会盟图》这一章，作者"当众"撕下了唐太宗李世民的"面子"，让我们看到了早年李世民的"里子"。再如对《武后行从图》的解读，穿过历史的烟云，仍能感受到武后当年八面威风的气场。作者对《五王醉归图》的导读，更让我们"看到"了唐玄宗友于兄弟背后的冷酷算计。特别是对《虢国夫人游春图》的赏析，让人们见识了虢国夫人的风华与骄纵，也让我们领略了她的"豪气"与"英风"。过去我一直不明白虢国夫人为什么如此自信："虢国夫人承主恩，平明骑马入宫门。却嫌脂粉污颜色，淡扫蛾眉朝至尊。"也不明白唐玄宗对杨家姊妹为什么如此娇宠："姊妹弟兄皆列土，可怜光彩生门户。遂令天下父母心，不重生男重生女。"看完了这幅图及其解说，上面那些疑惑都将一扫而光。作者交代虢国夫人生命最后的决断时说："在大难来临的时刻，身为美女、体柔力弱的虢国夫人，表现出胜过须眉男子的惊人定力。为了避免家人被抓后受辱，她先亲自杀死了自己的儿子裴徽和女儿，再在杨国忠妻子裴柔'娘子为我尽命'的请求下，杀死了她，最后才举刀自杀。"行文到此作者也非常感动，文章结尾时的一段议论极其动情：

> 也许是前面用力过度吧，最后自刎的这一刀力度不够，虢国夫人没能杀死自己。于是身负重伤的她被关进了监狱。在血凝咽喉、辗转将死的最后一刻，她还在问身边的狱吏："国家乎？贼乎？"（"杀我们杨家，是政府所为还是盗贼所为？"）
>
> 每读史至此，我总要为虢国夫人这位女中豪杰，翘个大拇指。
>
> 她就是这样一个女人：有机会、有条件享受时，潇潇洒洒，可劲儿造，活在当下，不做作，不矫情；大难来临、生死关头时，手刃亲人，沉着面对，站直了死，不摇尾，不乞怜。
>
> 说起来，美女虢国夫人，比如今的好多须眉男儿，都要强，都

要活得明白。

是的，这才是她，这才是画中的那个右1。

这才对得起她脸庞上流露出来的骄傲神情，这才配得上她整个人散发开去的强大气场。

我喜欢。

看来，杨家姊妹使唐玄宗神魂颠倒的，不仅仅是风骚的体态，不仅仅是妩媚的风韵，也不仅仅是勾魂的眼神，还有她们的果敢、决绝、气度、傲骨和见识。活就要活得光彩照人，死也要死得高贵镇定，虢国夫人配得上大唐皇帝的万般宠爱，也值得天下所有男人倾心！难怪，这位虢国夫人，当年的皇上喜欢，今天的作者喜欢，其实我也喜欢。

该书作者章雪峰现为湖北科技出版社总编，是华中师范大学历史文献研究所前所长董恩林教授的高足，董恩林兄是我多年的好友，章雪峰另两位师长张三夕教授、范军教授也是我多年的兄弟。他们三人都对章雪峰交口称赞，这本书所显露的学识与才华，足以证明我这三位兄弟的称赞并非虚誉。现在有些人的文章木强呆滞，和他们的人一样两眼无光，而章雪峰的文章灵动活泼，每一行文字都生气贯注，清人所谓"有学而能宣，能文而有本"，章雪峰离这种境界已经很近了。

当然，书中有些好的议论未能展开，有些新的提法尚可斟酌。譬如，作者把历史名画视为"老照片"，可照片虽然有角度的选择和明暗的调节，但相较而言更为写实，人物画虽然也要尊重历史事实，但比起照片来更多想象与虚构，况且这些画作大部分是隔代"遥想"。这里可供思考的东西很多，画作与史实有哪些地方吻合，又有哪些地方变异？变异是因为价值观的变化，还是因为审美的需要，抑或仅仅是画家的好奇？又如宋末元初的任仁发为什么要画《五王醉归图》？纯粹是出于对唐玄宗的敬仰，还是出于对王室冷酷的反讽？假如能注意名画与史实之间的张力，能把握语言活泼与油滑之间的界限，在我看来该书就没有遗憾了。

不过，我也知道这个要求非常可笑，我自己没有哪一本书不留遗憾。书有遗憾我们才有继续写下去的动力，人有遗憾我们才会有活下去的盼头。要是有谁已经觉得此生无憾，估计这位老兄快要来日无多了吧？

乐为序。

戴建业
2020年12月18日于武昌

前言

不好意思,我把这些历史名画,看成了老照片

2016年9月30日,十一黄金周放假的前一天。很偶然地,一幅《张议潮统军出行图》跳入我的眼帘。

立马,我就被这幅敦煌壁画吸引住了。这可是出自晚唐画工之手啊,很有可能这就是当时身为节度使的张议潮统军出行的真实场景。

问题是,这幅画长过8米,高达1米,画上密密麻麻全都是腿,不是马腿,就是人腿。在这么多人当中,哪个才是张议潮本尊呢?

根据我的生活经验,我开始在此图的C位(核心位置),来回寻找。结果找了半天,也没有找到一个相貌堂堂、浓眉大眼、长得像领导模样的人物。看来,对我而言,张议潮是"只在此图中,人多不知处"啊。

这样的场景,让我想起小时候在家里看的老照片。长辈拿出已经发黄的老照片,指点着说:"这是你没见过面的七大姑,这是你的八大姨。"我们则在旁边"哦哦"应着。可是现在面对的是《张议潮统军出行图》这样的历史名画,可就没人指着画面,告诉我哪个才是张议潮本尊了。

厚着脸皮逢人就问吧,在这已长华发的年纪,还真不大好意思开口,只有自我加压、默默钻研了。于是我找来相关资料,一番苦读,才终于在图中间偏左的一座暗红色的小桥之后,找到了头戴幞头、身穿红袍、腰系革带、骑着白马的张议潮本尊。只是可惜的是,千年的历史烟云模糊了他老人家的面容,今天的我们已无法看清他当年的帅气模样了。

几乎在看到张议潮本尊的同时,我的另一个疑问又出现了。据我所知,唐朝的官员出行,是轻车简从、仪仗简单的。就是节度使这样的封疆大吏出行,也不像我们在影视剧里所看到的那样,打着"肃静""回避"的牌子,鸣锣开道,前呼后拥,招摇过市。那为什么《张议潮统军出行图》中张议潮的出行,人有一百多个,马有八十多匹,搞得这么隆重?

原来,这不是张议潮的日常出行场景,而是他最为隆重的接受节度使"旌节"的仪式。所谓"旌节",就是图中位于C位,由两位骑士竖持于手中,用蓝色袋囊包裹的伞状物。对于张议潮而言,"旌节"是朝廷赐予他作为节度使专制一方权力的唯一象征,也是比他本尊还要重要的东西。这样,我们也就不难理解,为什么《张议潮统军出行图》中的C位不是张议潮本尊,而是那两个蓝色的伞状物了。

关于唐朝节度使接受"旌节"的仪式,《旧唐书》《新唐书》等正史记录太过简略,让我们很难了解具体的细节;后来发现的敦煌文献《凡节度使新受旌节仪》,对于这些的记录倒是详细,但到底不太直观;只有《张议潮统军出行图》最贴心了,直接甩给我们一张全景照片。

看明白了画,我才发现这幅画的背后,还有一个值得大书特书的历史故事。张议潮，就是那个凭一己之力，为大唐收复百年失地，再次打通河西走廊的大好男儿；也是那个为大唐奉上"西尽伊吾，东接灵武，得地四千余里，户口百万之家"的顶天汉子。张议潮为大唐立下如此显赫的功勋，却没能在群星闪耀的唐朝正史中留下个人的传记。

幸亏，近代国学大师、敦煌学家罗振玉，憾于唐朝正史没有张议潮的传记，专门写了一篇《补唐书·张议潮传》。见贤思齐，我虽然没有罗大师的文笔，但也敬佩张议潮只手擎天的历史功绩，也愿意为张议潮留下一点文字，夸一夸这个顶天立地的奇男子，让更多的人，知道他的名字。

这就是本书第一篇文字《〈张议潮统军出行图〉：他为大唐收复百年失地，再次打通河西走廊》的创作缘起。

从第一篇文字开始，到我敲出本书的最后一个字，一共花了三年多时间，写了十八幅历史名画，包括《步辇图》《凌烟阁功臣图》《五王醉归图》《杨贵妃上马图》《虢国夫人游春图》《会昌九老图》等。每一篇文字，我都立足于历史故事本身，不仅为读者诸君现场导看一张张历史名画，而且为读者诸君重点讲述名画背后的历史故事。不好意思，我把这些历史名画，看成了老照片。

有人可能会指出：有的历史名画，并非由当时的人，在当时所画，不是你所说的现场"咔嚓"下来的老照片。是的，比如现藏于辽宁省博物馆的《会昌九老图》，就是宋人所画的唐朝历史故事：画面上是唐朝白居易的事，却是由北宋的画家李公麟所画。不仅如此，还有不同时代的多位画家；也创作过这一主题的画作，只不过李公麟所画的《会昌九老图》，是其中最著名的一幅而已。

然而，上述这些同名画作，无论其所画场景如何、人物服饰如何，其实都还是取材于白居易首创的"九老会"。而我想要向读者诸君重点讲述的，本来就是白居易的"九老会"呀。

向所有研究过书中所写十八幅历史名画的学者们致敬。你们的文章和著作，我基本都学习和参考过了。由于我写的是一本力求通俗的普及图书，而不是一本需要处处注释的学术图书，所以没有在书中一一注明我在创作中参考过的著作篇目。但是，我的确得到了你们的帮助。没有来自你们肩膀的有力支撑，我不可能完成本书的创作，希望你们能够感受到我发自心底的谢意。

　　最后需要说明的是，本书所写，实际上还是历史名画背后的历史故事。然而行文所及，又不得不与美术有关。可是，绘画于我，是零基础，从小即无艺术细胞；美术史和画史研究呢，也大约是十窍刚刚通了九窍。因此在创作本书时，我一直是战战兢兢、如履薄冰的心情，远没有创作以前作品那样，还有那么一点点自信。可是丑媳妇终究还是要见公婆的，现在书既已出，如有错漏，责任全部在我。当然，还请方家指教，我当一边汗颜，一边改正。

　　是为前言。

章雪峰
庚子年，墨水湖

目录

序：画原来还可以这样看！——章雪峰《名画中的隋唐史》 ……… 002

前言：不好意思，我把这些历史名画，看成了老照片 ……… 001

《张议潮统军出行图》：他为大唐收复百年失地，再次打通河西走廊 ……… 001

《游春图》：那双砍人的手，也能画出"豆人寸马" ……… 015

《便桥会盟图》：陈及之的小动作和李世民的小秘密 ……… 026

《萧翼赚兰亭图》：男人，都是骗子 ……… 043

《步辇图》：文成公主的终身大事，就是在这一刻决定的 ……… 056

《凌烟阁功臣图》：存放唐朝功臣标准照的国家展览馆 ……… 070

《武后行从图》：女皇武则天出门散步遛弯儿，得多少人陪着才够排场？ ……… 087

《五王醉归图》：那年月，酒驾不违法 ……… 101

001

零零壹

《辋川图》：王维只不过买了个二手别墅，至于嗨成这样吗？………… 116

《张果见明皇图》：蝙蝠精？老寿星？傻傻分不清楚！………… 129

《杨贵妃上马图》：老婆上马要等得………… 140

《虢国夫人游春图》：女扮男装的强大气场………… 153

《明皇击球图》：然而大伙儿都在，马球正是精彩………… 166

《明皇幸蜀图》：史上第一张P过的图片………… 177

《望贤迎驾图》：温馨亲情的画面背后，父子间的冷冰冰………… 191

《免胄图》：郭子仪的人生高光时刻………… 209

《五牛图》：最左边那头牛，作者画的是不是自己？………… 223

《会昌九老图》：就是白居易在家开的大Party………… 236

零零壹

《张议潮统军出行图》
他为大唐收复百年失地，再次打通河西走廊

晚唐咸通年间，确切地说是在公元861年至865年之间，在敦煌莫高窟今天编号为156窟的南壁及东壁南侧下部，一位我们今天已经无法确

知姓名的画工,画完了最后一笔。至此,他完成了一幅莫高窟中少有的、完全与佛经无关的历史人物名画——《张议潮统军出行图》。

借助这位画工的丹青妙笔,唐朝那个凭一己之力,为大唐收复百年失地,再次打通河西走廊的大好男儿,那个为大唐奉上"西尽伊吾,东接灵武,得地四千余里,户口百万之家"的顶天汉子,那个立下如此显赫功勋,却没能在群星闪耀的唐朝正史中留下传记的张议潮,就这样在莫高窟的一幅图中,让自己留下了一个模模糊糊的影子。

《张议潮统军出行图》 敦煌莫高窟第156窟壁画

一
图中一百多号人中，
哪个才是张议潮本尊？

《张议潮统军出行图》，全长8.55米，高1.08米，绘有人物一百多个，骏马八十多匹。那么在这一百多号人中，哪个才是张议潮本尊？

全图按照行进的方向，可以分为三个部分：第一部分是前卫部队；第二部分是乐舞、六纛、旌节；到了第三部分，我们才能看到张议潮本尊和他的侍卫亲军，以及由射猎、驮运等骑队组成的后卫部队。至于第三部分具体哪个才是张议潮本尊，别急，我们一个一个地扫描过去，不信找不着。

《张议潮统军出行图》的最右边，也就是整个队伍的最前头，是分列左右的四人四骑。这四人都是鼓手，腋下各有一面棕红色鼓身、土黄色鼓面的大鼓。他们手持木制鼓槌，呈敲击状，发出隆隆鼓声，充当整支队伍的先导。

四面大鼓之后，是四人吹角。角是一种以兽角（如牛角或其他材料）制成，发声浑厚悠长的乐器，可用于军中朝夕报时、号令等。从图中看，四个人都骑在马上，每个人的其中一只手，都握在长约1米的棍状长角的中后部，另一只手握紧吹嘴，他们正引颈鼓腮，卖力吹奏。

吹角之后，是左右对称的两面大旗，也称"队旗"，由两位头戴兜鍪、身披盔甲的骑士擎在手中。按照唐朝军队制度，图中队旗上面应该还有字画，起着标示军中编制，以免士卒混杂的重要作用。可惜的是，队旗中的字画已很难看清了。

队旗之后，是三对执矟的骑士，矟刃下缀有幡旗。矟，同"槊"，其实就是唐朝骑兵使用的长枪。唐初的开国大将中，尉迟恭、程知节、秦琼，还有齐王李元吉，在实战中都是善用这种矟的高手。《张议潮统军出行图》中出现的这种矟，既是具有实战功能的军用武器，也是兼具礼仪功能的仪仗兵器。

执矟骑士之后，各有一名横向骑马回望的官员，其身份应为导引衙官，负责协调控制邻近人马的行进节奏，以免整个队伍出现脱节。以这一位导引官为分界线,《张议潮统军出行图》第一部分结束。

《张议潮统军出行图》第二部分的开头,是左右共十个骑士。他们头戴幞头,身穿大红袍,在图中上列五骑旁边,其身份有文字标明"左马步都押衙等"。可惜的是,图中下列五骑旁所标文字已看不清楚,但可推测为"右马步都押衙等"。唐朝的节度使,属下设有"都押衙"官员,编制不等,其主要职责是掌管节度使府的警卫工作。职责所在,所以节度使张议潮出行,他们要在前面开道,作为先导。

在两列"马步都押衙"之间,出现了规模为二十人的乐舞队。其中,舞者八人,四个戴幞头,四个穿着吐蕃服装,正随着音乐翩翩起舞。乐队十二人,其中背大鼓者二人,鼓手二人;其余八人分为两排,手持不同乐器,分别是拍板、横笛、筚篥、琵琶、竖箜篌、笙、担鼓、腰鼓。至于这二十人奏的是什么乐、跳的是什么舞,今天的我们已无法确知了。

乐舞队之后,又是左右各三面共六面大旗。这六面大旗,每旗飘七带,有个专有名称"六纛",是唐朝节度使示以威严、得以专杀的标志之一。"六纛"之后,又有一对旗和一对幡。这一对旗上,各有飘带,也有个专有名称"门旌",又叫"门旗";这一对幡,被称为"信幡"。

如果泛泛而观《张议潮统军出行图》,从一般意义上理解,我们会认为此图中的C位,画工肯定会留给张议潮本尊。因为他是当时当事的中心人物、最高官员,自然会被画工画在C位,以突出他的中心地位。然而,仔细看看这个图,就会发现原来我们大错特错了。

《张议潮统军出行图》中的C位,不是张议潮本尊,甚至也不是一个人,而是一对"神器",还是一对我们今天已无法确知其真面目的"神器"。要知道,前面所说的队伍里的乐舞、六纛、门旌、信幡,全部都是为这对"神器"开道的。下面,我就为大家隆重介绍图中C位的一对"神器"。

这个"神器",叫作"旌节"。就是图中在门旌、信幡之后,由两位骑士竖持于手中,用蓝色袋囊包裹的伞状物。

史载,唐朝的节度使受命之日,朝廷赐双旌双节。图中的每一个蓝色袋囊,都包裹了一旌一节。张议潮是节度使,也受赐双旌双节,所以图中有两个蓝色伞状物。旌节的作用,《唐六典》说:"旌节之制,命大将帅及遣使于四方,则请而假之,旌以专赏,节以专杀。"换句话说,旌节是朝廷赐予节度使专制一方权力的唯一象征，具有后来我们熟知的"免死金牌"加"尚方宝剑"的双重功能。

《唐会要》甚至指出："永徽以后，除都督带使持节，即是节度使，不带节者，不是节度使。"也就是说，张议潮要是没有这两个用蓝色袋囊包裹的伞状物，即所谓的"旌节"，那他就失去了政治合法性，就不能算是唐朝中央政府任命的节度使，而是独霸一方的"土皇帝"了。所以这个旌节比张议潮本尊还要重要，C位必须让给它啊。

这么重要的"神器"，那能不能掀起它的红盖头，拿掉它的蓝袋囊，让我们看看它的真面目？对不起，不能，因为史无明载。

不过，可资参考的是，《宋史》记录了宋朝节度使所用旌节的模样："旌用涂金铜螭头，髹杠，绸以红缯，画白虎，顶设髹木盘，周用涂金饰。节亦用髹杠，饰以金涂铜叶，上设髹圆盘三层，以红绿装钉为旎，并绸以紫绫复囊，又加碧油绢袋。"

引用了这么多文字，估计大家还是有些发蒙。我给大家做个简单粗暴的解释，大家见过宝塔蛋糕吗？以我有限的古文功底，我看完上述关于旌节模样的记录，我就觉得旌节完全就是一个宝塔蛋糕嘛。所不同的是，宝塔蛋糕可以吃，旌节又是金又是铜的，估计没法吃。

考虑到唐宋历史相继，官制相承，既然宋朝节度使的旌节长得像宝塔蛋糕，那么唐朝节度使的旌节也应该长得差不多。

旌节之后，又有四骑，应都为衙官。其中同列的三骑，旁边有文字标明"衙前兵马使"。"衙前兵马使"和前面的"都押衙"一样，也是节度使府的武职属官，其职责是指挥所属兵马。

"衙前兵马使"之后，是步行的四对，共八人。这八人头戴花毡帽，身穿单色缺胯衫，腰系革带，脚穿白毡靴，手持仪刀。旁边有文字标明"银刀官"。所谓"银刀"，就是银装仪刀。仪刀，在唐朝是完全没有实战功能，只用于仪仗队的一种礼仪兵器。

"银刀官"之后，又出现一对横向骑马回望的官员。与前面作为图中第一部分与第二部分的分界线的导引衙官一样，这两位官员的身份仍为导引衙官，负责协调控制邻近人马的行进节奏，以免整个队伍出现脱节。以这二位导引衙官为分界线，《张议潮统军出行图》第二部分结束。

《张议潮统军出行图》第三部分一开始，就是戴幞头、穿红袍、系革带、骑白马的张议潮了。可惜的是,千年的历史烟云模糊了他的面容,今天的我们已无法看清他的模样。仔细想来,虽然他干出了惊天动地的大事,但其本人的那张脸,应该不至于也帅得惊天动地,毕竟这一年他已经是年过花甲的人了。

在他的左右,还各有一名马夫,执辔夹马而行。有人说了,张议潮可是史有明载、能征惯战的武将一枚啊,怎么骑个马还怕马惊了,还需要带两个人牵马?唉,你们懂什么?这叫谱儿!

张议潮的旁边,就有文字标明他的谱儿:"河西节度使检校司空兼御史大夫张议潮统军□除吐蕃收复河西一道行图"。这表明,图中的张议潮,有三个官职,分别是"河西节度使""检校司空""御史大夫"。

先说"检校司空":"司空"在唐朝,是"三公"之一,级别很高,正一品,职责也很重大,"佐天子理阴阳、平邦国,无所不统"。然而,正因为其职责"无所不统",于是也就"无所统",基本没事干,成了虚职。张议潮的这一职务前面,还加了"检校"二字,意思是张议潮这个"司空"是由皇帝下诏书直接任命的,而非通过吏部正式渠道任命,是个虚衔。

所以,这里张议潮的"检校司空",是虚衔加虚职,所起到的作用,大致就是代表当今皇帝表示:"我很尊重你,给你的地位很高,张爱卿。"

再说"御史大夫":是正三品的御史台长官,职责是"掌以刑法典章纠正百官之罪恶",是负责对朝廷百官进行纪律监察的中央官员。但是,张议潮人在敦煌,怎么能负责长安城里朝廷百官的纪律监察呢?原来,唐朝的节度使只是使职,没有官品级别,往往要通过兼任检校官、宪官来确定官品级别。所以,张议潮这个"御史大夫",不用到长安任职,这只是代表他的品级是正三品。

最后说问题最大的"河西节度使":很可惜,张议潮从未担任过"河西节度使"这一职务,这只是他的自称而已。据考证,就职务而言,张议潮先是受封"归义军节度使",治所在沙州(今甘肃敦煌);后来,张议潮率军攻下凉州(今甘肃武威),朝廷设置"凉州节度使",并让张议潮兼任。

虽然从管辖的地域来讲,"归义军节度使"加"凉州节度使"相当于"河西节度使",但朝廷此时并没有将两者合一,直接封张议潮为"河西节度使"。原因很简单，"河西节度使"统管整个河西走廊，范围太大，实力太强。虽然张议潮忠心耿耿，但吃惯了藩镇之亏的朝廷，不愿意张议潮借机坐大，成为另一个威胁中央的地方强藩。对朝廷的长远政策而言，还是分而治之的好。

那么，张议潮又为何自称"河西节度使"呢？没有史料佐证，但我估计有两个原因。一是，"河西节度使"是唐朝最早设置的十大节度使之一，老百姓耳熟能详，都知道是大官儿。他自称起来，感觉很有面子。换作"归义军节度使"兼"凉州节度使"，老百姓认同度不高，不像大官儿，不够拉风。二是，他此时所辖地域，的的确确是当年初设"河西节度使"时的全部故地。既然已经"实至"，那何不"名归"？

所以，有图未必就有真相。单就此图而言，画工所题张议潮的职务，就不是真的。

张议潮的身后，应为他的侍卫亲军。紧跟的两骑，可能是侍卫亲军的首领，职务应为"左右厢子弟虞候"。侍卫亲军之后，是射猎、驮运等骑队，承担后卫、后勤等不同的任务。

《张议潮统军出行图》，是现存画幅最大、人物最多、绘制最为精致的一幅历史人物出行图卷。

长期以来，关于唐朝节度使接受旌节的仪式，包括节度使出行的排场，《旧唐书》《新唐书》等正史记录太过简略，让我们很难了解具体的细节。后来发现的敦煌文献《凡节度使新受旌节仪》，对于这些的记录倒是详细，但到底不太直观。只有《张议潮统军出行图》最贴心了，直接甩给我们一张全景照片。

二
河西走廊，因"安史之乱"失守百年

唐朝天宝十四载（755）十一月，"安史之乱"爆发。乱起东方，兵力捉襟见肘的唐朝中央政府没有办法，只好拆西墙补东墙，不断从帝国西

部边境，如陇右、河西、朔方等地，抽调部队开赴东方平叛。于是，帝国西部边境，尤其是至关重要的河西走廊，开始出现兵力空虚甚至无兵可守的状态。

结果，东墙还没有彻底补好，西墙就已经开始垮了。因为，西方强大的吐蕃王朝，看到了这个占领河西走廊的千载难逢的时机。

还在唐军忙于平叛的时候，吐蕃就趁火打劫，在上元元年（760）前后开始动手了。而且，即使是今天的我们，也能看出当年吐蕃军队选择的用兵方向，行事相当老辣，完全是军事家的水准。

众所周知，河西走廊是一个西北—东南走向的长约一千公里的长筒形高平地。它在祁连山以北、合黎山以南、乌鞘岭以西、今天甘肃新疆边界以东，自古以来就是战略咽喉要地，兵家必争之地。

早在西汉汉武帝刘彻首次把河西走廊纳入中国版图之时，就设置了河西四郡：武威——武功军威；张掖——张国臂腋；酒泉——城下有泉，泉水若酒；敦煌——盛大辉煌。四郡的名字连在一起，汉武帝刘彻是在告诉我们：因为有了河西走廊，汉军的武功军威影响到了西域，国家的臂腋也得以张开，从此汉朝进入了盛大辉煌的阶段。多么直白的表达，多么辉煌的名字，多么宏大的构想，多么美好的祝福！

到了唐朝，武威改称"凉州"，张掖改称"甘州"，酒泉改称"肃州"，敦煌则改称"沙州"。名字虽然没有汉朝那么拉风，但其所处的战略位置，还是一样重要。

吐蕃进攻这样的战略要地，原本可以就近，从西向东打，先打沙州，次及肃州、甘州、凉州，但是，吐蕃一出手就是胜负手——选择了从东向西打，先后于公元762年、763年占领鄯州（今青海西宁、乐都、湟中）、河州（今甘肃临夏）一线，彻底切断了河西走廊与唐朝中央政府之间的联系。其如意算盘就是，先让河西走廊成为一块"飞地"，然后逐次攻占境内各个要点，一口一口地吞掉整个河西走廊。

吐蕃想得挺美的，实施得也还算顺利，从公元764年到776年，吐蕃先后攻占了凉州、甘州、肃州和瓜州。正当吐蕃人以为势如破竹、一切顺利的时候，却在进攻沙州时，出了一点小小的意外。沙州整整坚守了十一年之久！

沙州的唐军，进行了艰苦卓绝的抵抗。受到攻击后，当时的沙州刺史周鼎一边守城,一边派人向回鹘、朝廷求救,但救兵经年不至。周鼎不得已,打算焚毁城郭,率众出城东奔。周鼎此举,显然是一个类似于自杀的下下策——一旦失去坚固城池的依托,城中军民显然不是吐蕃精锐骑兵的对手。

周鼎手下的都知兵马使阎朝站出来反对,并发动兵变,当众缢杀周鼎,自领州事,然后继续守城。这一守,又是十余年。到了建中二年（781）,沙州城已是山穷水尽,无法再守。阎朝与攻城的蕃将尚绮心儿相约,在后者答应不屠城、不将沙州军民外迁的条件下,举城投降。到此为止,河西走廊才全境陷落。

河西走廊全境陷落之后,老百姓吃了不少苦头。丁壮者全部沦为奴隶,种田放牧,年老体弱者则因为没有利用价值而遭到杀害,"羸老者咸杀之,或断手凿目,弃之而去"。吐蕃人的统治极为残暴,"砍头、剜眼、剥皮……诸刑皆备","每得华人,其无所能者,便充所在役使,辄黥其面;粗有文艺者,则涅其右臂,以候赞普之命"。

因为吐蕃统治不得人心,所以虽然河西走廊沦陷了近百年,但其百姓却一直心怀故国。唐德宗建中元年（780）,唐使韦伦与吐蕃会盟,在路过河陇地区时,看到当地百姓"皆毛裘蓬首,窥觎墙隙,或搥心陨泣,或东向拜舞,及密通章疏,言蕃之虚实,望王师之若岁焉"。

唐穆宗长庆年间,刘元鼎出使时,"耋老千人拜且泣,问天子安否?言'顷从军没于此,今子孙未忍忘唐服,朝廷尚念之乎?兵何日来?'言已皆呜咽,密问之,丰州人也"。唐文宗开成年间,遣使者至西域,"见甘、凉、瓜、沙等州城邑如故,而陷虏之人见唐使者,夹道迎呼,涕泣曰:'皇帝犹念陷蕃人民否?'其人皆天宝时陷虏者,子孙其语言稍变,而衣服犹不改。"

上述"望王师之若岁焉""今子孙未忍忘唐服""皇帝犹念陷蕃人民否"等,就是大唐帝国在河西走廊人心尚在、影响犹存的铁证。

有感于当时河西走廊陷落多年的困境和河西百姓悲惨的处境,唐朝著名诗人张籍曾写下一首诗:

陇头已断人不行,胡骑夜入凉州城。
汉家处处格斗死,一朝尽没陇西地。
驱我边人胡中去,散放牛羊食禾黍。

去年中国养子孙，今著毡裘学胡语。

谁能更使李轻车，收取凉州属汉家？

最后两句诗，是身为唐朝文官的张籍发出的声声呼唤：今天还有没有像汉朝轻车将军李蔡那样优秀的将领，为我大唐帝国收复凉州城啊？

有的。并且，就在张籍写下这首诗呼唤他时，他已经降生在那座坚守十一年才陷落的沙州城中了。不过他现在还小，张籍还得再等等。

三
使予得与议潮并世者，为之执鞭

张籍声声呼唤的这位将为大唐收复凉州的"李轻车"，就是公元799年降生于沙州的张议潮。

张家的祖上，本是长安人，"家本长安万年县"。万年县在哪？以长安城的中轴线朱雀大街为界，西为长安县，东为万年县。换句话说，张家所在的万年县就在长安城城墙之内，他们家原本就是正宗的首都人。后来，"子孙因官，寓居沙州，遂为敦煌人也"。从长安到偏远的沙州做官，张家遂成当地世家大族，"世为州将"。

在沙州陷落以后，由于张家在地方上名门望族的身份，迎合了吐蕃利用地方势力经略敦煌、安定民心的统治政策，加之张议潮的父亲张谦逸笃信佛教，又迎合了吐蕃贵族的宗教信仰，所以张谦逸马上受到了吐蕃王朝的重用，升任大都督。这一职务，已相当于唐朝的沙州刺史了。

史籍这样称赞张谦逸："高祖谦逸……高踪出俗，劲节冠时，誉满公卿，笑看宠辱。属以羯胡屯集，陇右陷腥俗之风；国耻邦危，尘外伴逍遥之客。"所以，到张议潮出生时，沙州已经被吐蕃统治十九年之久，而他的父亲张谦逸已经是吐蕃任命的当地高官了。

张议潮出生在这样的家庭，从小接受的自然就是吐蕃统治下的教育。他自幼受家庭熏陶，信奉佛教，后来还进入佛寺，接受寺学教育。在这期间，他学习了吐蕃文字，还有了一个吐蕃名字"赞热"。作为虔诚的佛教徒，他拜高僧法成为师，还经常用汉字和吐蕃文字两种文字抄写佛经。就这样，张议潮度过了自己的青年时期。

后来，张谦逸作为沙州的大都督，得到吐蕃中央政府接见的机会，陪他同去的就是张议潮。可惜的是，张谦逸由于水土不服，病逝于这次召见的途中，悲伤的张议潮扶灵返回了沙州。合理的推测是，张议潮返回不久，应该是在吐蕃统治者的认可下，继承了张谦逸的职位，也成了大都督。一直担任到他五十岁，即发动起义、光复沙州的公元848年。

可惜的是，此时此刻，那位写诗声声呼唤唐朝"李轻车"的张籍，已在公元830年前后去世，他未能见证自己预言的实现，也未能亲睹张议潮收复河西走廊的风采。

唐朝大中二年（848）三四月间，"阴结豪杰，谋自拔归唐"的张议潮，开始发动起义，"众擐甲噪州门，汉人皆助之，虏守者惊走，遂摄州事"。史书中描述张议潮起义收复沙州全城的过程，就是这么简简单单的一句话。

光复沙州之后，张议潮做了两件事：第一件事当然是备战，"缮甲兵，耕且战"，既要防备吐蕃军队的反扑，同时也要准备光复瓜州、伊州，甚至凉州等其他战略要地；第二件事就是派出使者，与唐朝中央政府取得联系，最好能够得到政治、军事等方面的增援，哪怕只是声援。

考虑到沙州与长安之间，不仅路途遥远，而且已被吐蕃守军阻隔多年，前去报信的使者很可能是"九死一生"，于是张议潮派出了十路使者，秘藏十份同样的表文，"皆操梃内表其中"，向长安进发。

结果正如张议潮所料，十路使者果然"九死一生"：九路使者不知所终，下落不明，只有僧人悟真带队的一路使者，在经过了整整三年的跋涉之后，才在大中五年（851）二月，绕道今天的内蒙古自治区，抵达了天德军。在天德军防御使李丕的帮助下，悟真等人终于抵达了长安。当时的皇帝唐宣宗李忱，这才又惊又喜地知道了沙州光复的讯息，知道了大唐帝国在千里之外还有张议潮这位大忠臣。

使者一走就是三年。这三年里，张议潮收复河西走廊的战争，打得顺风顺水。大中二年收复瓜州，大中三年收复甘州、肃州，大中四年收复伊州，到大中五年已收复了除凉州以外的十一个州城。至此，河西走廊与长安之间,张议潮与唐宣宗李忱之间,只剩下凉州这座唯一的要塞了。

于是,大中五年(851)八月,在悟真等人到达长安后不久,又一队由张议潮派出的报捷使者,再抵长安。这一次,张议潮派来了自己的亲哥哥张议潭。

这年十一月,帝国朝廷下令于沙州设置归义军,统领光复的河西走廊十一州——沙州、甘州、瓜州、肃州、鄯州、伊州、西州、河州、兰州、岷州、廓州,封张议潮为归义军节度使、观察处置使、检校吏部尚书兼金吾大将军、特进,食邑两千户,实封三百户。

朝廷封张议潮为节度使,也就是正式承认了张议潮在河西走廊的军政实权地位,确认了他的地方统治地位。也是在此时,朝廷正式赐予了张议潮《张议潮统军出行图》中所画的"神器"——旌节。同时,按照晚唐中央朝廷控制地方实权人物的操作惯例,张议潮的哥哥张议潭,在受封金吾卫大将军之后,留居长安,实为"人质"。

此后,张议潮又积聚了近十年的力量,才在唐懿宗咸通三年(862)三月,率兵七千人,最后克复凉州,使河西走廊与大唐的其他疆域连接在了一起。以此为标志,西尽伊吾,东接灵武,得地四千余里,户口百万之家,六郡山河宛然如旧,河西走廊再次被打通,百年失地终于光复。

河西人民如此称赞张议潮的巨大功绩:"河西沦落百余年,路阻萧关雁信稀。赖得将军开旧路,一振雄名天下知。"《张议潮统军出行图》,也大约在此时,被绘制于敦煌莫高窟的第156窟。我们在图中所看到的张议潮,正处于一生之中的巅峰时刻。

咸通八年(867)二月,在兄长张议潭病逝长安之后,张议潮委任自己的侄子张淮深为河西军务,已经六十九岁高龄的他亲身入觐长安,受封司徒、右神武统军,并从此留居长安。咸通十三年(872)八月,七十四岁的张议潮,在长安温暖的阳光中,带着璀璨的荣光,也许还带着对河西故地的思念,离开了人世。

盖棺定论,张议潮在大中二年突然起义归唐,这在今天的我们看来,甚至在当时的吐蕃统治者看来,都觉得不可思议。首先,此时沙州已归吐蕃统治六十八年之久了,这其间实力有限的大唐,从没有对光复河西走廊做过任何的努力,加之音信阻隔,张议潮的起义很难得到大唐实质上的增援，只能孤军作战。这样的起义，显然难度极大，并无胜算。

其次，起义归唐的领导者张议潮，在吐蕃统治者看来，是一个接受吐蕃宗教教育长大的，被吐蕃扶持世代做官的既得利益者；而且，他本人还拥有吐蕃名字，在与吐蕃渊源深厚、联系紧密的同时，与大唐帝国一直保持着毫无瓜葛、全无联系的状态。

要知道，在当时的河西走廊，成了吐蕃统治下的既得利益者，以致忘记了大唐的人，比比皆是。

《大蕃故敦煌郡莫高窟阴处士修功德记》记录了这个姓阴的家族在吐蕃统治下的幸福生活："自赞普启关之后，左衽迁阶，及宰辅给印之初，垂祛补职。蕃朝改授，得前沙州道门亲表部落大使。承基振豫，代及全安。六亲当五秉之饶，一家蠲十一之税。复旧来之井赋，乐已忘亡；利新益之园池，光流竟岁。"当了官，减了税，家里多了牛羊，扩建了园林，于是这个阴姓家族不仅忘记了沦陷的痛苦，还忘记了大唐帝国，甚至忘记了时光的流逝。今天我们来读上述文字，感觉与后主刘禅那个毫无心肝的人的"乐不思蜀"，差相仿佛。

《沙州千佛洞唐李氏再修功德碑》也炫耀说："虽云流陷居戎，而不坠弓裘；暂冠蕃朝，犹次将军之列。"河西走廊沦落于吐蕃王国之手又怎么样？我李家的人还不是照样当着将军这样的大官！

张议潮本可以像阴、李两家那样，尽情享受苟且的生活，这才是符合常理的人生选择。为什么一定要向往着诗和远方，冒着生命危险起义，回归大唐呢？

更为重要的是，这年的张议潮，已经年届半百。在我们今天，这已是抱孙子的年龄了，在平均寿命不高的唐朝，更已是接近生命终点的年龄了。那么，张议潮此举，到底是出于什么原因？或者说，到底是什么动机，使得生在吐蕃、长在吐蕃、垂垂老矣的张议潮，突然有此惊人之举？

史书中并没有交代原因。而千年之后的我们，再来探究，当然也不可能找到最准确的原因。我的猜测是，只能归因于父亲张谦逸对张议潮兄弟的秘密教育，这才在他们心中，埋下了大唐的种子，埋下了长安的种子，才铸就了兄弟俩那一颗向往远方、向往大唐的赤心。

也许是在密室之中，父亲张谦逸告诉张议潭、张议潮兄弟，不要忘记大唐，不要忘记长安；也许是在路途病危的最后时刻，父亲张谦逸告诉张议潮，积聚力量，等待时机，一定要为大唐、为长安，献上河西走廊。

否则，我们无以解释这个让大唐又惊又喜的张议潮。从他起义归唐的整个过程来看，张议潮显然不是临时起意的，显然不是心血来潮的，而是蓄谋已久的，而是一以贯之的。他有此表现，最大的可能，就是父亲张谦逸从小培养的。

后来的史实，似乎证明了我的猜测，证明了张谦逸家庭教育的成功：张议潭、张议潮兄弟，不仅为大唐收复了河西走廊，而且相继终老于大唐的长安，终老于张家的祖上故乡。

"男儿何不带吴钩，收取关山五十州？"只比张议潮大十岁的李贺的这一句诗，好像是为张议潮量身打造的。虽然张议潮没有为大唐收取五十州，只收取了十二州，但大唐立国以来，武将开疆拓土可与他并肩者，屈指可数。好男儿立世，正当如是也。

穿越千年，我仿佛看到：大漠戈壁之上，漫天黄沙之中，一位顶天立地的游子，眺望着东方，捧着河西走廊十二州的版籍和一颗赤心，面向长安，面向故乡，泪流满面，长跪不起。

他，就是张议潮。

这一幕，从我看到《张议潮统军出行图》那一刻起，就长久地在我脑海中回荡，远远超过图中他那穿红袍、骑白马的英武形象。我觉得，这一幕中的他才是最真实的。

国学大师、敦煌学家罗振玉，憾于唐朝正史没有张议潮的传记，专门写了一部《补唐书·张议潮传》。他表示："呜呼，使予得与议潮并世者，为之执鞭。"也就是说，如果与张议潮生活在同一个时代，罗振玉愿意给张议潮当马夫。

我也愿意，并且，引以为荣。

所以，请大家再仔细看看《张议潮统军出行图》。看到张议潮坐骑左右那两个牵马执辔的马夫了吗？

左边那个，如果是罗振玉先生；右边那个，就是区区在下了。

《游春图》
那双砍人的手,也能画出"豆人寸马"

《游春图》,是一幅距离今天至少已有一千五百年的绢画。为了简单直白,也可以叫它"春游图"。它是我国现存最早的独立山水画。

《游春图》画面最右边,"展子虔游春图"六个瘦金体大字,据称是宋徽宗赵佶御笔。整个画面,展现出一派大好春光,描绘的是人们在山水间踏青游玩的情景。

画右是一大片山景。右下方有两人骑马,游行在蜿蜒的山谷间;他们的前方也有一个骑马的人,正要转弯;再往前,另一个骑马的人正朝

展子虔《游春图》 北京故宫博物院藏 卷 绢本设色 43cm×80.5cm

着木桥缓缓走去,后面跟着两个童子。在他们的前方,即画面的右上方,掩映着一座深山中的古寺。

画中则是一片湖面。一叶小舟上坐着三个女子,其中一位正遥指远方,船尾的男子则在摇橹,四人都陶醉在湖光山色之中。

画左又是一小片山景。距离山间茅屋不远,两名男子伫立山上,欣赏春天的美景。

原来,隋朝人春游,跟我们今天也差不多啊,看看水,划划船,爬爬山,拜拜佛,再去吃吃喝喝。从这个角度说,《游春图》为我们提供了一幅隋朝人的生活画面。当然,它的重要意义还不仅仅在于此。

展子虔《游春图》题跋

一
《游春图》
号称"唐画之祖",
是几个意思?

《游春图》是隋朝的山水画。一谈到这幅画,学者们总要说到四个字:唐画之祖。

唐画之祖,是几个意思?今天来看,恐怕至少有三个意思。

(一)展子虔的《游春图》,是唐朝《明皇幸蜀图》的祖宗。

换句话说,展子虔所画的《游春图》,是唐朝青绿山水画的祖宗。

这是画史上的公论。明代鉴藏家詹景凤在《东图玄览编》中,说《游春图》是唐朝青绿山水画的源头:"始开青绿山水之源,似精而笔实草草,大抵涉于拙,未入于巧,盖创体而未大就其时也。"

沈从文对《游春图》的重要性则如此认识:"这画卷的重要,实在是对于中国山水画史的桥梁意义……没有它,历史即少了一个重要环节。"作为桥梁,《游春图》结束了中国山水画"人大于山,水不容泛"的幼稚阶段,开始进入"青绿重彩,工细巧整"的风格样式阶段,标志着当时绘画的写实水平和艺术风格的整体提升。

可见,展子虔的《游春图》是青绿山水的开山之作,也是中国山水画史上的重要桥梁,所以也是唐朝《明皇幸蜀图》等青绿山水画的当之无愧的祖宗。

《游春图》的独特意义还在于,从它以后,中国山水画才成为独立的画科。中国山水画形成于魏晋南北朝时期,但从展子虔起独立出来,之后经过唐朝李思训、王维等人的继承和光大,再经过五代、宋、元时期的发展,才日趋成熟,成为中国画的重要画科。

(二) 展子虔的《授经图》，是唐朝《步辇图》的祖宗。

换句话说，展子虔所画的人物画，如《授经图》《北齐后主幸晋阳图》等，是唐朝人物画的祖宗。

元人汤垕在《画鉴》中说展子虔所画的人物画，"画人物描法甚细，随以色晕开。余常见《故实人物》《山水》《人马》等图，又见《北齐后主幸晋阳宫图》，人物面部神采如生，意度俱足，可为唐画之祖"。

事实上，人物画和车马画才是展子虔创作数量最多、成就最高的门类，其题材都是佛释人物、楼阁宫殿、车马之类。在当年长安和洛阳的佛寺之中，展子虔留下了大量的此类作品。

唐人裴孝源撰写的《贞观公私画史》记录："隋灵宝寺：展子虔、郑法士画，在长安。隋光明寺：田僧亮、展子虔、郑法士、杨契丹画，在长安。隋天女寺：展子虔画，在洛阳。隋云花寺：展子虔画，在洛阳。"

不仅是长安和洛阳，展子虔当年还在润州（今江苏镇江）的佛寺中留下了人物画，直到唐朝名相李德裕到浙西任职时仍然可以见到。北宋郭若虚《图画见闻志》记载："唐李德裕镇浙西日，于润州建功德佛宇曰甘露寺，当会昌弃毁之际，奏请独存。因尽取管内废寺中名贤画壁置之甘露，乃晋顾恺之、戴安道，宋谢灵运、陆探微，梁张僧繇，隋展子虔，唐韩干、吴道子画……又于福圣寺得展子虔天乐部二十五身，悉陷于屋壁，号宝墨亭。"

这一段文字告诉我们，即使是在唐朝"会昌灭佛"的非常时期，展子虔所留下的佛教人物画作也被尊为"宝墨"。可见他对唐朝人物画的巨大影响。

(三) 展子虔本人，也是李思训父子、阎立本等唐朝画家的宗师。

换句话说，李思训父子、阎立本等唐朝画家如果见到展子虔，得尊称他一声"老师"。

元人汤垕的《画鉴》说："展子虔画山水，大抵唐李将军父子多宗之。"明人张丑的《清河书画舫》说："展子虔者，大李将军之师也。"明朝鉴藏家詹景凤在《东图玄览编》中指出："展子虔青绿山水二小幅，致拙而趣高，后来二李将军实师之。"

唐人张彦远在《历代名画记》中还指出："二阎师于郑、张、杨、展。"这里的"二阎"指阎立本和他的哥哥阎立德，"展"就是展子虔。作为与"二阎"同时代的人，张彦远明确记录他们曾拜师于展子虔。

以上记载可见展子虔在唐朝画家中的宗师地位，说他本人亦是"唐画之祖"并不过分。

二
史上的展子虔，
不仅要为隋文帝画人，
很可能还要为他去砍人

展子虔，因为正史中并无传记，所以对于今天的我们来说，他是一个谜一样的人物。不仅其具体生卒年代不详，他的生平事迹，我们也知道得很少。

距离他时间最近、成书于唐朝的《历代名画记》，简略地记录了他："历北齐、周、隋，在隋为朝散大夫、帐内都督。"

这是关于展子虔最早的，也是唯一的记录。

目前公认的是，展子虔在隋朝的官职显示，他是隋文帝杨坚手下的一位闲散文人。既没有多少实际职责，也没有发挥多大作用，就好像唐玄宗李隆基手下的李白一样。总之，有你不多，没你不少。

是的，只看他的第一个头衔——"朝散大夫"，似乎的确是这样的。根据《隋书·百官志》记载，隋朝的朝散大夫是正四品的散官，"以加文武官之德声者，并不理事"。

直到他的第二个头衔——"帐内都督"，进入我的眼帘，才让我猛然一惊。又不是看到美女了，我一百几十斤的身躯，有什么可震惊的呢？

我震惊是因为我知道，史上曾经有很多人，也担任过帐内都督这个职务。但是，那些帐内都督可不是画画的，似乎识字断字、舞文弄墨的都不多，反而提刀砍人、刀头舔血的，倒是多得很。

那么，我们先来看看，人家那些帐内都督，干的都是些什么活计：

《周书》卷二十九《李和传》："贺拔岳作镇关中，乃引和为帐内都督。以破诸贼功，稍迁征北将军、金紫光禄大夫，赐爵思阳公。"

显然，作为帐内都督，李和立下了"破诸贼"的功劳。

《周书》卷二十《尉迟纲传》："尉迟纲……大统元年，授帐内都督，从仪同李虎讨曹泥，破之。又从破窦泰，以功封广宗县伯，邑五百户。仍从复弘农，克河北郡，战沙苑，皆有功。"

作为帐内都督，尉迟纲参与破曹泥、破窦泰的战斗，后来又"从复弘农，克河北郡，战沙苑，皆有功"。

《周书》卷二十九《宇文虬传》："及孝武西迁，以独孤信为行台，信引虬为帐内都督。破田八能及擒东魏荆州刺史辛纂，虬功居多。"

作为帐内都督，宇文虬"破田八能及擒东魏荆州刺史辛纂"，也是立下了赫赫战功。

《周书》卷十五《李檦传》："檦，字灵杰。长不盈五尺，性果决，有胆气……寻为太祖帐内都督。从复弘农，破沙苑。檦跨马运矛，冲锋陷阵，隐身鞍甲之中。敌人见之，皆曰：'避此小儿。'不知檦之形貌，正自如是。太祖初亦闻檦骁悍，未见其能，至是方嗟叹之。"

作为帐内都督，李檦"从复弘农，破沙苑"，特别是他能"跨马运矛，冲锋陷阵，隐身鞍甲之中"，是一员人见人避的骁悍猛将。

《周书》卷三十六《裴果传》："裴果……从战河桥，解玉壁围，并摧锋奋击，所向披靡。大统九年，又从战邙山，于太祖前挺身陷阵，生擒东魏都督贺娄乌兰。勇冠当时，人莫不叹服。以此太祖愈亲待之，补帐内都督，迁平东将军。"

作为帐内都督，裴果"勇冠当时，人莫不叹服"，也是一员勇猛的武将。

《北史》卷五十三《韩贤传》："韩贤……壮健有武用。初随葛荣作逆，荣破后，尔朱荣擢充左右。荣死，尔朱度律以贤为帐内都督，封汾阳县伯。后为广州刺史。"

作为帐内都督，韩贤"壮健有武用"，以武勇见长。

《北史》卷五十三《贺拔仁传》："仁字天惠，无善人。以帐内都督从神武破尔硃氏于韩陵，力战有功。"

作为帐内都督，贺拔仁"力战有功"，主要任务仍是作战。

《资治通鉴》卷一百五十六："夏州首望都督弥姐元进阴谋应悦，泰知之，与帐下都督高平蔡祐谋执之，祐曰：'元进会当反噬，不如杀之。'……祐乃叱元进，斩之，并诛其党，因与诸将同盟讨悦。"

作为帐下都督，蔡祐也是亲手砍人。

《资治通鉴》卷一百五十六："帝以宇文泰兼尚书仆射，为关西大行台，许妻以冯翊长公主，谓泰帐内都督秦郡杨荐曰：'卿归语行台，遣骑迎我！'以荐为直阁将军。"

作为帐内都督，杨荐承担出使任务，代表宇文泰朝见皇帝，可见是后者的亲信。同时杨荐升任直阁将军，可见帐内都督与直阁将军一样，都是属于武将系列的官职。

《魏书》卷七十五《尔朱彦伯传附弟弼传》："弼帐下都督冯绍隆为弼信待……绍隆因推刃杀之，传首京师。"

作为帐下都督，冯绍隆为尔朱弼亲手砍人，"推刃杀之，传首京师"。

列举得够多了，结论也够明显了：

一，帐内都督是武职，无论是在战场上明刀明枪，还是在朝堂上暗刀暗枪，都是随时要替领导去砍人的；

二，帐内都督深受领导的信任，属于领导的嫡系将领，前途远大。上述所举诸人，皆由此职升迁至大官；

三，帐内都督与帐下都督应为同一职务。即使不同，也是岗位职责相近的两个职务。

说到这里，还有必要追溯一下"帐内都督"这个官职的源头。

先看"帐内"。

谁的"帐内"？自然是军中主将的帐内。

至于"帐内"的确切意思，唐史学家唐长孺先生在《吐鲁番文书中所见高昌郡军事制度》中说得明白："北朝后期帐内是主将亲兵的专称……帐内军主或帐内都督所领的亲兵就叫作帐内。"

简单粗暴地概括，帐内等于主将亲兵。

《隋书·百官志》的一句话，也进一步说明了帐内等于主将亲兵的成立："王公以上，又并有亲信、帐内，各随品高卑而制员。"

在这里，"亲信"与"帐内"是同义语，都是隋朝王公以上大官们的随从人员。

再看"都督"。

都督作为官职，起源于东汉，发明者是光武帝刘秀。《通典》卷三十二载："后汉建武初，征伐四方，始权置督军御史，事竟罢。"显然，此时的都督只是负监察职责的临时性职务。

都督在三国时期成为正式官职。我们耳熟能详的周瑜帅哥，就是史上最有名的大都督。此时的都督一职，相当拉风，要么是军中主将，比如大都督，要么是独当一面的重要将领，比如左都督、右都督。

到了两晋时期，都督一职仍然很拉风，"晋世则都督诸军为上，监诸军次之，督诸军为下"。而且，都督逐渐由军队职务，演变为封疆大吏。

但到了南北朝时期，都督的含金量就不行了，就掺水了。比如，北魏时期就出现了一些其他类型的都督，如镇城都督、防城都督、防郡都督、防乡都督。你看，乡里乡气的，直接使都督贬值了，怎么看感觉都像村主任。

帐下都督和帐内都督，也在北魏时期出现了。当然，这些其他类型的都督，已经是掺了水的都督了，我们把它们当作军队的中下级武官官职就可以了。

直到民国，都督还曾作为正式官职出现，比如大名鼎鼎的蔡锷都督。

纵观帐内和都督的起源，以下的结论应该靠谱儿：

一，帐内等于主将亲兵，帐内都督等于主将的亲兵小队长；

二，在长期的演进过程中，帐内都督已有帐下都督、帐下督、帐内直荡都督等别称；

三，帐内都督的下级，是帐内，也就是数量众多的亲兵；帐内都督的上级，是帐内大都督，也就是为数不多的亲兵统领；

四，帐内都督的岗位职责，主要就是保护主将的人身安全，必要时要为自己的主将去砍人。

史海如烟，今天的我们已经无法知道，隋文帝杨坚是出于何种考虑，任命展子虔为正四品的帐内都督的。但我们仍然可以知道，展子虔深得杨坚的信任，是杨坚侍卫亲兵中的一员中级军官。

在杨坚身临险境的情况下，身为一代画家的展子虔，按照岗位职责，必须用自己那双拿画笔、调颜料的手，去操起一把锋利的刀，为杨坚砍人。

三
我们今天能够
看到《游春图》，
要感谢一个人

《游春图》在隋唐两代的流传，已不可考。但进入北宋以后，它曾在宋徽宗赵佶的眼前展开，并经他鉴定为"展子虔游春图"，然后这位艺术天子用他那独特的瘦金字体，在画上写下了自己的结论。

北宋灭亡后，《游春图》又被带入南宋皇宫内府收藏，后不知何故流入南宋著名权相贾似道之手，被他钤上了"悦生"葫芦印。

元朝时，《游春图》一度归鲁国大长公主祥哥剌吉所有。明朝时，《游春图》走了霉运，落入著名奸相严嵩、严世蕃父子之手。严府被查抄后，此画被带入明朝皇宫内府收藏。

《游春图》也是清宫藏品之一。最爱在名画名帖上留下痕迹的乾隆帝，曾两次在《游春图》上题款。从乾隆帝直到清末宣统帝溥仪，《游春图》一直安安静静地待在清宫之中。宣统帝退位后，根据"中华民国"《关于大清皇帝辞位之后优待条件》，宫中所有珍贵文物，包括《游春图》在内，仍然归爱新觉罗·溥仪所有。

但是当时的溥仪，不甘心留在北平紫禁城中享受"优待"，他还有"出国留学""复辟帝制"这两项更为远大的追求。这两项，可都是很花钱的大事。而且需要的金钱额度很大，绝不是《关于大清皇帝辞位之后优待条件》中那区区四百万两白银可以满足的。

为了筹措经费，溥仪想到了宫中的字画。于是溥仪多次以赏赐为名，将包括《游春图》在内的大量珍贵字画交给弟弟溥杰、溥佳，让他们盗运出宫，暂时转移到天津英租界的房子里去。从此，《游春图》又开始了一次全新的历险。

在这次历险中，《游春图》差一点被卖到国外，像我们在英、美、日等国博物馆所看到的其他中国文物一样。我们今天还可以在北京故宫博物院看到这幅国宝级的名画，一定要感谢一个人——张伯驹。

他是清朝最后一任直隶总督、中华民国首任河南都督张镇芳的嗣子，与张学良、溥侗、袁克文并称"民国四公子"，著名收藏鉴赏家、书画家、诗词学家、京剧艺术研究家。

正是他，在《游春图》即将流出国外的关键时刻，以一己之力筹集巨款，成功阻止了国宝外流。

《游春图》从北平到了天津之后，又随着当上伪满洲国皇帝的溥仪，去了长春。然而1945年日本无条件投降后，伪满洲国随之灭亡，溥仪为了维持生计，开始大量出售收藏字画。

1946年初，这些故宫流出的字画开始在东北市场出现，被收藏界称为"东北货"。这批"东北货"中，就包括《游春图》，还包括唐朝陈闳的《八公图》和元朝钱选的《杨贵妃上马图》。从《八公图》和《杨贵妃上马图》现均收藏在美国的结果来看，如果不是张伯驹，不难想见《游春图》的命运。

张伯驹，成了《游春图》最美丽的意外。

当时，张伯驹得到消息后，心急如焚。他找到正待价而沽的北平琉璃厂玉池山房老板马霁川，一方面要求不能将《游春图》卖到国外，声明"此卷有关历史，不能出境，以致流出国外"；另一方面则是询价。

马霁川开价八百两黄金，几经讨价还价，才最终降为二百二十两黄金。张伯驹为了凑足这笔钱，只好卖掉了自己喜爱的"丛碧山房"，这是一处原购于李莲英的位于弓弦胡同的旧宅。

传说张伯驹在卖房之后，还差二十两黄金。没办法，他只好去找夫人潘素，打算求她变卖首饰，凑足画款。正当潘素犹豫之时，张伯驹使出了自己的撒手锏——他竟然躺到地上打起滚来，无论潘素怎么哄怎么拉，也不起来。哭笑不得的潘素没有办法，只好同意，张伯驹这才从地上爬起来，开心了。

无论以上这一幕是真是假,都可以看出,张伯驹为了《游春图》,已经到了变卖家当的地步了。

大费周章方才买到《游春图》的张伯驹,后来自号"游春主人",并将所居园命名为"展春园",足见他对《游春图》的钟爱程度,也足见《游春图》在其藏品中的独特地位。

就这样,通过《游春图》,跨越千年的展子虔与张伯驹,一位赳赳武夫出身的绝世画家与一位赳赳武夫家庭的风流公子,完成了一次精神上的交流、心灵上的对话。延续五千年的中华文化,又一次显示了她的神奇力量。

当然,展子虔应该感谢张伯驹。不仅因为张伯驹深谙《游春图》的巨大价值,倾家荡产也要把它留在国内,还因为张伯驹并没有将《游春图》视为私物,据为己有。他曾说:"予所收蓄不必终予身为予有,但使永存吾土,世传有绪。"正因为如此,中华人民共和国成立后他才舍得将其所藏文物,捐献出来,《游春图》也因此而入藏北京故宫博物院。

大哉,张伯驹。

《便桥会盟图》
陈叔宝的小动作和李世民的小秘密

会盟，是历史上两国君主会面和结盟的仪式。会盟的地点，一般选在两国边境线附近、双方都感觉安全的地方，然后两国君主在这个地方见面，商量一下两国之间的大事，由手下人写成盟约，双方签字画押，接着举杯庆祝。说不定，还可以顺便谈场恋爱，聊聊诗和远方，谈谈人生和理想。

基本上，就跟我们现在两家公司谈合作、签合同，差不多。

但在唐朝武德九年（626）八月三十日那天，唐太宗李世民与突厥颉利可汗在长安城西北二十里处渭河的便桥上会盟，仪式就搞得很简单。"斩白马，与颉利盟与便桥之上。突厥引兵退"。至于要搞到杀死一匹白马这么残忍，只是因为《礼记·曲礼》中说："约信曰誓，莅牲曰盟。"会盟，是必须要有白马这样的牲畜倒霉的，没办法。

所以，杀死白马和签字画押是必须的；但肯定没有美女，也没有酒会。

这就是唐朝历史上著名的"便桥会盟"。

这一幕，在几百年之后，被元朝画家陈及之画了下来，就是《便桥会盟图》。

一
图中有陈及之的
小动作

《便桥会盟图》是元朝绘画中，人马最多、场面最大的一幅历史画

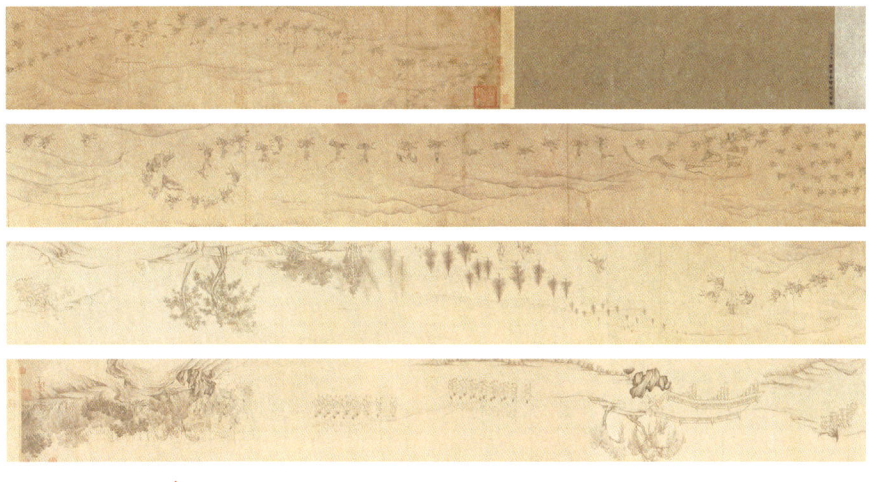

陈及之《便桥会盟图》　北京故宫博物院藏　卷　纸本　36cm×774cm

《便桥会盟图》局部：第一段开始的耍旗者（一）

卷。图中总共有246个人、180匹马和4头骆驼。全图从右自左，可分为四段。

从右边展开此图，我们可以看到：在右边的山间，一大队骑兵正逶迤而来，给人的感觉是，在这个双方会盟的重大时刻，颉利可汗为防止出现意外，调动兵马前来增援。甚至这队骑兵以弧形的运动轨迹，在行进中形成一个巨大的漩涡时，仍然给人以大队人马飞奔来援的感觉。

可当骑兵们离开那个巨大的漩涡时，画风却发生了突变：他们，他们，居然开始了马戏表演！陈及之大画家，你是不是在逗我，你确定那是适合马戏表演的时间和地点吗？！

第一段大约占了全部画面的1/3，而且很出乎意料，陈及之居然用这样大的篇幅，画了一段"马戏"。因此，第一段也可称之为"马戏"段。

个人认为，两军阵前表演马戏，肯定不是史实。不过既然陈及之任性，这样画了，那我们就且看且珍惜吧。

从下面这一大群耍旗人开始，马戏表演就已经开始了：

第一人，我玩儿一个马上站立打旗；

第二人，我玩儿一个马上站立耍头盔；

《便桥会盟图》局部：第一段开始的耍旗者（二）

第三人，我玩儿一个马上躺着调鹰；

第四人，我玩儿一个马上四仰八叉；

第五人和第六人，左一个"镫里藏身"，右一个"镫里藏身"；

第七人，我玩儿一个马上倒立；

到现在为止，第八人和第九人的动作难度系数最高，玩儿的是马上蹬人，从被蹬的那个人手中旗帜飘动的方向来看，他本人及旗帜正呈逆时针转动；

第十人面对马头，第十一人则背对马头，两两相对，手中工具也相同，似乎在马上互相传递某种类似小球的道具；

第十二人，玩儿的是马上站立吹笛；

第十三人和第十四人，一个站立击鼓，另一个应该也是站在马上在演奏某种乐器；

第十五人和第十六人，动作上也是互相呼应，似在马上站立着，表演某种舞蹈；

现在，整个马戏表演难度系数第一的表演来了，第十七人倒立马上，足蹬一条横竿，第十八人则倒立于该横竿之上，这是在奔马上完成的动作，可见这帮突厥人马上功夫之高超；

第十九人是马戏表演的最后一人。他只是简单地站立于骏马之上，平伸双臂。

《便桥会盟图》局部：马戏表演第一人

《便桥会盟图》局部：马戏表演第二人

《便桥会盟图》局部：马戏表演
第三人

《便桥会盟图》局部：马戏表演
第四人

《便桥会盟图》局部：马戏表演
第五人

《便桥会盟图》局部：马戏表演
第六人

《便桥会盟图》局部：马戏表演
第七人

《便桥会盟图》局部：马戏表演
第八人和第九人

└─ 《便桥会盟图》局部：马戏表演第十人

└─ 《便桥会盟图》局部：马戏表演第十一人

└─ 《便桥会盟图》局部：马戏表演第十二人

└─ 《便桥会盟图》局部：马戏表演第十三人和第十四人

└─ 《便桥会盟图》局部：马戏表演第十五人

└─ 《便桥会盟图》局部：马戏表演第十六人

《便桥会盟图》局部：马戏表演
第十七人和第十八人

《便桥会盟图》局部：马戏表演
第十九人

以下图中的旗帜为标志，马戏表演至此结束，《便桥会盟图》的第一段也至此结束。

《便桥会盟图》局部：第一段结束旗

第二段是"马球"段。这一段共有十四人手持马球杆，在追逐马球。

尤其是下图（"《便桥会盟图》局部：四人抢马球"）这四人，各伸球杆，争抢甚是激烈。

马球，是大唐帝国的国球。同在此图之中的唐太宗李世民，更是唐

《便桥会盟图》局部：第二段追赶马球　　《便桥会盟图》局部：四人抢马球

朝皇帝中提倡马球运动的第一人。虽然有史料表明，大唐的马球由吐蕃传来，但马球的确也曾是同为马上民族的突厥人最喜爱的运动之一，所以不排除大唐的马球亦有来自突厥的影响。图中此处的马球，倒也并非陈及之的杜撰。

至于有论者提出，"马球"段中的双方对阵，是大唐、突厥双方队员，正在进行马球友谊赛。这恐怕不确：一来史籍并无记录；二来突厥大兵压境，直逼长安城下，这是实实在在的战争。无论哪一方，恐怕都没有打一场马球友谊赛的好心情。

第三段是"游骑"段。这一段画了数十个单人游骑，有的骑马向右跑动，有的骑马向左奔驰，似乎是在纵横驰奔，沟通信息。

《便桥会盟图》局部：第三段游骑

第四段，陈及之这才进入正题，"会盟"段。在我看来，此图名为《便桥会盟图》，只画第四段，也就够了。

至于陈及之为什么要先绘第一段"马戏"，再绘第二段"马球"，

《便桥会盟图》局部：第四段会盟

再绘第三段"游骑"，绕了一个大圈子之后，才描绘"会盟"正题，不知道具体原因。各位如果玩儿穿越，路过元朝时，别忘了帮我问问他。

第四段中，中心标志物是此次双方会盟的地点——便桥。

这座便桥，是渭河上的桥，又叫"西渭桥"，也叫"咸阳桥"。唐朝时，渭河由长安城北边流过，河上自东向西，有东渭桥、中渭桥、西渭桥三座桥。西渭桥始建于汉朝，《汉书》记录："武帝建元三年，初作便桥于长安西北二十里，跨渭水，以趋茂陵。"

便桥一头正有一骑上桥，骑兵举手招呼，这是通知便桥另一边的突厥人，大唐皇帝李世民即将驾到。

上图中的突厥人，分为两堆。右边一堆人马，应为颉利可汗及其大将们的侍从骑兵，他们负责看守将领们下马之后的战马。左边竖有旗帜的一堆人马，就是颉利可汗所在的队伍了。显然他在大将们的陪同下，正在等待着李世民的到来。

《便桥会盟图》局部：便桥

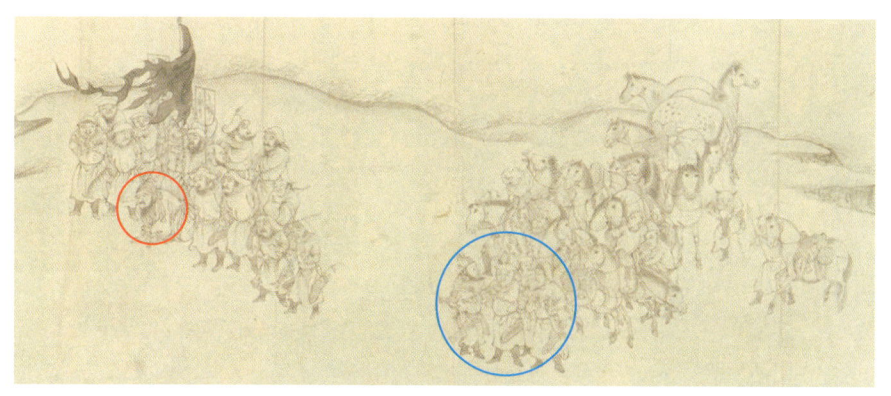

《便桥会盟图》局部：颉利可汗

对于李世民马上要到的通知，这两堆人马的反应，又各有不同。

上图中左边红圈处的颉利可汗，已经下跪，同时他身边的大将们，也作势欲跪；上图中右边蓝圈处，则有一个年轻侍从比较冲动，正弯弓搭箭准备对准李世民前来的方向，旁边一个持重的老者赶紧压下了他的弓箭。从这一细节可见，便桥会盟当时的气氛，还是剑拔弩张，相当紧张的。

第四段中的渭河左岸，在已经到便桥边的骑兵身后，是大唐的前后两支导旗仪仗队伍，每支十四人，共二十八人。

在他们身后，是刚刚从林木中出来的李世民的乘舆。如果要符合唐朝制度，此时李世民所乘坐的应为"临兵、巡狩所乘"的"革辂"。红圈处，是身在"革辂"之上的李世民，神情威严，面容严肃。

《便桥会盟图》局部：李世民

《便桥会盟图》局部：篮圈中是军队

需要指出的是，陈及之身为元朝人，当然没有见过李世民本尊；而阎立本则是见过李世民本尊的，所以我们基本可以把《步辇图》中的李世民，当作他的照片。

正因为一个见过本尊，一个没见过本尊，所以同一个李世民，《便桥会盟图》中的那位和《步辇图》中的那位，判若两人。

他身后远处的丛林中，图中蓝圈处，还有旌旗招展，显示唐朝军队正在向前线开进。

没有想象中的签字画押、正襟危坐、对拜如仪，也没有举杯庆祝、鲜花美女。准确地概括，此图不应该叫《便桥会盟图》，而应该叫《便桥即将会盟图》。

如果再考虑到图中的"马戏""马球"画面，陈及之创作此图，实在是有点跑题了。

其实，跑题的陈及之，还在此图的创作中，做了一个小动作。这个小动作，就在此图的第四段之中。

在第四段中，陈及之笔下的颉利可汗及其大将们，本来应该是突厥人的形象。可是，陈及之是元朝人。蒙古人他肯定见过不少，但由于历史时空所限，他没有见过"被发左衽，食肉饮酪，身衣裘褐"的突厥人。

由于他的生平资料缺乏，我们也无法确知，他是否亲眼见过和他同时代，当时远在元帝国边境的女真人、党项人、契丹人和畏兀尔人。换句话说，陈及之要画出突厥人，难度很大。

这就麻烦了，那陈及之怎么办呢？其实，陈及之压根儿就没有打算

《便桥会盟图》局部：
颉利可汗

《便桥会盟图》局部：颉利可汗
手下众将头上的帽子

画出突厥人来。

在他的笔下，颉利可汗被画成了这样（参见上图"《便桥会盟图》局部：颉利可汗"）。

其实颉利可汗头上戴的，就是蒙古人的头巾。

在他的笔下，颉利可汗手下众将头上的帽子，是这样的（参见上图"《便桥会盟图》局部：颉利可汗手下众将头上的帽子"）。

其实这些突厥将领头上的帽子，也是蒙古人的帽子。

为什么？据史籍记载，在这次便桥会盟中，确实是突厥人来犯，颉利可汗也的的确确是突厥人的可汗。好好的突厥人，怎么就被陈及之画成了蒙古人呢？

因为陈及之在元朝，虽然只是一介平民，但在内心里却相当不喜欢蒙古人。处在当时的政治氛围中，陈及之只敢把这样的想法，憋在心底。可是憋久了，偶尔还是会显那么一点山，露那么一点水。

《便桥会盟图》就是他憋不住的个案之一。在图中，唐朝这边无论是人还是马，都被陈及之画得比突厥人大了那么一号，让唐人形象显得更为高大一些。这是他的小动作之一。

而他最明显的小动作，就是把对着李世民跪拜的颉利可汗等人，画成了蒙古人。

让那些平时在现实生活中高高在上、趾高气扬的蒙古人，在大唐帝国的一代明君面前下跪的情景，我估计陈及之就是偶尔想上一想，都会激动得浑身颤抖。

二
图中还有
李世民的小秘密

《便桥会盟图》中的这件事,《旧唐书》《新唐书》《资治通鉴》均有记录。

《新唐书·太宗本纪》的记录,是这样的:"癸未,突厥寇便桥。乙酉,与突厥颉利盟于便桥。"

《旧唐书·太宗本纪》的记录,稍微详细一些,是这样的:"癸未,突厥颉利至于渭水便桥之北,遣其酋帅执失思力入朝为觇,自张形势,太宗命囚之。亲出玄武门,驰六骑幸渭水上,与颉利隔津而语,责以负约。俄而众军继至,颉利见军容既盛,又知思力就拘,由是大惧,遂请和,诏许焉。即日还宫。乙酉,又幸便桥,与颉利刑白马设盟,突厥引退。

"九月丙戌,颉利献马三千匹、羊万口,帝不受,令颉利归所掠中国户口。"

虽然有点长,但透露了更多信息:颉利可汗到了长安城外,派执失思力进城窥探虚实,并且炫耀武力,惹得唐太宗李世民大怒,一番训斥之后,将他关了起来。然后李世民亲临便桥,身边只带六骑,就敢大义凛然地指责颉利可汗不讲信用。颉利大惧,主动求和,李世民就大度地"诏许焉"。这才有了《便桥会盟图》中的那一幕。

从头到尾,李世民是既有面子又有里子,敌人不仅主动求和,而且又是献马又是献羊,还归还了此前抢掠的人口。在此次事件中的李世民,全程主导,居高临下,大义凛然,大度雍容,轻而易举地灭掉了颉利的威风。

表现完美,形象光辉。不服不行。但是,我要说的是:"李世民,咱不吹牛行不行?"

事实上,便桥会盟之时的李世民,完全不是史料中所记载的那个光辉形象,恰恰相反,他当时相当被动,相当狼狈。出现在《便桥会盟图》中的他,藏着自己的一个小秘密:他不敢打。

话说李世民是大唐帝国的第一战神,既往战绩那是逮谁灭谁啊,怎么现在不敢打了？莫非突厥人太凶太恶，吓得他怂了？

他不敢打的真实原因是，他正处于内忧和外患的两面夹击之中，而且他当时的内忧，远远大于突厥这个外患。

来看一个时间表，我们就知道李世民当时是什么样的内忧了。

武德九年（626）六月初四，秦王李世民发动"玄武门之变"，杀死大哥皇太子李建成、四弟齐王李元吉，并软禁了父亲唐高祖李渊，逼迫李渊册封自己为皇太子，实际上掌控了大唐帝国的最高权力。

八月九日，李世民即皇帝位，正式成为大唐帝国的第二任皇帝。

就在这当口，突厥人来了。八月二十日，突厥进攻高陵。二十八日，突厥进抵便桥，李世民与颉利可汗在便桥见了一面。八月三十日，二人再次见面，达成便桥会盟。

通过以上的时间表，我们可以看出，当时站在便桥上的李世民，获得帝国最高权力，才不到三个月；当上帝国皇帝，也才仅仅二十一天。

最大的问题，还不在于李世民还没有把皇帝的宝座捂热，而在于他并非正常继位，而是通过血腥的政变，杀兄屠弟逼父，还杀了一大帮兄弟们的忠心部下，这才登上了皇位。

仅仅二十一天，李世民要清理反侧、整顿内务、收拾人心，时间远远不够；甚至掩埋政敌的尸体，擦干自己脸上的血痕，时间也会有点不大够。

此时的长安，朝堂上下，还不知道有多少双仇恨的眼睛在全天候地盯着他；坊间里舍，也不知道有多少张仇恨的嘴巴在黑夜里咒骂他。甚至在军队里，他也不知道有多少将士会在某一个时刻，突然反戈相向，为自己的父兄报仇。

人心如此不齐，如何敢打？

更重要的是，此时此刻的李世民，输不起。此时的突厥人，其实并不需要真的攻下长安。他们只需要给李世民一个小小的挫败，李世民就受不了，他身后的帝国就有可能出现内乱，他身边的帝国军队就有可能溃散。如此一来，整个大唐就完了。

心不齐，输不起，自然不敢打。问题是，在敌人已经兵临城下的情况下，你不敢打怎么办？只有屈辱地求和啊。怎么求和？送钱啊。这毫无疑问。

李世民决定，送钱。

如何送钱，却有讲究。如何不丢自己的面子，悄悄地送钱，让突厥人退兵、走人，这让李世民颇费脑筋。

还好，天上掉下个老熟人，可以充当"不赚差价的中间商"。谁？执失思力。

话说执失思力他们家，都姓执失。执失思力的父亲，是执失武；执失武的父亲，是执失淹。据新发现的《执失善光墓志铭》记载，执失淹在"皇初起太原，领数千骑援接至京，以功拜金紫光禄大夫、上柱国，仍降特制，以执失永为突厥大姓，新昌县树功政碑。爰从缔构之初，即应义旗之始"。

《旧唐书·突厥传》中李世民对执失思力说的话，也印证了他们是老熟人："又义军入京之初，尔父子并亲从我。"闹了半天，原来执失思力不仅是李世民的熟人，还是大唐的开国元勋之一。他曾与父亲执失武、祖父执失淹一起，作为突厥援唐军队的成员，在隋大业十三年（617）八月十五日与李渊父子在龙门会合，随后并肩攻下了长安。

颉利可汗当然知道执失思力和李世民是老熟人，他派老熟人来也就是为了传递一个贴心的好消息。这个好消息就是：他虽然兵临城下，但不要命，只要钱。

听到了这个消息，李世民大大地松了一口气：要钱早说啊，早说就不担心了。这好办，那就"量中华之物力，结与国之欢心"。

知道了对方的底线，接下来的问题，就只有两个了：一是付钱多少的问题，即颉利可汗到底打算要多少钱呢？二是付钱方式的问题，即如何既送了钱，又能保住天朝大国和英明君主的脸面呢？

关于脸面问题，李世民决定，和执失思力一起，演一出戏；关于付钱多少和方式的问题，李世民决定，亲自去和颉利可汗谈谈。

于是，李世民当着朝廷百官的面儿，大声责问执失思力："吾与汝可汗面结和亲，赠遗金帛，前后无算。汝可汗自负盟约，引兵深入，于我无愧？汝虽戎狄，亦有人心，何得全忘大恩，自夸强盛？我今先斩汝矣！"然后在执失思力表示服软之后，暂时不放他返回，而是"囚思力于门下省"。

这当然是事先约好的戏码。真要杀他关他，长安有的是监狱大牢，不必关在门下省这样一个部级单位的办公楼吧？但这样一演，大唐帝国英明君主凛然不可侵犯的形象，算是树立起来了。

关了执失思力之后，李世民就到了便桥，继续演戏。这一次，他演得更出格。由于他事先已知颉利可汗的目的和底线，所以他才敢只带"高士廉、房玄龄等六骑径诣渭水上，与颉利隔水而语，责以负约"，又"上麾诸军使却而布阵，独留与颉利语"。

为什么先只带六人，后来又只留自己一人，在两军阵前跟颉利可汗谈话呢？因为他从执失思力那里已经知道，两军打不起来，自己肯定没有危险。而且，要谈价钱的话，人多了也不好谈啊。

可在表面上，李世民是多么地大智大勇啊，孤身犯险！

还是那句话：人生如戏，全靠演技。

话说李世民在便桥边激情表演，他倒是很过瘾了，可害苦了一个事先没看剧本的实诚人萧瑀，"萧瑀以上轻敌，叩马固谏"。

李世民看他没明白，又不好说穿，只好告诉这位不够级别的群众演员，"吾筹之已熟，非卿所知"，即"我要给对方送钱的事你不知道，别废话了，别拦着我，让朕上去谈判！"

最后，两人谈妥了价钱，也谈妥了顾全天朝上国和英明君主脸面的付钱方式。三十日，两人再次在便桥见面，斩白马为誓，签字，画押，付钱，走人。

这屈辱的一幕，在此后的日子里，其实一直深深地印在李世民的心底。

四年之后的贞观四年（630）三月，李靖率领唐军长途奔袭，一举活捉了颉利可汗，平定突厥，凯旋后，终于洗雪了便桥会盟之耻。李世民特地对李靖说："卿以三千轻骑深入虏庭，克复定襄，威振北狄，古今所未有，足报往年渭水之役。"李世民说的这个"渭水之役"，就是指这次的便桥会盟。

在李世民的心中，从来就不是什么"便桥会盟"，而是"渭水之役"，是扎扎实实的两军对垒。而他在这一役中，是在对方的刀枪之下，通过屈辱地送钱，才让对方走人。这一役，他输了，他败了。虽然表面上看起来，还比较有面子。

其实，李世民在便桥给颉利可汗送钱的事，史料中也有暴露李世民的这个小秘密的隐晦的记录。这还得感谢那个一直被蒙在鼓里的实诚人萧瑀。

看到突厥人如此轻易地就退兵了，实诚人萧瑀想不明白，于是请求李世民给指点指点："突厥未和之时，诸将争战，陛下不许，臣等亦以为疑，既而虏自退，其策安在？"萧瑀这是在问，突厥人为什么会自己退兵呢？

李世民回答的那一番话，信息量很大："吾观突厥之众虽多而不整，君臣之志唯贿是求，当其请和之时，可汗独在水西，达官皆来谒我，我若醉而缚之，因袭击其众，势如拉朽。又命长孙无忌、李靖伏兵于幽州以待之，虏若奔归，伏兵邀其前，大军蹑其后，覆之如反掌耳。所以不战者，吾即位日浅，国家未安，百姓未富，且当静以抚之。一与虏战，所损甚多；虏结怨既深，惧而惰备，则吾未可以得志矣。故卷甲韬戈，啗以金帛，彼既得所欲，理当自退，志意骄惰，不复设备，然后养威伺衅，一举可灭也。将欲取之，必固与之，此之谓矣。卿知之乎？"

本来嘛，朕要在战场上打败突厥人是很简单的，但因为突厥"君臣之志唯贿是求"，所以朕"啗以金帛"，这叫"将欲取之，必固与之"。这下，群众演员萧瑀终于明白过来了，赶紧拍马屁说："非所及也。"

吹牛归吹牛，演戏归演戏，李世民到底还是一不留神，暴露了自己的小秘密。

《萧翼赚兰亭图》
男人，都是骗子

唐朝贞观年间，一天日暮时分，一位头戴黑色幞头、身穿黄白色破旧长袍、脚蹬黑色长靴的潦倒书生，带着一个小书童，走进了越州永欣寺。

在佛前礼拜之后，书生就和书童两人一起，开始浏览、品鉴寺中墙

阎立本《萧翼赚兰亭图》　辽宁省博物馆藏　卷　绢本　28cm×65cm

上的书法、壁画。书生点评得兴高采烈、妙论迭出，可惜跟着他的书童，似乎肚中墨水不多。书童对主人点评字画的妙语，老是接不上话，只好不停地搔头；书生也不在意，一笑之后，又接着点评。

不多时，主仆二人就引起了寺中一位老僧辨才的注意。已过杖朝之年的辨才，平生本就爱与书生交往，加上书生脱口而出的颇中切要的那些点评，句句都让辨才感觉一针见血，这使得辨才不由起了爱才之念。

于是，他破例上前，揖手致意，并延请主仆二人到自己的禅室一坐，喝上一杯茶。"独在异乡为异客"的人，忽有古刹老僧相邀，自然喜出望外，欣然应允。书生和辨才进入禅室之后，分宾主坐下，延续着刚才的书画点评话题。

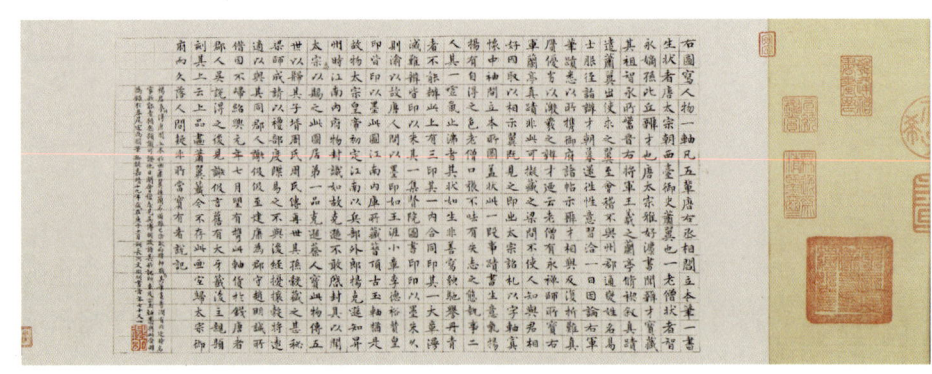

《萧翼赚兰亭图》题跋

此时的禅室之中，辨才和书生相谈甚欢：辨才身穿白色上衣，外披深浅格子袈裟，盘腿坐在深色藤椅之上，正在向书生说着什么；辨才的身后，他的两个弟子，正在生火烹茶，准备招待客人；书生则坐在方凳之上，垂手聆听；他的小书童则手拿黑色书袋站在身后，左手又在搔头，似乎谈话内容又让他有点发蒙。

禅室中的这幅画面，就是现藏于辽宁省博物馆的《萧翼赚兰亭图》中的画面。相传这幅图，是唐朝著名的宰相画家阎立本所画。

画中的两个主要人物都取坐姿，右边那个，是书生萧翼；左边那个，是和尚辨才。

一
辨才不知道，
万里而来的萧翼不是"新知"，
而是骗子

有证据表明，那一天，被请进禅室的萧翼，不仅喝了辨才的茶，当晚还喝了辨才的酒。

当时他俩越聊越投机，眼看天色将晚，辨才便留萧翼一起共进斋饭，并且还专门为他打开了一坛缸面酒。缸面酒，又称"缸头黄"，是唐朝时天下皆知的越州名酒。

那一夜，谈兴助酒兴，酒兴助诗兴。酒过三巡之后，在酒精的作用下，主人辨才率先分韵作诗，写下《设缸面酒款萧翼，探得来字》："初酝一缸开，新知万里来。披云同落寞，步月共裴回。夜久孤琴思，风长旅雁哀。非君有秘术，谁照不燃灰。"

萧翼也唱和一首《答辨才探得招字》："邂逅款良宵，殷勤荷胜招。弥天俄若旧，初地岂成遥。酒蚁倾还泛，心猿躁似调。谁怜失群雁，长苦业风飘。"

仅从两首诗来看，喝酒的两个人之中，辨才是真醉了。不仅仅是因为酒精，他还陶醉在新结识的远方知音的友情之中。"新知万里来"一句，表达的正是他的这种欣喜心情；而"非君有秘术，谁照不燃灰"，表达的是因为与萧翼倾心交流，辨才那一颗像"死灰"一样的心，也被知音照亮了。要知道，当时辨才都已八十多岁了，还这么单纯，这么天真，难得难得。

但是很遗憾，萧翼显然没醉。证据，也在他的这首诗当中。他的和诗总共八句，除了前两句诗是感谢辨才款待的客气话以外，余下六句诗，他竟然连续使用了四个佛教典故。

"弥天俄若旧"中的"弥天"，典出《晋书·习凿齿传》：当年僧人道安见习凿齿时，自称"弥天释道安"，习凿齿则对以"四海习凿齿"，由此"弥天"成为佛教高僧代称。此句萧翼用以借指辨才，有明显的讨好之意。

"初地岂成遥"中的"初地"，典出《华严经》：佛教认为，修行过程共分十个阶段，是为"十地"，"初地"就是第一阶段。萧翼这是再次引用佛教典故，以争取获得辨才的好感。

"心猿躁似调"中的"心猿"，典出《维摩经》："以难化之人，心猿猴，故以若干种法，制御其心，乃可调伏。"在这首诗中，萧翼显然是以"心猿"作为自己得体的谦称，表示此前心意躁动、难以控制的自己，终于遇到了得道高僧。

"长苦业风飘"中的"业风"，也是佛教用语：系指恶业所感的猛烈大风，也指劫末大风灾和地狱所吹的大风。

只有短短八句诗，萧翼在连用四个佛教典故的情况下，还把一首诗写得情真意切、文采飞扬，你说他醉没醉？

萧翼当然没醉。他在辨才面前，如此频繁地引用佛教典故，显然是为了讨得辨才的欢心。

萧翼的讨好之举，耐人寻味。两个男人，就算是一见如故，相见恨晚，毕竟也只是第一次见面。而在第一次见面时，萧翼就如此用心地讨好，其隐藏在背后的原因是什么呢？萧翼如果不是出于友情地投其所好，那么就是别有用心地曲意逢迎。萧翼到底是存的什么心呢？有一句俗话用在此处，恐怕正中切要："无事献殷勤，非奸即盗。"

当晚，二人尽兴，大醉分手。第二天，萧翼载酒来访，如此这般，酬酢往还达半个多月之久。席间当然不免论及书画，萧翼适时拿出了梁元帝萧绎亲笔所绘的《职贡图》，辨才"叹赏不已"。

萧翼为何能拿出梁元帝萧绎的《职贡图》？因为，他本人就是梁元帝萧绎的曾孙。在我们今天，这个《职贡图》原本已佚，我们只能看到现藏于中国国家博物馆的宋人摹本，而且已经残缺不全。几乎可以肯定，当年萧翼拿出的，不仅是原本，而且是全本。曾孙拿祖爷爷的东西，那还有拿错的？

辨才为何又"叹赏不已"？因为，他的俗家姓袁，他本人还是南梁司空袁昂的玄孙。袁昂虽然早逝，没有当过梁元帝萧绎的臣子，但他们二人显然是相识的，而且袁昂立朝三十年，是南梁的柱国台鼎之臣。这样的前朝君臣后裔关系，这样的共同经历、故旧故情，一下子就让两个人的友谊，又平添了一份亲密，平添了一份认同。至此，两个人无话不谈了。

既然都谈到了画，于是也就自然而然地谈到了翰墨书法。

顺水推舟，萧翼又拿出了王羲之、王献之父子的书法字帖，即所谓"二王杂帖"，不无炫耀之意地供辨才赏玩。这一次，辨才看了半天，反应却是不屑，说道："是即是矣，然未佳善。贫道有一真迹，颇亦殊常。"

此处，我要给萧翼配一个画外音："来了来了！终于说到正题了！"当然，这是一定不能让辨才听到的画外音。

而当时当事的萧翼，只是强捺着心中的狂喜，问道："何帖？"辨才回答："《兰亭》。"

辨才这里说到的《兰亭》，就是被今天的我们称为"天下第一行书"的《兰亭集序》。东晋永和九年（353）三月初三，王羲之与谢安等人一起，在山阴（今浙江绍兴）兰亭，欢度上巳节。曲水流觞、饮酒赋诗之后，众人要求王羲之为结集的诗集写一篇序。王羲之于是乘醉提笔，信笔而书，如有神助，最后写了28行、324个字，笔法遒媚劲健，遂成绝唱，铸就"天下第一行书"。

传说王羲之酒醒之后，曾多次重写此序，希望达到更佳效果，但最后仍然是以第一次微醺时所写的版本为最佳。对于此帖，王羲之"亦自爱重，留付子孙，传掌至七代孙智永"。可是，王羲之的这位七世孙智永，后来出家为僧，没有子嗣，所以将《兰亭集序》传给了自己的弟子、永欣寺僧辨才,"智永禅师年近百岁乃终,其遗书付弟子辨才"。

辨才此时此刻还不知道,自己眼前的这个书生萧翼,正是为此而来。萧翼在此前大费周章、费尽心机地要讨得辨才的欢心,正是为了这一刻,他终于听到辨才亲口说出了"兰亭"这两个字!

于是,萧翼再次按捺着心中的狂喜,佯作大笑说:"几经战乱,真迹哪里还有可能保存下来?肯定是复制的伪作了。"辨才全然不知自己已经掉入彀中,辩解道:"我师父在世时,珍重保存,到去世之时才亲手交给我的。来源清楚,传承有绪,怎么可能是伪作呢?你明天来,我让你看真迹。"

第二天,萧翼果然就见到了辨才亲自从屋中房梁上取下的《兰亭集序》真迹。萧翼此时明知是真,却故意指指点点,说其中有瑕疵,仍然认为是伪作。此帖辨才本是传自师父,当日师父说真,他自然也就以为是真,此时经萧翼一番指点,倒也有些疑心,于是就随手将真迹放在书桌上,供自己进一步鉴别和临帖之用,不再放到房梁上去了。

萧翼要的,就是这个机会。几天之后,萧翼等到一个辨才外出赴宴的机会,他独自来到寺中,对辨才的弟子谎称自己的衣物落在辨才房中。弟子见师父老友来取衣物,亦不起疑,于是打开房门,让萧翼轻轻松松、堂而皇之地取走了《兰亭集序》的真迹。

东西到手之后,萧翼当即前往当地官府,亮明了自己的身份和任务:唐太宗李世民驾前的监察御史萧翼,奉旨前来寻找《兰亭集序》真迹。

在官府的保护之下,萧翼召来了发蒙的辨才,告诉他:"我本是奉旨来取《兰亭集序》真迹的。现在真迹到手,特唤禅师前来话别。"辨才当即昏厥于地。直到此时,辨才才知道,自己一见倾心的"新知"萧翼,原来是朝中的监察御史,原来是骗子,不仅骗取了自己的友情,还骗取了自己一直珍藏的《兰亭集序》真迹。

萧翼可管不了辨才如何伤心,他一路"春风得意马蹄疾",驰驿到京。唐太宗李世民见到梦寐以求的《兰亭集序》真迹,龙颜大悦,重赏萧翼,又是给钱又是升官。

前面说辨才在知道原由之后,为何当场昏厥?不仅是因为他意识到萧翼是个"骗子",而且因为他发现自己犯下了欺君大罪。

原来,此前唐太宗李世民在听说《兰亭集序》在辨才手中之后,曾经三次邀请辨才前往长安,希望能够得到真迹。但百般套问之后,辨才总是说:"以前我侍奉师父的时候,确实曾经见过真迹。但自从师父去世后,几经战乱,真迹丢了,现在不知道在哪里。"如此三次之后,李世民没有办法,只好放他回到越州。

一方面,李世民确切地知道真迹就在辨才手中;另一方面,辨才又坚决不肯认账,不肯交出。考虑到自己的明君形象,也怕逼急了真迹被一把火烧了,李世民不想用强制手段逼迫辨才交出来。可是,设计骗辨才交出真迹,一时还真没有合适的人选。他平时命将统兵、处理政事,都是一言立决,可此时这个雅贼派谁去当才好呢?他犯了难。

还好,李世民手下不是有"房谋杜断"吗?关键时刻,"房谋"房玄龄出来谋划了:"臣闻监察御史萧翼者,梁元帝之曾孙,今贯魏州莘县,负才艺,多权谋,可充此使,必当见获。"房玄龄举荐了萧翼。不愧是"房谋"啊,看人的眼光,太准了。

李世民当即召见了萧翼。萧翼表示,如果自己以朝廷钦差的名义去见辨才,肯定没戏;不如打扮成潦倒书生模样,先以个人名义去见辨才,等交上朋友之后,再以手中"二王杂帖"等字画作为诱饵,才有可能诱出真迹所在。只要知道了真迹所在,届时或暗偷或明抢,再临机决定。李世民表示强烈赞同。

至此,一场由皇帝、宰相、监察御史设计的,针对一个手无缚鸡之力的老和尚辨才的大阴谋,正式展开。事实证明,"房谋"名不虚传,萧翼不辱使命。尤其是萧翼身为南梁皇帝后人的身份,在关键时刻发挥了关键作用。

最后,长安的骗子们——唐太宗李世民、房玄龄、萧翼,设计的骗局得逞了。兴奋的李世民,吩咐拓书人将真迹扫拓数本,分赐皇子大臣。李世民确实是王羲之《兰亭集序》的真爱粉啊,据说他在临终时,还要求儿子唐高宗李治,将《兰亭集序》真迹陪葬昭陵,遂使一代书法珍宝,至今人间难寻。

然而,辨才的结局就比较悲惨了。虽然唐太宗李世民沉浸在真迹到手的喜悦中,同时念及辨才年迈,并未追究他的欺君大罪,但他一来心痛真迹被骗,有负师父临终所托,二来惧怕欺君大罪被朝廷追究,自昏厥醒来后,身体就陡然间垮了,一年之后就在越州去世了。估计直到咽气的那一刻，辨才都一直在骂："都是骗子！都是无耻的骗子！"

辨才可能至死都没有想明白：大骗子李世民是从哪里得到如此准确的线报，竟然如此笃定《兰亭集序》真迹就在自己手中，以致从万里之外派来小骗子萧翼精准打击、一骗到手的呢？

其实，辨才不知道这个结果可能更好。他要是真的知道了，很可能会死不瞑目的。因为，给李世民准确线报的，其实是他的熟人，当年和他一起师从智永、学习书法的同门师弟——虞世南。

《旧唐书·虞世南传》记录了虞世南师从智永的往事："虞世南，字伯施，越州余姚人……同郡沙门智永善王羲之书，世南师焉，妙得其体，由是声名籍甚。"虞世南与辨才，都是智永的弟子。所以，师父藏有书法至宝《兰亭集序》，虞世南知道；师父临终将《兰亭集序》传给辨才，虞世南自然也知道。

当贵为皇帝的李世民需要《兰亭集序》真迹的时候，作为臣子的虞世南，当然要责无旁贷地献上准确的藏宝之处。所以，李世民才三次邀请辨才前来长安，各种威逼利诱，希望得到真迹。

可惜，辨才不识相，连续三次揣着明白装糊涂，这才有了长安城里的一番合谋，这才有了小骗子萧翼的越州之行，这才有了这幅《萧翼赚兰亭图》。

二
王羲之能够登顶"书圣"，最初的源头就是李世民的加持

读者诸君可能认为，在这件事情上，辨才的同门虞世南不地道，为了个人的升官发财，出卖了辨才，导致《兰亭集序》真迹落入了李世民之手。

这其实冤枉了虞世南。虞世南向李世民透露《兰亭集序》，还真不是为了升官发财。一来虞世南是秦王府"十八学士"之一，也是唐朝的"凌烟阁二十四功臣"之一，到贞观年间，他早已是与房玄龄共掌文翰、

参与国事的宰相级别官员了,不必再通过此事来升官发财了;二来虞世南在此时,也已经是近八十高龄的人了,即便通过此事再来升官发财,在那个平均年龄不过六十岁的时代,又还能享受几天?

更何况,史称虞世南性情刚烈,直言敢谏,深得李世民敬重,被称为"德行、忠直、博学、文辞、书翰"五绝。举一个体现他性格的例子。

隋朝大业十四年(618),宇文化及在江都发动兵变,杀死隋炀帝,同时肆意诛杀大臣。当要杀许善心时,他的儿子许敬宗手脚并用,跪地哀求饶了自己的性命;当要杀虞世基时,他的弟弟虞世南也是一样匍匐求饶,但求饶的内容却是请求代替兄长一死。

后来,许善心、虞世基都被杀了,许敬宗、虞世南则都活了下来,还相继由隋归唐。归唐之后,虽然同朝为官,但二人的名声却是天壤之别。有人帮他们二人总结得好:"虞世南匍匐请代,许敬宗蹈舞求生。"同样是面对生死,许敬宗被人鄙视,虞世南则赢得了广泛尊重。这样的一个人,怎么会为了升官发财而出卖同门呢?

虞世南之所以这么做,还是有他个人的原因的。他的原因就是,他其实是李世民事实上的书法老师。

虞世南本人,就是大书法家。他与欧阳询、褚遂良、薛稷等人一起,合称"初唐四大家"。因此,李世民以皇帝之尊,也要向虞世南请教书法,但却不好说是他的学生。

但两人在书法方面的师生关系,是史有明载的。《宣和书谱》说:"先是,释智永善羲之书,而虞世南师之,颇得其体,太宗乃以书师世南。"另外,李世民本人,也曾经亲口对魏徵说过:"虞世南死后,无人可与论书。"可见虞世南是教导李世民书法,并与他一起讨论书法的唯一人选,也就是他事实上的书法老师。

虞世南作为李世民的书法老师,对后者的最大影响就在于:他直接引导了李世民对王羲之书法的喜爱,使得后者以皇帝身份,对王羲之不断加持,助力王羲之成了"书圣"。换句话说,在我们今天,王羲之能够登顶"书圣",最初的源头就是李世民的加持。

其实,在唐太宗李世民以前,人们推崇的书法楷模是不固定的。人们在提及书法楷模时,往往"钟张二王"并称,所谓"夫自古之善书者,汉魏有钟张之绝,晋末称二王之妙"。所谓"钟",就是钟繇;所谓"张"，就是张芝。也有推崇南梁"名盖当世，举朝效之"的萧子云的。反正，当时并没有哪一个人，是唯一的书法楷模。

直到李世民在虞世南的影响下，开始对王羲之书法情有独钟。贞观二十二年（648），由唐太宗李世民主导的《晋书》完成。在这部晋朝官修正史中，李世民亲自为《宣帝纪》《武帝纪》《陆机陆云传》和《王羲之传》撰写了四篇史论。

在李世民为《王羲之传》撰写的史论之中，他一共提及书法家五人，分别是东汉的张芝、师宜官，三国曹魏的钟繇，东晋的王献之和南梁的萧子云。在分析了他们书法中的缺点以后，李世民写道："所以详察古今，研精篆素，尽善尽美，其惟王逸少乎！观其点曳之工，裁成之妙，烟霏露结，状若断而还连，凤翥龙蟠，势如斜而反直。玩之不觉为倦，览之莫识其端。心摹手追，此人而已。"

上述宏论，自然是李世民的一家之言。然而，因为他的皇帝身份，这从此就成为史上关于王羲之书法的定论。尤其"尽善尽美"四个字，更成为王羲之书法的代名词。

李世民自己在书法研习方面，也是把王羲之的书法"置于座侧，朝夕观览"，锐意临摹；同时，四处派人"购求右军书，并贵价酬之。四方妙迹，靡不毕至"，"钟繇、张芝、芝弟昶、王羲之父子书四百卷，及汉、魏、晋、宋、齐、梁杂迹三百卷"。其中，王羲之的书法真迹就"大凡二千二百九十纸，装为十三帙，一百二十八卷"。后来，在萧翼骗辨才的关键时刻，拿出来作为"鱼饵"，诱使辨才手中的《兰亭集序》出现的所谓"二王杂帖"，就是出自上述"购求"而来的李世民本人的收藏。

可惜，上面关于李世民收集王羲之书法的手段，只是说到了"购求"一种，其实，还包括了《萧翼赚兰亭图》中的"赚"这一种。"赚"者，"骗"也。李世民，就是个大骗子；萧翼，也是个小骗子。

在唐太宗李世民的影响下，唐朝诸帝都推崇王羲之书法：唐高宗李治时有个大臣名叫高正臣，"习右军法，高宗甚爱其书"；武则天"尝访右军笔迹于方庆家"；其后的唐中宗李显、唐睿宗李旦、唐玄宗李隆基、唐文宗李昂等人，均留下了推崇王羲之，勤习书法之名。

在唐朝的影响下，宋朝诸帝都推崇王羲之书法："宋太宗复尚二王，其命翰林侍书王著摹《阁帖》，虽博取诸家，归趣实以二王为主。以故艺林久而成习，与之言羲、献，则怡然；与之言悦、谌，则惘然"；南宋高宗赵构，"每得右军之书，手之不置，初若食蜜，少甘则已；末如橄榄，真味久愈在也"。

在唐宋的影响下，明朝诸帝都推崇王羲之书法：明成祖朱棣，曾令出内府藏法书名帖，供中书舍人习书，并着重强调要临习二王书法；明仁宗朱高炽，"万几之暇，留意翰墨，尝临《兰亭帖》赐沈度，意法神韵，唐之太宗不能过也"；明孝宗朱佑樘，称赞沈度："我朝王羲之。"

在唐宋和明朝的影响下，清朝诸帝都推崇王羲之书法：清世祖顺治，"书临王羲之《乐毅论》分段署月日"；清圣祖康熙，"本朝状元，必选书法之优者，……康熙以来上喜二王书"；清高宗乾隆所设立的"三希堂"，更是收藏了王羲之的《快雪时晴帖》和王献之的《中秋帖》；"三希堂"后经嘉庆、道光、咸丰、同治、光绪、宣统各朝，一直没有任何变动，可见清朝诸帝在书法方面的风尚所向。

有了唐太宗李世民的最先加持，有了此后诸朝诸帝的跟进，于是今天的我们，在说起书法时，除了"书圣"王羲之和他的儿子王献之，几乎说不出别的名字了。

三
画家无意间的闲笔，成就我国最早茶画

在《萧翼赚兰亭图》中，辨才在请小骗子萧翼喝酒之前，先请他喝了茶。在图的最左边，画家清晰地描绘了两个仆人准备茶水的情景。

一位老仆站在茶炉前，将手中的茶夹伸入茶鼎之中，正欲搅动茶汤。看到茶汤已好，旁边一个童子手持茶托，准备将茶汤分入茶瓯之中，以备待客。二人旁边，矮几上还放着茶罐、茶瓯等茶具。

这是迄今为止，我国古画中第一次出现烹茶待客的画面。画家无意间的闲笔，画下的场景，使《萧翼赚兰亭图》成为目前我国最早的一幅

茶画。虽然,此图的主题,并不在茶。

但是,今天的我们,看到图中那两个人准备个茶水还这么全神贯注、全力以赴,肯定是不以为意、一脸不屑的。泡个茶还搞这么复杂,是不是有点用力过度了?不就是烧个开水,冲个茶叶,至于吗?必须指出,在唐朝,还真至于。

因为唐朝饮茶,用的不是我们今天的泡茶法,而是煮茶法或煎茶法。换句话说,唐朝饮茶没有我们今天这么简单,把干制的茶叶冲入开水,一泡就得,而是要先将茶饼烘烤磨碎,再筛成粉末,最后再放到煮有沸水的锅里去,用煮茶法或煎茶法,加热成茶汤,然后饮用。

同样是用火加热茶汤,煮茶法和煎茶法,有区别吗?有的。

简言之,煮茶法程序简单,添加佐料多,不重火候。煮茶法,要在茶汤中加入葱、姜、花椒、枣、橘皮等佐料,多次充分煮沸之后,喝其茶汤。这是"茶圣"陆羽非常鄙视的一种饮茶法,他认为这么煮茶,茶汤就像下水道的废水一样("沟渠间弃水耳")。

煎茶法则是"茶圣"陆羽创制的饮茶法。程序复杂,只添加盐这一味佐料(也可不加),特别重视火候。煎茶法在程序上,包括"备器""炙茶""碾罗""择水""取水""候汤""煎茶""酌茶""啜饮"等至少九道程序。

"备器",当然不仅仅是准备茶杯那么简单,包括准备茶碾、茶罗、茶鼎、茶瓯,等等。如果要讲究,茶碾最好是白玉雕成,茶罗最好是红纱制成。元稹在他的宝塔诗《一字至七字诗·茶》中,就是这样要求的:"碾雕白玉,罗织红纱。"

茶鼎是煮茶的重要工具。"茶圣"陆羽称之为"风炉",三足两耳,类似古代的鼎,故也称"茶鼎"。茶鼎用铜、铁制造,内有六分厚的泥壁,以提高炉温。茶鼎三足之间设有三个小窗,底窗有煽火漏灰之用,上面小窗则有通风透气之用。

至于喝茶用的茶瓯、茶碗,《萧翼赚兰亭图》中即将喝茶的萧翼有福了,无论是茶瓯还是茶碗,还真就是他当时所在的越州出产的最好。当然,这也是"茶圣"陆羽鉴定的:"瓯,越州上,口唇不卷,底卷而浅,受半升已下";"碗,越州上,鼎州次,婺州次,岳州次,寿州、洪州次"。

至于所用的茶叶，根据陆羽《茶经》和李肇《唐国史补》等史料，唐朝越州已有名茶"剡溪茶"和"仙茗"了。只是我们不知道辨才当时选用哪种名茶款待萧翼罢了。

在最讲究的"候汤"程序中，一般把水煮沸的状态，分为三种：一沸为"鱼眼沸"，此时加盐；二沸为"涌泉沸"，此时从中舀出一瓢水备用，然后向沸水中心投入茶末，茶末沸腾之后，将先前舀出的水倒入，以防止茶汤过度沸腾；三沸则为"腾波沸"，过了"腾波沸"，水就煮老了，陆羽认为就不能饮用了。

由于煎茶法系"茶圣"陆羽所创造，而陆羽生活的年代又在萧翼和辨才之后，至此我们可以断定，《萧翼赚兰亭图》中那两位仆人所用的烹茶方法，只能是煮茶法。在此法之下，萧翼最终端到手中的，一定是一碗兼具葱、姜、花椒、枣、橘皮和茶等诸多气味的"黑暗料理"式的茶汤。

不过，就凭小骗子萧翼骗取辨才《兰亭集序》的狠辣手段，给他端上这样一大碗"黑暗料理"，活该！

《步辇图》

文成公主的终身大事，就是在这一刻决定的

据大唐帝国《邸报》贞观十五年（641）正月十二日头版头条配图报道：

今日，皇帝陛下在太极殿亲切接见了吐蕃使臣禄东赞。宾主双方就文成公主正式下嫁吐蕃赞普这一天大喜事，互致祝贺，并确定了送亲、迎亲的相关细节；会见中，皇帝陛下授予禄东赞"右卫大将军"之职；双方还就建立跨世纪战略合作伙伴关系进行了展望。吏部主爵郎中阎立本，现场报道。这是现场照片：

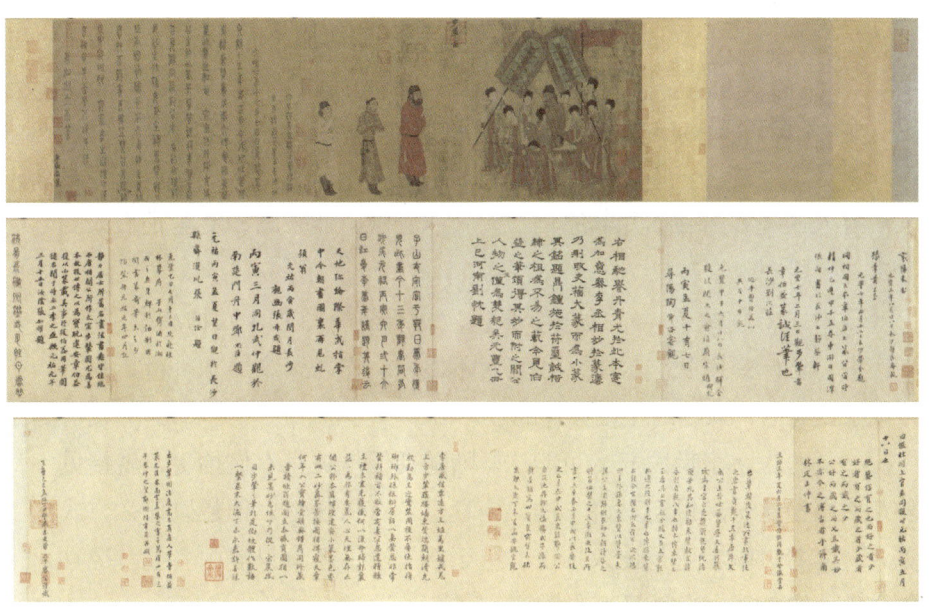

阎立本《步辇图》 北京故宫博物院藏 卷 绢本 38.5cm×129.6cm

有人一看，马上就问了：什么照片啊，别逗了，这不就是《步辇图》吗？

是的，当然是《步辇图》。但是，在我看来，这哪里是一幅画啊，它简直就是一张照片，一张新闻现场的照片。

《步辇图》的由来，简单粗暴一点说，就是唐太宗李世民在接见禄东赞时，叫来阎立本，让他把今天这个大事记下，将来好留作纪念。

阎立本遵旨，举起手中相机，哦不，举起手中画笔，于是就有了我们今天的《步辇图》。

而今天的我们，要秒懂《步辇图》，还真不大容易。因为，关于此图的疑点和争论，实在不少。

一
画着唐太宗李世民的图，却盖着武则天的戳儿？

《步辇图》现藏北京故宫博物院，被称为"中国十大传世名画"之一。但是这个"之一"，有点不靠谱儿。

有人说《步辇图》并非原作。说其非唐画，非宋画，完全是后人的摹本。

理由主要有两条，一是画得不好，线条模糊无力，人物造型不准。老实说，这一点以我之拙眼，可真看不出来。作为一个美术外行，我觉得线条挺有力，人物造型挺像样的。

二是唐太宗李世民怎么可能这样随随便便地被宫女们抬着，就接见外邦使臣？这一点倒还真说不准，毕竟皇帝有权任性，他想以什么方式见人，坐着、躺着还是让人抬着，甚至倒立着，还真只能由着他。况且如今争论的各方，当时都不在现场。

也有人说《步辇图》是宋人摹本。主要原因还是画得不好，说"人物面相呆板少神，衣纹勾笔也欠劲健飞动，这是出于临摹的特征"。我再次表示，实在看不出来。

当然也有人说，《步辇图》是阎立本的真迹。阎立本，初唐著名画家，但他当时并非专职画家，而是唐太宗李世民手下的文官，先后担任过主爵郎中、刑部侍郎、将作少监等官职，后来更是担任过唐高宗的宰相。但他在史上最有名的，还是手中的那支画笔和为我们留下的《步辇图》《历代帝王像》等名作。

最有意思的是，还有人说现存的《步辇图》，是武则天鉴赏过的阎立本真迹。因为，上面还盖有武则天的戳儿，也就是印章。

可是，这图上密密麻麻到处都是戳儿啊，哪一个是武则天的呢？

很好找。据说"步辇图"三个字，是武则天写的；而钤在"步辇图"三个字上的那个戳儿，就是武则天的"曌"字私人印章。

众所周知，唐朝的官印不少，考古发现的"中书省之印"实物，就收藏于北京故宫博物院。而武则天别出心裁创出"曌"字的时候，已是

《步辇图》局部：武则天的戳儿

皇帝。作为皇帝，她有八个官印：神玺、受命玺、皇帝行玺、皇帝之玺、皇帝信玺、天子行玺、天子之玺、天子信玺。

以上都是武则天的官印。那在官印之外，她有没有私印呢？

唐朝皇帝拥有个人私印的情况，倒是也有。唐人张彦远在《历代名画记》中记载："太宗皇帝自书'贞''观'二小字，作二小印；玄宗皇帝自书'开元'二小字，成一印。"

也就是说，唐太宗李世民有两枚私印——"贞"和"观"，李隆基有一枚私印——"开元"。他们的这些私印，基本就是用来收藏图书、鉴赏字画的。

这两位皇帝的私印所留下的印记，宋朝大书法家米芾还亲眼见过。他在《画史》中说："贞、观、开元，皆小印，便于印缝。开元有二印，一印小者，印书缝，大者圈刓角，一寸已上，古篆。"

武则天当皇帝的时间，在唐太宗李世民和唐玄宗李隆基之间，这使得她拥有私印，甚至拥有"曌"字私印，有了极大的可能性。虽然目前未见文献记载，也未见实物印记。

同时，武则天也写得一手好字，称得上书法家，有着写出画中"步辇图"那三个字的书法水平。《宣和书谱》称她的字有"丈夫气"，代表作是《升仙太子碑》。

"步辇图"如果真是由与唐太宗李世民、阎立本同时代的武则天书写，并盖上了"曌"字戳儿，那当然是货真价实的真迹了。只是，对于武则天的那个戳儿，我总认为不大可信。

二

此图之所以叫《步辇图》，
是因为唐太宗李世民
屁股下面坐着的那个东西

从整体上看《步辇图》，此画以"步辇图"三个字所在的中轴线为界，左边三个人，右边十个人。

左疏，右密；左静，右动；左仨人鹄立，右众星捧月；左端庄严肃，右仪仗隆重。

右边十人以唐太宗李世民为首，他也是此画之中的男一号。

我们先从唐太宗李世民坐着的那个东西开始。那个东西叫"辇"，是皇帝老爷懒得走路、用来代步的工具，传说最早始于夏朝。

最早的辇和车一样，都有轮子，由马拉或人推。秦朝以后，这种皇

《步辇图》局部：步辇上的李世民和九个美女

帝和皇后专用的代步工具被去掉了轮子，由原来的马拉改为人抬，于是被称作"步辇"，又叫"腰舆""舁床"。

步辇之上的唐太宗李世民，以露出身体四分之三的侧面角度出现，头戴黑纱幞头，玉面朗目，留着微微上翘的髭须，身穿赭黄色圆领长袍，腰系红鞓带，脚蹬乌皮六合靴。

作为东道主，作为大国之君，唐太宗李世民显得既庄重英武，又雍容大度，神情举止中也不失对客人的热情。

唐太宗李世民穿的这一身衣服，并不是随随便便穿的，而是当时皇帝的常服，是正式场合才穿的衣服。《旧唐书·舆服志》记载："其常服，赤黄袍衫，折上头巾，九环带，六合靴，皆起自魏、周，便于戎事。自贞观已后，非元日、冬至受朝及大祭祀，皆常服而已。"

唐太宗年少随父起兵，战场上罕逢敌手，打下了唐朝三分之二江山，接着发动"玄武门之变"，杀兄屠弟逼父，得以登上皇位，即位后以善于纳谏而著称，一手造就了"贞观之治"。原来，所谓的千古明君，本尊是这个样子啊。

说完了男一号，再来看他身边的九个美女。

九个美女分工明确，一人撑伞，二人持扇，六人抬辇。

美女们着装统一，风格一水儿的清秀、简约，一看就是宫里配发的"高腰掩乳"工作服：上穿交领右衽窄袖衫，衫外披着半透明的丝质连袖帔帛，下穿"十二破"式红绿相间长裙，裙下是小口条纹间色裤，足蹬红色透空软锦靴。

"高腰掩乳"装是流行于唐朝的女装。这种服装将腰线提高到腋下，从而在视觉上改变了上下装的比例，特别是拉长了下半身的长度，使女性显得下体修长，亭亭玉立；同时，这种服装能够充分表现女性的胸部轮廓，使女性显得既优雅高贵，又性感袭人。

当然，由于这帮美女平时就是干体力活的，所以她们的"高腰掩乳"装，进行了多处改良，以方便行动：

一是上衣的袖口，戴上了长蛇式绕腕多匝的金镯，也就是唐朝时称为"金缠臂"的首饰，进行了收口和束紧；二是为了避免裙子曳地，行动不便，美女将裙子提起，束于臀部，在视觉上形成了裙子的"双腰线"；三是脚穿便于行动的靴，而不是履。

美女们的发型也是一样的,类似今天的卷发,都是高束发髻,很像云朵的形状,这就是初唐时期的美女时尚发型之一——"云髻"。美女们的眉形,也是初唐流行的细长样式——柳叶眉。

说起来,唐太宗李世民一个大男人,至少也有一百多斤重吧,他还真是好意思,让几个女人抬着走。当然,人家是一国之君,最大的领导。看见步辇正前方那个肩上搭绳儿、双手紧握把手、歪着脑袋、正在使劲儿的宫女了吗?原来,唐太宗李世民这哥们儿挺沉的。

《步辇图》局部:正在使劲儿的美女

说到这里,有一件事,特别值得一提,也特别好玩儿。《步辇图》所载史事,发生于贞观十五年正月,而武则天进入唐太宗李世民后宫,被封为才人的时间,则是贞观十一年(637)十一月。

也就是说,《步辇图》中这一幕发生时,武才人正在宫中服侍唐太宗李世民。搞不好,图中簇拥在唐太宗李世民身边的九个宫女中,就有武才人!如果真是那样,那就好玩儿了。

可惜的是,这种可能性很小很小。因为按照唐朝官制,武则天当时是正四品的才人，其在宫中的岗位职责是"掌叙燕寝，理丝枲"；而负责把唐太宗李世民用步辇抬着走的宫女们，则来自"宫官"机构中的"尚寝局"。在尚寝局中，专设"司舆、典舆、掌舆各二人"，其岗位职责是"掌舆辇、伞扇、文物、羽旄"。

所以，图中簇拥在唐太宗李世民身边的九个宫女，都是身处"司舆、典舆、掌舆"这些岗位的宫女。相对于她们来说，武才人那是正四品的高级干部了，这种粗活儿，她是不干的。

《步辇图》局部：禄东赞

但我仍然不免要想，要是武才人在那九个宫女之中，那才好玩儿呢。李唐王朝的一个男皇帝，被武周王朝唯一的女皇帝抬着，这件事我想想就带劲。

画作左边，依序站立的三人中，中间那位，就是男二号禄东赞。他梳着辫发，头戴绳圈冠，高鼻梁，蓄着络腮胡，身穿饰有金色联珠对鸟纹的窄袖圆领直襟长袍，脚蹬黑靴，拱手肃立，神态谦恭。这是必然的，毕竟他是来迎亲的，"低头娶媳妇"嘛。

他头上的绳圈冠，是当时吐蕃人所特有的一种头饰。多为红色，当然也有其他颜色，画中禄东赞的绳圈冠就是黑色。

吐蕃人的绳圈冠，在脑后系结，有的绳圈冠缠绕圈数较多，几乎将头顶完全封闭，有的则只是缠绕一两圈，将头顶完全露出，比如画中的禄东赞。

禄东赞的腰带，看不出材质。吐蕃人的腰带，多以皮质为主，但也有玉质腰带。禄东赞的腰带上悬挂着的那两件东西，叫作"蹀躞"。

蹀躞是指从腰带中穿孔引出的小细带，用以悬挂小刀、火石、砺石、算袋等小型随身物件。一般情况下，吐蕃人应该悬挂七个蹀躞，但禄东赞在画中却只悬挂了两个。沈从文先生在他的名著《中国古代服饰研究》中据此认为，《步辇图》可能是后人摹本。

话说我还有一个重点要讲，就是禄东赞的腰可是真细，盈手一握的感觉啊。画中四个男人，就数他的腰细，几乎可以与画中美女们比比细腰了。一个大男人，腰如此细，我真想问问他是怎么做到的。

然后，我们要说说那个穿着大红袍的最显眼的男三号了。对，就是那个相貌堂堂、虬髯红袍的大帅哥。

胡子大帅哥的红袍历来最为人所关注。有人甚至说，因为禄东赞是来迎亲办喜事的，所以这位负责把禄东赞引见给唐太宗李世民的礼官，其衣服被画家阎立本特意画成了大红色，以烘托喜庆气氛。

这完全是不了解唐代官员的官服制度所导致的误解。虽然唐代官员的衣服颜色，前后几经变化，但基本服饰制度仍然得以保留，即"三品以上服紫，五品以上服绯，六七品服绿，八九品服青"。

画中这位红袍帅哥，显然是唐朝三品以下、五品以上的官员，所以穿着红色官服。而考虑到当时接待外藩的事务由礼部的主客司负责，可以断定他是礼部或礼部主客司的三品以下、五品以上的官员。

唐朝的礼部尚书是正三品，而且贞观十五年的礼部尚书是江夏王李道宗。他如果出现在画中，应该身穿紫色官服。所以，红袍帅哥既不是礼部尚书，也不是江夏王李道宗。

在礼部，有资格穿着红色官服的官员，有正四品下的礼部侍郎一人、同为从五品上的礼部司、祠部司、膳部司和主客司的郎中四人，加起来一共五人。这五人之下的其余官员则对不起，穿红色官服不够级别。

《步辇图》局部：大红袍帅哥

据此可以断定，红袍帅哥不是当时的礼部侍郎，就是当时礼部主客司的郎中。虽然，我们暂时还无法查出他的姓名。

他手中拿的，是上圆下方的象牙笏。笏是指用象牙或竹片制成的长条形板子，也叫"手板"或"朝笏"，主要用于大臣上朝时指画或记事。

他像禄东赞一样，腰间也悬挂着一个银色的小袋子，这叫作"鱼袋"。鱼袋是用来盛装鱼符的。唐朝的鱼符，既是五品以上官员的身份地位象征，也是他们出入宫门的通行证。

鱼符长大约6厘米，其状如鱼形，于鱼鳍处剖为两半，在剖面刻上官员的官职姓名。然后在鱼嘴处钻一个圆孔，穿绳系在腰带上，以免遗失。

按照唐制，官员的鱼符左二右一。官员手中持有的是右半边的一个鱼符，宫中则藏着左半边的两个鱼符，需要查验身份时，左右相合方可。

因为鱼符太小，容易遗失，所以后来发展到用鱼袋盛放。鱼袋也有制度，"著紫者金装，著绯者银装"。这位红袍帅哥的鱼袋，不能违反规定，必须是银色的。

男四号显然是品级较低的翻译官。白色的袍服显示，他甚至没有达到八九品官员的级别，类似于办事员的角色。因此，画中他的服色最为简单，神色也最为拘谨。毕竟，他见到皇帝的机会，不多。好不容易见到一次，紧张。

《步辇图》局部：白袍帅哥

三
《步辇图》中，唐太宗李世民也给禄东赞配发了一个老婆

《步辇图》中留下了真实形象的禄东赞，在吐蕃史上的贡献不亚于松赞干布，也是个难得的人才。

他出身吐蕃王族家庭，为人"明毅严重"，长期担任相当于宰相的"大论"之职，是吐蕃王朝著名的政治家、军事家和外交家。

他在当时，作为外交家的主要贡献，就是完成了《步辇图》中描绘的事件。他成功地为松赞干布带回了一位漂亮的汉族老婆，并铸就了汉藏关系史上的一段佳话。

其实，漂亮的汉族老婆，他也有一个。因为，当时的《步辇图》中，还发生了唐太宗李世民强行"买一送一"的一幕：

> 初，太宗既许降文成公主，赞普使禄东赞来迎。召见顾问，进对合旨，太宗礼之，有异诸蕃，乃拜禄东赞为右卫大将军，又以琅琊长公主外孙女段氏妻之。禄东赞辞曰："臣本国有妇，父母所聘，情不忍乖。且赞普未谒公主，陪臣安敢辄娶。"太宗嘉之，欲抚以厚恩，虽奇其答而不遂其言。

皇帝发老婆这种好事，他居然还拒绝。唉，我想，这就是他比我混得好的原因之一吧。

这位段氏，就是唐太宗李世民给禄东赞配发的漂亮的汉族老婆。而且，段氏的出身，与文成公主是一模一样的，也是唐朝"宗室女"，所差的只是未封公主而已。

史书上的说法是，唐太宗李世民"虽奇其答而不遂其言"。换句话说，唐太宗李世民强行把段氏许给他做老婆。如果真的如此，那禄东赞返回吐蕃时，就是公私兼顾了。公事是给松赞干布带回了和亲的老婆，私事则是捎带手地也给自己带回了一个漂亮的汉族老婆。

只是奇怪的是，这位段氏言行如何，是否为禄东赞留下了子嗣等，在此后的汉藏史书上均未见记录。也许，她真的没有嫁给禄东赞？

在《步辇图》中，身为吐蕃使节的禄东赞，虽然拒绝了皇帝配发的老婆，但却接受了唐太宗李世民授予的大唐"右卫大将军"的虚职。此时的他，绝不会想到，他的后裔子孙会在五十八年之后，正式入唐为官，成为大唐职官队伍中的一分子，而且还有多位子孙担任了类似"右卫大将军"这样级别的实职。

史书记载，禄东赞有子五人：赞悉若、钦陵、赞婆、悉多干、勃论。

公元667年，禄东赞去世，他的儿子都很争气，既继承了他的才干，也继承了他的权位。大儿子赞悉若和二儿子钦陵，先后掌握了吐蕃军政大权。

其中，大儿子赞悉若早逝，二儿子钦陵掌权最久。《旧唐书·吐蕃传》记载："吐蕃自论钦陵兄弟专统兵马,钦陵每居中用事,诸弟分据方面,赞婆则专在东境,与中国为邻,三十余年,常为边患。其兄弟皆有才略,诸蕃惮之。"

钦陵兄弟如此牛气,不仅"诸蕃惮之",而且功高震主、权重震主,搞得连他们的上司吐蕃赞普——器弩悉弄也"惮"之了。

终于,吐蕃赞普以围猎的名义召集军队,开始向钦陵进攻,"召兵执钦陵亲党二千余人,杀之","钦陵举兵不受召,赞普自帅众讨之,钦陵未战而溃,遂自杀,其亲信左右同日自杀者百余人"。

这下,禄东赞的子孙们在吐蕃混不下去了,于是他们在禄东赞的第三个儿子赞婆的率领下,"率所部千余人及其兄子莽布支等来降"。此时,唐朝皇帝已变成了武则天,她大气地给予了禄东赞子孙们礼遇,"遣羽林飞骑郊外迎之,授赞婆辅国大将军、行右卫大将军,封归德郡王,优赐甚厚"。

赞婆是禄东赞子孙仕唐的第一代。

值得一提的是,禄东赞子孙归唐以后,以"论"为姓。这是为了纪念禄东赞等祖先曾经担任过吐蕃的"大论"之职,"宰相为论,因而氏焉"。

禄东赞之孙、钦陵之子论弓仁,是禄东赞子孙仕唐的第二代。

他是和三叔赞婆一起归唐的,初授"左玉铃卫将军,酒泉郡公",后任朔方军前锋游弈使,累迁左骁卫大将军、朔方节度副大使,死后赠拨川郡王,谥号忠。

论诚节,是禄东赞子孙仕唐的第三代。

安史之乱中,论诚节"危机之时见其节,帅子弟及家僮以牧马千驷,罄其财用,以奉禁旅",再次向唐朝皇帝显示了自己家族的忠诚。

论惟贤、论惟贞、论惟明,是禄东赞子孙仕唐的第四代。

论惟贤三兄弟,都效忠于唐肃宗,在平定"安史之乱"的战争之中驰骋疆场,屡立战功。论惟贤终授"骠骑大将军、行左武威卫将军、上柱国公",论惟贞终授"左领军卫大将军、英武军使",论惟明则终授"太常伯、执金吾"。

"同州白水县丞"论辅鼎、"常州江阴县尉"论偁、"右领军卫骑曹参军"论俶,是禄东赞子孙仕唐的第五代。

仕唐的禄东赞子孙，在史册上留名的，就有五代，而且代有才人。这既是禄东赞个人的福报，也是中华民族融合史上的佳话。

四
对于远嫁吐蕃，文成公主一开始其实是拒绝的

《步辇图》其实与一位唐朝美女的命运紧密相关，虽然她当时并未在场，也没有出现在画面之中。这位美女，就是文成公主。

《步辇图》中的史事，发生在贞观十五年正月十二日。三天之后的正月十五日，文成公主就踏上了远嫁吐蕃的遥远路程。

对于远嫁吐蕃，文成公主一开始其实是拒绝的。虽然文成公主的这个态度，在唐朝官方史料中没有任何记录。

但在五世达赖喇嘛著的《西藏王臣记》中，就记录下了文成公主曾经说过的话："远适他方，难与父母亲眷相见，……儿不欲往。"一个年仅十六岁的少女，要在今天还是一个青涩的高中女生，面对远嫁异族的和亲，有此想法，太正常了。

但她迫于皇命，还是压抑着心中的不情愿，踏上了前往吐蕃的和亲之路。她在吐蕃生活了四十年，于唐高宗永隆元年（680）去世，享年五十六岁。而自她嫁入吐蕃后，唐蕃双方关系友好，"数十年间，一方清静"。

这个弱女子，在《步辇图》中的那一刻，在被别人决定了自己的命运之后，就接受了命运的安排，为了大义，完成了属于自己的历史使命，成就了属于自己的那段佳话。

而她从长安出发之后，终身未能再履中土，终身未能再见亲人。

《凌烟阁功臣图》
存放唐朝功臣标准照的国家展览馆

唐元和十二年（817），年已四十六岁、时任江州司马的大诗人白居易，写下了这样的诗句："所恨凌烟阁，不得画功名。"白大诗人这是慨叹自己年近半百一事无成，还只当着这样一个小官儿，已经没有机会为国为民立下大功，从而让自己的画像进入凌烟阁之上，永享荣光。

与白居易同一时代的另一个大诗人李贺，也写下了一首著名的诗篇："男儿何不带吴钩，收取关山五十州。请君暂上凌烟阁，若个书生万户侯？"这是唐诗中有关凌烟阁的最著名诗篇。诗中李贺表达的同样是，希望自己能够为国为民建功立业，从而荣登凌烟阁。

这个让两大著名诗人都念念不忘的凌烟阁，到底是个什么阁？怎么就成了他们共同的光荣与梦想呢？怎么就成了他们实现人生价值、当上人生赢家的代名词呢？

其实凌烟阁一开始很普通，就是唐朝长安城"西内"太极宫建筑群中的一座楼阁。和太极宫中的其他宫廷建筑一样，一般以皇室聚会、娱乐为主要用途。

唐朝史籍中"凌烟阁"第一次出现，是在贞观四年（630）三月。在得知唐军生擒突厥颉利可汗，获得空前大胜之后，唐朝第一位太上皇李渊在凌烟阁设宴庆贺，"上皇召上与贵臣十余人及诸王、妃、主，置酒凌烟阁，酒酣，上皇自弹琵琶，上起舞，公卿迭起为寿，逮夜而罢"。唐史上难得一见的父子皇帝把酒联欢的一次夜宴，就发生在凌烟阁。

凌烟阁这一幕的真正意义还在于：李渊作为父亲，作为太上皇，在四年之后，在儿子取得消灭自己宿敌突厥的大胜之后，才终于在心中消除了因为儿子李世民在玄武门之变中杀掉李建成、李元吉和孙子们，进而软禁自己而产生的芥蒂，开始主动认同李世民是合格的帝位继承人，开始主动缓和此前趋近冰点的父子关系。凌烟阁，可以说是见证了李渊和李世民父子关系由冷转暖。

到了贞观十七年（643），凌烟阁的使用功能发生了根本性变化：由一个皇室聚会地，变身为一个国家展览馆，更确切地说，是存放唐朝功臣标准照的国家展览馆。就在这一年，唐太宗李世民下诏，将长孙无忌等二十四位功臣绘于凌烟阁，也就是让画工为他们画出身穿官服、恭敬站立的画像，使其永远留在凌烟阁，供后人瞻仰、膜拜。

从此以后，这二十四位功臣，成了唐朝二百九十年间所有文臣武将的心中偶像和人生楷模；凌烟阁，则成了他们的光荣与梦想，成了他们的心中圣地，同时成了激励他们努力奋斗，实现人生价值，当上人生赢家的代名词。这才有了白居易和李贺写下的上述名句名篇。

为二十四位功臣画出标准照的画工是谁？是的，又是那个我们熟悉的《步辇图》的作者，堪称唐太宗李世民御用"摄影师"的阎立本。阎立本把二十四位功臣的标准照画成之后，由唐太宗李世民一一亲笔题写赞语，再由初唐著名书法家褚遂良题阁，然后，统一放进凌烟阁进行集中展览。存放唐朝功臣标准照的国家展览馆，就此建成。

可惜的是，阎立本的《凌烟阁功臣图》真迹现已不存，今天的我们只能看到残缺不全的拓片或石刻。那些英姿勃发的二十四位功臣画像，包括那座高大华丽的国家展览馆——凌烟阁，都已消失在历史的烟尘之中了。

一
唐朝五个皇帝主持过凌烟阁功臣图，最有名的还是李世民的第一次

贞观十七年（643）二月二十八日，唐太宗李世民正式下诏，宣布将二十四位功臣绘于凌烟阁。诏书显系出自翰林手笔，骈四俪六，写得相当之好，但也相当之长，就不全文照录了。我们只看开头："自古皇王，褒崇勋德。既勒铭于钟鼎，又图形于丹青。是以甘露良佐，麟阁著其美；建武功臣，云台纪其迹。"

诏书开门见山，指出此举的目的。同时列出了历史上曾经有过的两个把功臣的形象绘画出来的先例——"甘露良佐"和"建武功臣"。

换句话说，把功臣的形象画下来，放在一个地方集中展览，这不是唐太宗李世民的发明，而是起源于西汉和东汉。

"甘露良佐"：西汉甘露三年（前51），汉宣帝刘询感到"四夷宾服"、天下太平，认为是群臣辅佐的功劳，于是在"思股肱之美"的心态下，开创性地将功臣的形象绘画出来，将十一位功臣的画像集中存放于长安城未央宫中的麒麟阁，也就是唐太宗李世民诏书所说的"麟阁著其美"。这十一位功臣中，就有今天我们非常熟悉的历史名人霍光和苏武。

所以，这最早出现在"麒麟阁功臣图"中，发明权属于汉宣帝刘询。

"建武功臣"：东汉永平三年（60），汉明帝刘庄追思辅佐父亲光武帝刘秀重兴汉室的二十八位武将，命人画了他们的画像，在洛阳城南宫的云台阁集中展览，也就是唐太宗李世民诏书所说的"云台纪其迹"。这二十八员武将，后来被称为"云台二十八将"，传说上应二十八星宿，那可是掉落到人间的天神。

有了麒麟阁、云台阁的先例，才有了唐太宗李世民这一次的凌烟阁展览。

然后，李世民的诏书一一列出了二十四位功臣官方排序的官职姓名。在这里，官职我就省略了，反正这些官儿虽大，也管不着咱了，只留下了他们的姓名：长孙无忌、李孝恭、杜如晦、魏徵、房玄龄、高士廉、尉迟敬德、李靖、萧瑀、段志玄、刘弘基、屈突通、殷开山、柴绍、长孙顺德、张亮、侯君集、张公谨、程知节、虞世南、刘政会、唐俭、李勣、秦叔宝。

不知道读者诸君看到这个经过唐太宗李世民亲自审定的官方排名时，是何感觉？反正我第一次看到这个名单时，是大吃一惊的：原来，在清朝长篇章回体英雄传奇小说《说唐》之中风头最劲、最拉风的秦叔宝，在史上真实的凌烟阁功臣中的排名，其实是第二十四名，妥妥地倒数第一。

史上表现平平，《说唐》表现第一。所以多年来，我一直疑心，《说唐》的作者是秦叔宝他们家亲戚。

对比一下，在凌烟阁功臣官方排名中倒数第一的秦叔宝，居然在《说唐》中当上了唐军主帅。不仅如此，还让排名第四的魏徵，和排名第二十三的李勣（即徐茂功），给他一左一右当"狗头军师"。排名第七的尉迟敬德（即胡敬德）、排名第十九的程知节（即程咬金），成了他手下勇猛有余、谋略不足的莽将军。至于排名第十三的殷开山、第十四的柴绍、第十七的侯君集、第十八的张公谨，完全成了他手下不值一提的跑腿儿。

最可气的，就是《说唐》对排名第十七的侯君集的角色安排了。侯君集明明是一员大将，是一个比秦叔宝牛多了的角色，却被安排成了一个轻功了得、诙谐可爱、类似梁山"鼓上蚤"时迁一样的人物。他在秦叔宝的手下，就是一个负责打探消息的侦察兵。

总之，一个学渣当主角，一帮学霸给他当配角，就是这样的即视感。按照《说唐》的角色安排，秦叔宝应该取代长孙无忌，在凌烟阁功臣中排名第一才对。

当然，我本人对名列凌烟阁功臣的秦叔宝并无恶意，恰恰相反，童年的我对《说唐》中秦叔宝那对瓦面金锏、一杆虎头金枪的行头，神往之至。我只是对清朝那个篡改唐史的《说唐》作者，十分不爽。改得太离谱了，结果长大后看到的史实，无情地摧毁了我童年心中的英雄。

需要指出的是，到了唐太宗李世民正式下诏将二十四位功臣绘于凌烟阁之时，二十四位功臣已是存殁各半：李孝恭、杜如晦、魏徵、段志玄、屈突通、殷开山、柴绍、长孙顺德、张公谨、虞世南、刘政会、秦叔宝等十二位，均已离世。这就麻烦了。

众所周知，在没有照相技术的唐朝，给人画像得人活着才好画啊。比如给当时还活着的凌烟阁功臣之首长孙无忌画像，就简单了。别看当时的阎立本还只是一个小小的主爵郎中，那他也可以直接指挥位高权重的长孙无忌："来！站好！挺胸！收腹！目视前方！保持一个时辰！"别提多得意了。

所以，人在的都好办。那人不在的怎么办呢？人都不在了，还叫阎立本画像。阎立本表示："我太难了。"

当然，他最后还是想出来一个好办法，即组织一个"音容宛在"的家庭追思会。

追思会的现场，一般是这样式儿的，由阎立本负责在旁边记录，家人们坐在一起回忆。家人们说："咱家老爷是国字大脸，天庭饱满，浓眉大眼，三绺长须，又高又帅呢。"突然一个丫鬟不识相，跑出来说："我怎么记得我家老爷左脸有个痦子？"夫人马上厉声呵斥："我天天跟老爷睡在一块儿，我怎么不记得有个痦子？！"丫鬟不敢再作声，心里可憋屈了："我偶尔也跟老爷睡在一块儿啊，我看得真真的……"

于是，阎立本认定，这位死去的功臣左脸之上，清洁干净，没有痦子。已经离世的十二位功臣的画像绘制过程，大致如是。

二十四位功臣的画像完成之后，被隆重地请入凌烟阁之中，"功臣皆北面。阁中有中隔，隔内北面写功高宰辅，南面写功高侯王，隔外面次第功臣"。至此，在唐太宗李世民的亲自主持下，唐朝第一个存放功臣标准照的国家展览馆，建造完成。

接近一百年之后，唐太宗李世民创立的这个唐朝国家展览馆，在唐玄宗李隆基开元年间出现了图像褪色的情况。于是，朝廷让著名画家曹霸重新为图像上一次色。"诗圣"杜甫当时在长安，亲历了这一幕，并写下《丹青引赠曹将军霸》一诗进行了现场记录："凌烟功臣少颜色，将军笔下开生面。"

此后，唐朝集中地、大批地绘功臣画像于凌烟阁这件事，还有四个皇帝亲自主持过。

第二个皇帝是唐代宗李豫。他一共搞了两次，用以褒奖平定"安史之乱"的功臣。一次是宝应元年（762）十一月，将雍王李适（即后来的唐德宗）、郭子仪等八人，绘于凌烟阁；第二次是广德元年（763）七月，将李光弼、仆固怀恩、薛嵩等三十二人，绘于凌烟阁。

总的来看，唐代宗李豫主持绘画的这两次共四十人的凌烟阁功臣图，有点鱼龙混杂。其中既有唐德宗李适、郭子仪、李光弼这样为平叛立下了大功的真正功臣，也有鱼朝恩、程元振这样只是参与过平叛战争的太监，还有田承嗣、薛嵩这样的安史降将。不得不指出，李豫此举，大大降低了凌烟阁的含金量。

这批凌烟阁功臣中，薛嵩值得一提。他就是民间话本《薛刚反唐》中那位薛刚的人物原型。和《薛刚反唐》所说的背景一样，薛嵩确实是唐初名将薛仁贵的孙子，也确实跟着安禄山反过大唐，所以民间才有了薛刚反唐的精彩故事。

第三个皇帝就是唐德宗李适了。李适自己，就是被绘于凌烟阁的人。可能是自己觉得很拉风吧，等他当上皇帝之后，于贞元五年（789）九月，下诏将唐初至今的功臣，如褚遂良、苏定方、郭子仪、李晟等二十七人，绘于凌烟阁。

这里面值得一提的人物，是苏定方。在真实的历史中，苏定方是唐朝杰出的统兵大将。他一生破东突厥，灭西突厥，夷百济，伐高句丽，定吐蕃，为唐朝开疆拓土，立下了汗马功劳。他之所以没有进入唐太宗李世民那一次的凌烟阁功臣二十四人大名单，主要是因为他不是开国功臣，他的功勋都是在唐高宗李治期间建立的。而李治没有主持过凌烟阁画像展览，苏定方只好等到李适这次才上榜。

苏定方就是这样一个唐朝军事家级别的人物，到了《说唐》系列演义之中，竟然被歪曲成了一个暗箭伤人、人品低劣的大白脸奸臣。童年的我，就曾经恨这个苏定方恨得牙痒痒。所以，《说唐》作者不仅是秦叔宝他们家亲戚，还是苏定方他们家仇人。

第四个皇帝是唐宣宗李忱。大中二年（848）七月，将唐初以来的三十八个功臣，如李绛、褚遂良、陆象先、张九龄、裴寂、刘文静、许远、张巡等，绘于凌烟阁。

在李忱的功臣名单里，不仅有宰相级别的人物，如写过"海上生明月，天涯共此时"的宰相大诗人张九龄，还有在"安史之乱"中为唐王朝坐守孤城而壮烈殉国的许远、张巡、南霁云。

第五个皇帝是唐昭宗李晔。光化元年（898），日薄西山的帝国皇帝李晔，为了感谢钱镠派兵解救自己于危难之中，特于长安凌烟阁为其单独画像。在被朱全忠强迫迁都洛阳之后，李晔又于天祐元年（904）在洛阳新建了一个"凌烟阁"，专门为朱全忠这位唐朝的终结者，最后一次画像。这就完全是儿戏了。

我初步估计，李晔把唐朝终结者也绘于凌烟阁的这个举动，要是被开创将功臣绘于凌烟阁这一优良传统的老祖宗李世民知道了，估计李世民得气得把他昭陵的棺材板儿都掀了，一定要出来找这个不肖子孙算账。

唐太宗李世民、唐代宗李豫、唐德宗李适、唐宣宗李忱、唐昭宗李晔，一共有五个皇帝，主持过凌烟阁功臣图之事。其中，最有名的还是李世民的第一次。唐诗中所说的"凌烟阁"，所指的基本上也就是这一次。

二
凌烟阁二十四位功臣中，有一个人只留下了半身像

侯君集。侯君集在凌烟阁中，只留下了半身像。

天宝年间的封演，在其留下的史料价值颇高的笔记小说集《封氏闻

见记》中，记录了这么一件事：在唐太宗李世民将功臣形象绘于凌烟阁六十多年后的景龙年间，唐中宗李显"曾引修文馆学士内燕，因赐游观。至凌烟阁，见君集像有半涂之迹。传云，君集诛后，将尽涂之，太宗念其功而止"。也就是说，唐中宗李显所看到的凌烟阁功臣图，有二十三个全身像，只有侯君集一个人，是半身像。

侯君集之所以只留了一个半身像，并非他与众不同，而是因为他正好在被绘于凌烟阁的过程中，犯下了谋反大罪，瞬间由大功臣变成了阶下囚。贞观十七年二月二十八日唐太宗李世民下诏将功臣画像绘于凌烟阁，当年四月他就东窗事发，被捕下狱了。然而就在此时，侯君集在凌烟阁的画像，却已经部分完成了。

怎么处理这个画像呢？本来打算全部涂掉的，但唐太宗李世民在侯君集的最后时刻，去见了他一面，对他说："我不愿意让那些刀笔吏来污辱你，所以亲自来讯问你。"至此，侯君集终于承认了谋反大罪。在侯君集已经承认罪行的情况下，李世民为之向文武百官求情，饶他一命："往者家国未安，君集实展其力，不忍置之于法。我将乞其性命，公卿其许我乎？"然而，群臣还是坚决要求杀了他。

于是，李世民直接哭了，对侯君集说："就此与你诀别了，从今往后，我只能见到你的遗像了。"李世民所说的侯君集遗像在哪里？当然在凌烟阁啊。因为李世民的这句话，已经涂了一半的侯君集画像，没有再继续涂下去，只留下了一个半身像。

侯君集与李世民，到底是什么关系？他立下过什么大功，值得李世民在他犯下谋反大罪的情况下，还不惜以万乘之尊为他求情乞命？

简单概括侯君集与李世民的关系及其一生，就是六个字：玄武门，灭二国。

侯君集对李世民而言，是自己人。当李世民还是秦王的时候，侯君集就已经是藩邸中人了，"引入幕府，数从征伐"，"渐蒙恩遇，参预谋议"。决定李世民生死的"玄武门之变"，"建成、元吉之诛也，君集之策居多"。

"君集之策居多"主要体现在哪里？《资治通鉴》中记录："世民腹心唯长孙无忌尚在府中，与其舅雍州治中高士廉、左候车骑将军三水侯君集及尉迟敬德等，日夜劝世民诛建成、元吉。"也就是说，其功劳主要体现在侯君集夜以继日地劝李世民先发制人，发动政变，杀兄屠弟。

引人注目的是，《资治通鉴》在这里紧接着写道："世民犹豫未决，问于灵州大都督李靖，靖辞；问于行军总管李世勣，世勣辞；世民由是重二人。"换句话说，当李世民就杀兄屠弟这样灭绝人伦的事，咨询凌烟阁功臣排名第八的李靖、排名第二十三的李勣时，这二人表示不便参与。

虽然《资治通鉴》说"世民由是重二人"，但"重"归"重"，如果你是李世民，在自己性命攸关、不生即死、不为君则为臣亦不可得的人生转折关头，你完全可以对比一下：是全力支持你的长孙无忌、高士廉、侯君集、尉迟敬德贴心些？还是袖手旁观看热闹的李靖、李勣贴心些？

显然前者才是贴心的自己人啊。完全可以断定，别看李靖在凌烟阁功臣排名中高于侯君集，要是李靖后来也犯下谋反死罪，李世民可是没有那个心情去帮他求情乞命的，更别提排名本就在侯君集之后的李勣了。

在"玄武门之变"中，侯君集也是在六月初四政变当天，跟随李世民一起进入玄武门，在宫中埋伏的伏兵之一。在等待李建成、李元吉兄弟俩进入玄武门的过程中，在大变在即、事未可知的焦灼状态下，李世民与侯君集的两颗小心脏，曾经一起怦怦跳动过。这可是男人之间"一起扛过枪"的过命交情啊。

这样的侯君集，登上帝位之后的李世民岂能不将他视为嫡系、倚为长城？种种迹象表明，"玄武门之变"后，侯君集成了李世民嫡系将领中的重点培养对象。

为了给今后重用侯君集埋下伏笔，李世民还授意不是自己嫡系的军事理论家李靖，专门负责教授嫡系侯君集兵法。这个用意很明显：你李靖既会带兵打仗，又会写《李卫公兵法》，这不假，但你不是我的嫡系，我用着不放心。你还是把全部本事都教给我的嫡系侯君集吧，他才能让我放心。

李世民不仅让李靖教侯君集军事理论，而且提供机会，让侯君集跟着李靖实战。在贞观九年（635）唐朝攻灭吐谷浑的战争中，李世民任命李靖为主将，副将就是侯君集。

在这次战争的第一阶段，李靖率军在库山（今青海天峻）追及吐谷浑伏允可汗时，便很轻易地击溃了伏允所率主力部队，伏允只得率残部西逃。在是否追击伏允进行第二阶段的战争时，唐军将领之中出现了分歧。多数将领认为青海地广人稀，伏允所部来去无踪，而我军马瘦粮少，不宜深入，应待春草肥美、马力强壮之后再图进取。

但侯君集力主分进合击，穷追猛打，直接将吐谷浑消灭。在与侯君集不谋而合之后，李靖做出兵分两路继续追击逃敌的决策：他自率薛万均、薛万彻、李大亮、契苾何力等将领沿黄河源头北路追击，由侯君集率另一路沿黄河南岸追击。结果直追到柴达木盆地，伏允为侯君集部下所杀，妻儿被俘，吐谷浑被彻底征服。是为侯君集的"灭一国"。

至此，在李世民的眼中，侯君集的军事才能已经彻底炼成，可以独当一面了。在贞观十四年（640）攻灭高昌国的战争中，侯君集就是主将了。

高昌国距离长安，路途遥远，中间又横隔戈壁沙漠，加之气候恶劣，行军作战的难度可想而知。侯君集麾下的唐军克服重重困难，快速行军抵达高昌国边境，而且保持了旺盛的战斗力，连战连捷，连下二十二城，并一举攻克了该国都城，活捉了国王麴智盛，得户八千四十六，口一万七千七百，为大唐开疆拓土，东西八百里、南北五百里。是为侯君集的"灭二国"。

对于侯君集而言，消灭高昌国这场仗打得非常顺利，不到一年的时间，克名城，擒国王，快刀斩乱麻一般，就灭亡了一个国家。然而，这也是他一生中的最后一个高光时刻了。

1990年3月，中国台湾地区有个叫郑智化的歌手，写了一首《别哭我最爱的人》，他在其中唱道，"在最美的一刹那凋落"，"我在最灿烂的瞬间毁灭"。其时笔者正当年少，这几句凄美的词，让我相当佩服，至今难忘。

后来，当我读至侯君集传记时，才突然意识到，"在最美的一刹那凋落"，"我在最灿烂的瞬间毁灭"，郑智化这不就是在说侯君集嘛！消灭高昌国，是侯君集一生"最美的一刹那"和"最灿烂的瞬间"，但就在那一刹那和一瞬间之后，他就开始凋落和毁灭了。

获得空前的胜利之后，侯君集开始头脑发热，犯下大错：一是私自处置俘虏，把俘虏随意发配，把漂亮美女充作奴婢；二是私藏财物，把金银财宝隐瞒不报，装进自己腰包；三是军纪涣散，放纵部下劫掠百姓。

说白了，就是抢钱抢女人。

唐初，唐军的军纪还是很森严的。结果，侯君集一回到长安，就发现等待他的不是庆功盛宴，而是牢狱之灾，一下子从喜悦的天堂跌落到了冷清的牢房。后来虽然因大臣求情，侯君集被释而不问，但他并未从此反思己过，这反而激发了他的逆反心理。危险的是，侯君集并未将这种逆反的想法埋在自己的心底，他还至少向两个外人透露了。这在皇权至上的封建时代，就已经是在玩火了。

在将功臣画像绘于凌烟阁之前，张亮离京出任洛州都督。在向侯君集辞行时，侯君集故意挑拨张亮说："你怎么也被排挤出朝了？我立下灭国大功，天子还这样对我！实在郁闷得活不下去了，你能造反吗？我愿意和你一起造反！"结果，张亮"密以闻"。考虑到侯君集立有大功，唐太宗李世民没有深入追究此事，大度宽容地对待侯君集的愤激之语，"待君集如初"。

然而，侯君集愈演愈烈。就在下诏将功臣画像绘于凌烟阁之后，他又跟皇太子李承乾联络上了。他利用李承乾担心太子之位不稳的心理，积极撺掇他造反。侯君集曾经举起一只手，对李承乾说："此好手，当为用之。"最后，李承乾东窗事发，侯君集就又一次进了大牢，直到被处以斩首极刑。

为了让唐太宗李世民此后还能见到侯君集的遗像，才在凌烟阁中留下了他的半身像。

三
其实还有一个人，
绝对应该入选李世民的
凌烟阁功臣名单

刘文静。我们在唐宣宗李忱的凌烟阁功臣名单中，见过这个名字，虽然在李世民的凌烟阁功臣名单中并没有他。此后的唐宣宗李忱能够将其请入凌烟阁，可见李唐皇室在多年之后，还记得他的开国大功。

当然，刘文静应该也是我们今天关于唐人最不熟悉的一个名字。其实，刘文静是唐朝开国功臣中功劳最大的几个人之一。这个拥有女孩子名字的大男人，有着彪悍的人生。

简单地说吧，隋末大乱，人在太原的李渊、李世民父子，在还没有下定决心造反的时候，身边就有一个人不停地在李氏父子耳边说："造反吧，快造反吧。再不造反，机会就被别人抢走了。"这个人，就是刘文静。这也就是史书中所说的，刘文静曾经参与"定非常之谋"，是最早参与决定造反的三个人之一。

要知道，在任何一个封建王朝，劝人造反都是要冒着掉脑袋的风险的。更何况，刘文静当时的身份，是大隋朝的晋阳令。他这是典型的"身在隋营心在唐"啊。

李渊正式起兵之后，为了解除李渊进军关中的后顾之忧，刘文静奉命出使突厥，肩负重要的外交使命。这一次，他不仅完成结盟突厥的任务，而且按照李渊"马多人少"的要求，借来突厥军队助阵。随后，刘文静又奉命镇守潼关，担当起牵制河东屈突通所率领的隋军的重任，并且战而胜之，活捉了这位后来在凌烟阁排名第十二的功臣。

为大唐建国立下了如此大功的刘文静，在李渊称帝之初，就被拜为纳言。此官后来也称"侍中"，是中枢三省之一门下省的长官，是货真价实的宰相之职。

当时，李渊还追论太原起义首功，弄了一个"太原元从功臣"的十七人名单。这个十七人名单既没有画像，也没有严格排名，只是简单地分为两个等级。第一等级只有"恕二死"的三人：当时尚书令、秦王李世民，尚书左仆射裴寂和纳言刘文静。

"太原元从功臣"第二等级则为"恕一死"的十四人：左骁卫大将军长孙顺德、右骁卫大将军刘弘基、右屯卫大将军窦琮、左翊卫大将军柴绍、内史侍郎唐俭、吏部侍郎殷开山、鸿胪卿刘世龙、卫尉少卿刘政会、都水监赵文恪、库部郎中武士彟、骠骑将军张平高、李思行、李高迁、左屯卫府长史许世绪。

由以上名单可见，当时的刘文静属于超一流的功臣。后来凌烟阁功臣排名第十五的长孙顺德、第十一的刘弘基、第十四的柴绍、第二十二的唐俭、第十三的殷开山、第二十一的刘政会，虽然名列第二等级，却难以望其项背。至于后来凌烟阁功臣排名第一的长孙无忌等人，此时还只是名不见经传的小人物。

需要说明的是，上述所谓"恕二死""恕一死"，就是李渊承诺，第一等级的李世民、裴寂、刘文静等三人，第二等级包括武则天父亲武士彟在内的十四人，以后犯了死罪，可以免死两次或者一次。换句话说，相当于李渊给他们统一颁发了后世所谓的"免死金牌"，李世民、裴寂、刘文静还荣幸地得到了两块。

那么，李渊颁发的这个"免死金牌"，管用吗？我们往下看。

担任纳言之后不久，刘文静就开始倒霉了，一切都源于武德元年（618）六月那一次吊诡的浅水原之战。

这年六月，割据陇西的薛举率兵向长安进攻，李渊派李世民率领刘文静、殷开山、刘弘基等将领迎战于浅水原（今陕西长武东北）。结果，唐军遭到敌军的侧击，导致了一场惨败，将士败亡十之五六，后来凌烟阁功臣排名第十一的刘弘基，还被对方俘虏了。唐军败退回京时，刘文静被处以"除名"处分，免除了宰相职务。

这次浅水原之战的吊诡之处就在于，其实当时唐军的主帅是李世民。换句话说，第一次浅水原之战，其实就是李世民所打的一次败仗。当然，这也是见诸记载的唐朝第一名将李世民的唯一一次败仗。

史书为了保持李世民的不败纪录，采取了为尊者讳的办法，强调了一个客观原因：李世民当时病了。于是，李世民在病了无法履行职责的时候，把军中事务交给了刘文静和殷开山，并且告诫："薛举的军队孤军深入，利在决战。所以，我军就应该立足持久，慎勿与战。等我病好了，再来打败他。"可恨的是，刘文静和殷开山，不听领导的话啊。结果，他俩冒险出兵，导致惨败。

就算是这两个不听话的部下的失败吧。但败了就是败了，无论李世民是否真病了，他当时就是货真价实的主帅。改变不了的事实是，唐朝第一名将李世民所带领的军队，在浅水原被薛举打败了。这次败仗，同时也害得刘文静受到了除名、免职的处分。

好在，李世民、刘文静不久就报了仇。当年八月，第二次浅水原之战爆发。这一次李世民吸取了上次战败的教训，没有再给敌人机会，打了一个漂亮的歼灭战。刘文静呢，也因功"复其爵邑，拜民部尚书，领陕东道行台左仆射"。宰相是当不成了，当个户部尚书吧。从这时起，刘文静的心里，开始不平衡了。

因为恰在此时，和他同在"太原元从功臣"第一等级的裴寂，也打了一个朝野皆知的大败仗。武德二年（619），刘武周侵犯唐朝的龙兴之地太原，裴寂自请为主帅，出兵镇压。结果，一败于介休，二败于夏县，把河东根本之地几乎全部丧失，长安震动，逼得李渊几欲迁都，幸亏李世民率兵出战，才挽救了危局。

但是，犯下大罪的裴寂回到长安之后，受到的处分是，李渊首先把他严厉训斥了一通："前拒武周，兵势足以破敌，致此丧败，不独愧于朕乎？"然后呢？然后就没有然后了，"寻释之，顾待弥重"，又宠幸如初了。

李渊对裴寂，怎么个"顾待弥重"呢？李渊每次离开长安"有所巡幸，必令居守"，对其信任有加。一言不合李渊就到裴寂家喝酒玩通宵，"赍珍馔、宝器就寂第，宴乐极欢，经宿而去"。朝廷要"改铸钱"，李渊体贴地怕裴寂家里钱不够花，"特赐寂令自铸造"，等于是在他家建了一个造币厂。李渊还不让裴寂退休，"要相偕老耳"，又是加官晋爵，"俄册司空"，又是提高待遇，"赐实封五百户"，还怕他家有事无人管理，特地派人到他家每天值班，"遣尚书员外郎一人每日更直寂第"。

同样是第一等级的"太原元从功臣"，同样是打了败仗，刘文静只是一个小败仗，还是代李世民受过，而且后来刘文静还将功补过了，可是他的宰相职务，一免就未再复。裴寂呢，一败再败不说，还直接弄丢了大唐的龙兴之地，在局面溃烂到不可收拾的时候，自己逃回了长安，结果只是被教训两句，事后该加官加官，该晋爵晋爵，还在他家建了一个造币厂！

真是人比人，气死人。

所以，心里不平衡的刘文静，就开始专门跟裴寂过不去，"每廷议多相违戾，寂有所是，文静必非之，由是与寂有隙"，两人之间势同水火。甚至刘文静在家喝多了，还拔刀砍柱发誓："必当斩裴寂耳！"说来也怪，此时的刘文静"家中妖怪数见"，其弟刘文起不知深浅，"遂召巫者于星下被发衔刀，为厌胜之法"。

在今天的我们看来，所谓的"厌胜之法"，就是请一些神汉巫婆来施法"扎小人儿"，既无益也十分可笑；但在唐朝人看来，"厌胜之法"是有极大魔力的，是可能导致被厌胜对象无缘无故死亡的。所以，这是严厉禁止的行为。即使是出于家庭安宁在自己家中实施"厌胜之法"，如果被人告发，也是一件极为犯忌的大事。

结果，刘文静家中的这件事，就被他的一个失宠的爱妾举报了，这直接导致了刘文静被下狱审问。凑巧的是，李渊居然派刘文静的政治死敌裴寂带领萧瑀等人，去审讯他。刘文静在审讯中，如实承认了对裴寂的妒忌、不满和怨望。刘文静说："起义之初，忝为司马，计与长史位望略同；今寂为仆射，据甲第，臣官赏不异众人，东西征讨，家口无托，实有觖望之心。因醉或有怨言，不能自保。"

至此，其实朝野上下的普遍看法是，这也就是朝中两个重臣之间的政争而已。然而，皇帝李渊亲自提升了事件的严重程度，恶化了事件的性质，"文静此言，反明白矣"。也就是说，李渊把刘文静妒忌、不满和怨望的对象，由裴寂换成了他自己和整个大唐王朝。如此一换之后，这就不再是刘文静与裴寂之间的个人恩怨了，而是刘文静不满朝廷，意图造反了。

是不是有点"莫须有"的意思？李渊这是捏造罪名，欲置刘文静于死地啊。当时的群臣，都觉得刘文静冤枉，"李纲、萧瑀皆明其非反"，李世民也出手相救，"太宗以文静义旗初起，先定非常之策，始告寂知；及平京城，任遇悬隔，止以文静为觖望，非敢谋反，极佑助之"。

然而，李渊就是听信裴寂谗言，一意孤行，"遂杀文静、文起，仍籍没其家"，铸成唐朝开国以来第一大冤案。此时此刻，什么"太原元从功臣"，什么"恕二死"的"免死金牌"，都不管用了。

刘文静死后，当时的唐人和以后的学者，关于他有几点认识是高度一致的：一是他为唐朝开国立下了大功，是有资格进入凌烟阁的功臣；二是他是被冤杀的；三是他并非死于与裴寂的政争，而是死于李渊的蓄意谋杀。

那么，李渊为什么要蓄意谋杀一个于己于国立有大功的老部下呢？

因为李世民。刘文静其实是为李世民死的。换句话说，刘文静死于李建成与李世民的皇太子之争。

李渊当上皇帝之后，谁是皇太子或谁是下一任皇帝的争斗，就开始逐步浮出水面了。虽然唐朝开国的正史被李世民手下的贞观史臣改得一塌糊涂，第一任皇太子李建成也被描绘成一个贪财好色、平庸无能的纨绔子弟形象，但还是有史料显示，真实的李建成在军国大事上的才能，并不比李世民差多少。

正因为两个儿子都极具治国之才，所以李渊本人的态度，一直很明确：无论是从立长还是立贤的角度出发，下一任皇帝都应该是李建成，而不应该是李世民。而且，裴寂和大部分的"太原元从功臣"，都是支持李建成的；只有刘文静、萧瑀、陈叔达等少数几个大臣，才是支持李世民的。

支持李世民的人当中，刘文静的影响最大。因为其才能出众，威望素著，又官居宰相，位高权重，所以成为李渊最为忌惮的人，史书称李渊对刘文静"素疏忌之"。李渊之所以如此对待刘文静，是因为他把刘文静当成了影响李建成接任皇帝、影响李建成和李世民兄弟和睦、影响大唐天下安定团结的最大危险。

在这种情况下，李渊当然要先下手为强了。先借小故免去刘文静的宰相之职，降低他的影响力，再以"莫须有"的罪名置他于死地，砍掉李世民争夺帝位的最有力臂膀。

都是一个山上的"狐狸"，李世民当然也不是不明白父亲李渊的这点心思。当时身处夺嫡之争弱势一方的他，只好先躲在幕后，指使李纲、萧瑀出面保刘文静，"皆明其非反"。一直等到快不行了，他才亲自出马，不仅提及刘文静当年首谋太原的大功，并且担保他不会造反。然而，李世民的出面，更加印证了李渊的判断，反而加速了刘文静的死亡。

要我说，也许就是在刘文静人头落地的那一刻，血淋淋的事实才终于让李世民下定决心，在潜心准备七年之后，杀兄、屠弟、囚父，最终把向往已久的皇位抢到手。

那么，读者诸君可能要问了：既然刘文静对李世民这么重要，那么在贞观十七年将功臣画像绘于凌烟阁的时候，李世民的皇帝都做了十七年了，冤杀刘文静的李渊也死了七八年了，李世民为什么还是没有把刘文静请入凌烟阁呢？反而要由两百年之后的子孙唐宣宗李忱来做这件事呢？

有学者说是故意疏远，也有学者说是刻薄寡恩。我倒觉得很可能是一时忘却：也许是因为李世民的皇帝当得太久了，以至忘记了那位在自己还不到二十岁时就预言他"大度类于汉高，神武同于魏祖"的铁杆粉丝了吧？

《武后行从图》

女皇武则天出门散步遛弯儿,得多少人陪着才够排场?

如果你是皇帝,某天一时兴起,突然想去御花园散个步,遛个弯儿,赏个花儿,得多少人陪着,得多大排场,才比较合乎自己作为皇帝的身份和规矩呢?

不要人陪,一个人去?还是三五随侍,轻车简从?抑或是出警入跸,前呼后拥?

考虑到大家都没有当过皇帝,没有这个实际生活经验,还是直接公布答案吧。一代女皇武则天,去御花园散步遛弯儿的排场是:出警入跸,前呼后拥。她在这个时候,需要陪同的人数是至少二十八人。

这是真事,有图有真相,有《武后行从图》为证。

《武后行从图》,又名《唐后行从图》。所谓"武后""唐后",都是指那位史上空前绝后、独此一家、别无分号的女皇帝武则天;"行从",就是"侍从"。《武后行从图》的内容,就是描绘武则天在一大群侍从的簇拥下,在御花园散步遛弯儿的情景。

据画史专家鉴定,《武后行从图》其实属于屏幅一堂,应该是一堂五幅画,《武后行从图》只是其中一幅画而已。但遗憾的是,其余四幅已经散佚,如今只有这幅《武后行从图》存世了。

一
陪着武则天的那二十八人,还真个个都没闲着

《武后行从图》中的武则天,头戴红色九凤皮弁冠,上穿宽袖玄衣纁裳,下穿红色中裙,腰部系有革带,脚穿云头加金饰赤舄。对,就是图中处于C位,被一大群人簇拥着,身体的纵向高度和横向宽度都异于其他人,而且貌似有严重的双下巴,甚至有三下巴的那个女人。

在图中,武则天是最闲的。不仅手上什么东西没拿,一左一右还各有一位贴身女侍搀扶着。在两位贴身女侍的身旁,还各有一位红衣官员。红衣官员的身份,应该是仪仗导驾官员。

在武则天和贴身女侍的身后,有两位太监手持雉尾赤方扇,还有一位太监手持六角弯凤红盖,紧随其后又有两位太监手持双凤赤团扇,还有一位太监手捧仪刀,以彰显皇帝威仪。

其余那些紧紧环绕在武则天身后或身侧的人,则是提供生活服务的。他们有的手捧金提炉,有的拿着金唾壶和金盥盆,以备武则天随时吐痰

或净手之需。要知道,武则天身为皇帝,很是尊贵,随地吐痰这种事,是干不出来的。

可能有人会问,怎么没人带着漆金描凤的木质马桶?其实道理很简单,我们平时出门逛个公园,也不自带马桶啊。这是宫廷内部,附近肯定有"五谷轮回之所",供女皇帝方便的。

在武则天的左右两侧,除了两位红衣仪仗导驾官之外,各有一位披着铠甲,手中还握持斧钺的红甲卫士。这两位红衣铠甲卫士,和图中最下方未着铠甲,手持金吾仗肃立的红衣卫士,都来自宫廷警卫部队——金吾卫,是直接负责保卫武则天的人身安全的。

所谓"金吾",最早是指太阳中的三足鸟,传说此鸟有避邪、避不祥的作用,所以"天子出行,职主先导,以御非常,故执此鸟之象"。秦汉时期,演变为皇帝身边的侍从武官的名称,"因以名官执金吾"。并且,此官还成了汉光武帝刘秀没当皇帝之前的两大人生理想之一,"仕宦当做执金吾,娶妻当得阴丽华"。

到了唐朝,朝廷直接将负责宫廷安全的警卫部队,命名为左金吾卫、右金吾卫。其职责是:"左右金吾卫之职,掌宫中及京城昼夜巡警之法,以执御非违。……凡车驾出入,则率其属以清游队,建白泽朱雀等旗队先驱,如卤簿之法。从巡狩畋猎,则执其左右营卫之禁。"可见,金吾卫主要负责皇宫安全、京城安全和皇帝的出巡安全。

至于图中最下方那位默默肃立的红衣卫士手中所持的金吾仗,"金吾,棒也,以铜为之,黄金涂两末"。大致上,大家把金吾仗想象为孙悟空的如意金箍棒就可以了,所不同者,金吾仗的礼仪功能大于实用功能,不能伸缩变化而已。

在武则天的正前方,有两位服色不一的太监,他们手中各擎一把孔雀扇,似乎起着开路、导引的作用。孔雀扇前,又有三人:中间一人手捧香盒,左右两人双手抱着用红布遮盖的宠物。从画面上看,武则天所喜欢的是小型宠物,以至被女官抱在怀里后都看不清楚。那么问题来了,武则天喜欢养的,是什么宠物?

有的人可能会质疑:唐朝有宠物吗?唐朝人养过宠物吗?

有啊。在真实的历史里,唐朝不仅有宠物,而且宠物还被细分为鸟、兽、虫、鱼四类。更猛的是,唐朝人养宠物的口味还比较重,居然是以体形较大的猛兽、猛禽类宠物为主,以小型的禽鸟、虫鱼类宠物为辅。在武则天时期,就有唐朝人蓄养老虎、狮子、大象、骆驼、雕、鹰、鹤、狗等宠物,见诸历史记载。

武则天个人,最喜欢养什么宠物呢?就女官怀中所抱的宠物的体型来看,应为小型宠物。但是,到底是什么小型宠物呢?

第一,女官所抱的,不大可能是猫。要知道,武则天对猫,那可是有心结的。据《旧唐书·后妃传》载,当年武则天迫害王皇后、萧良娣时,王皇后、萧良娣在狱中大骂武则天:"愿阿武为老鼠,吾作猫儿,生生扼其喉!"武则天大怒,"自是宫中不畜猫"。此事既然见诸正史,想来养猫的确曾经是武则天的一大忌讳。

第二,女官所抱的,有可能是狗。我们在《簪花仕女图》《宫乐图》中,都可以看到唐朝贵妇所养的小型宠物狗,黑白相间,绒毛卷曲,当时被称为"拂菻狗"或"猧子"。

杨贵妃就喜欢养狗。唐人段成式的《酉阳杂俎》记载,杨贵妃曾经抱着自己的宠物狗,观看唐玄宗李隆基与哥舒翰下棋。每当李隆基要输棋的时候,"猧子乃上局,局子乱,上大悦"。这是唐朝宫廷中饲养宠物狗的实例。从辈分上讲,杨贵妃是武则天的孙媳妇,不排除祖孙两位美女在饲养宠物方面口味一致的可能性。

第三,女官所抱的,最有可能是鹦鹉。武则天个人,是非常喜欢鹦鹉的。

唐人认为,大象、狮子、鹦鹉、鹤、孔雀等动物,是佛教中佛祖的化身,能够通梦感神,预知未来。再加上"武"与"鹉"谐音,在某种意义上,武则天认为鹦鹉对自己而言,至少是感觉亲切的动物。

武则天喜欢鹦鹉,居然还因此而解决了皇帝之位由"武周"转归"李唐"的重大问题。据《资治通鉴》载,有一天武则天对狄仁杰说:"朕梦大鹦鹉两翅皆折,何也?"狄仁杰回答:"武者,陛下之姓,两翼,二子也。陛下起二子,则两翼振矣。"太后由是无立承嗣、三思之意。

这段记录是说,在武则天做了一个"鹦鹉两翅皆折"的梦之后,那位经常问"元芳你怎么看"的狄仁杰为她解梦:鹦鹉,就是武则天本人;两翼,就是武则天的两个儿子李显、李旦;两翅皆折,是因为武则天不重用自己的两个儿子;如果想两翼复振,必须重新起用这两个儿子,恢复李唐天下。

小小一只鹦鹉,居然能够在摧毁武则天一生为之奋斗的"武周"王朝的事情上发挥作用,可见其神奇之处,亦可见武则天对于鹦鹉这一宠物的喜爱程度。

在怀抱宠物的女官上方,两位太监抬着一个大"神器"——赤金盘龙莲花山香薰。显然,这个听上去名称复杂,看上去构造也复杂的大"神器",所解决的就是"香风阵阵"的问题了。女皇帝嘛,走到哪里都要香香的。

在大"神器"的上方,一位灰衣太监双手捧着上盖白布的金龙凭几,其两端分别露出了鎏金龙首。这是供武则天走累了之后,小坐休息用的。

再看灰衣太监的上方,也就是整个《武后行从图》的最上方,并立着两个人:一个手拿红色鞭子,另一个正在挥动红色鞭子。

这两个人手中的红色鞭子,可是大有讲究的。这种红色鞭子,叫作"鸣鞭",又称"静鞭""净鞭"。它的主要作用是,在古代帝王出驾前,由宫廷内侍挥鞭作响,以此通知文武百官,保持肃静,皇帝要出来了。

如果按照《武后行从图》中所画的,则唐朝皇帝的仪仗之中,就已有这种"鸣鞭"。然而,唐朝的正史之中,目前没有找到记录。活跃于公元859年左右的晚唐诗人郑嵎,曾经写有一首长长的《津阳门诗》,其中一句"鸣鞭后骑何蹀躞,宫妆襟袖皆仙姿",似可作为诗人当时见过皇帝仪仗有"鸣鞭"的证据。

唐朝之后的五代时期,正史之中已经可以查到关于"鸣鞭"的记录了。据《旧五代史·晋高祖纪》记载:"宣遣静鞭官刘守威、左金吾仗勘契官王英、司天台鸡叫学生商晖等并赴契丹。"可见当时,已有"静鞭官"的职官设置。而且,这位名叫刘守威的"静鞭官",平时不仅要履行"静鞭"的职责,偶尔还要接受皇帝派遣,担负出使外邦的任务。

到了北宋,《宋史·仪卫志》记录:"鸣鞭,唐及五代有之。《周官·条狼氏》'执鞭趋避'之遗法也。内侍二人执之,鞭梢用红丝而渍以蜡。行幸,则前骑而鸣之,大祀礼毕还宫亦用焉;视朝、宴会,则用于殿庭。"

在上面的记录中,《宋史》不仅指出了"鸣鞭"的使用制度,而且指出"唐及五代"就已有"鸣鞭"。可见,画家在《武后行从图》中能够画出"鸣鞭",还算是有所依据的。

需要指出的是,武则天作为皇帝,她的出行按照制度,至少有三种规格,分别为大驾卤簿、法驾卤簿、小驾卤簿。其中大驾卤簿一般用于登基、阅兵、庆典等场合,那是几千人陪着的大场面;法驾卤簿则用于祭祀出行,那也是几百人陪着的大场面;小驾卤簿一般用于皇帝上朝理政、巡幸宫廷等场合,场面就相对要小一些。

《武后行从图》中,即使按照小驾卤簿的规格来看,我也必须为武则天点赞。她这次出门散步遛弯儿,居然只带了二十八人,而且"基本靠走",实在是太亲民了,太"轻车简从"了。

仅从画面上看,《武后行从图》还有一个奇异之处:画面上似乎有一股妖风从右向左吹过,吹得画中部分女官或太监,脚步都有些不稳了,有人还在侧脸避风;只有武则天,两只手左右一搭,腰一扭,侧头迎着妖风吹来的方向,显得既镇定从容、人君风度,又那么顾盼生姿、仪态万方。

二
原来武则天长着一张"国"字大脸

《武后行从图》的作者,传说是唐朝著名画家张萱。

这位张萱,留下的史料并不多,我们甚至都不知道他的生卒年代。我们约略可以知道的是,他曾在唐玄宗开元年间,担任过宫廷画职,以善绘贵族仕女、宫苑鞍马而著称。

我们知道,李隆基是武则天的孙子。张萱既然与李隆基是同一时代的人,那么张萱见过武则天的可能性,就极大了。

这样一来,张萱笔下的武则天,很可能就是武则天的真实容貌了。《武后行从图》,很可能就是武则天在中老年时期的一张美美的生活照了。武则天,原来长这般模样儿?

第一印象,她挺胖的。从《武后行从图》上看,武则天有着明显的双下巴，甚至三下巴。而且，她的身体横向宽度，明显比画中其他人要大。可见她不仅是脖子上肉多，恐怕身上的肉也不少。原来，女皇帝也是吃货一枚啊。考虑到唐朝以丰满为美的社会风尚，武则天的胖，算是加分项了。否则，也吸引不了唐高宗李治的目光啊。

第二印象，她挺高的。虽然画中有男有女，但仅从画面上看，武则天的个子是最高的。当然，宫廷画家是靠皇帝赏饭吃的，所以他们在画皇帝时，不免要偏爱那么一点两点，美化那么一分两分。尽管如此，应该也不会太离谱，武则天的个子应该还是比较高的。

第三印象，她挺美的。从画面上看，武则天的脸形方方正正，一张标准的"国"字大脸，她还有浓浓的眉毛，大大的眼睛，长得颇为端庄。虽然未必是画中最美丽的那张脸，但绝对也算是中上水平了。只是可惜，画面太过模糊，能提供的信息太少，今天的我们无从得知：武则天的脸部皮肤，是偏干性，还是偏油性，抑或是混合性？是吹弹欲破，还是略显粗糙？是白里透红，还是红里透黑？

嗯，挺胖的，挺高的，挺美的，体型丰满，身材高挑，"国"字大脸。这，就是武则天，就是我们从《武后行从图》中可以看到的武则天。

要知道，武则天登上皇位的时候，已是六十七岁高龄。《武后行从图》中的武则天，当然是老年武则天了。而进入老年时期，武则天还能有这般模样、这等姿色，简直就是冻龄女神啊。

以上所说的，是这幅画中的武则天。那么，史书中所记录的武则天，长得什么模样儿？画中的武则天和书中的武则天，长得一致吗？

据史书记载，武则天从幼年起，就长得与众不同。《旧唐书》和《大唐新语》说她长得"龙睛凤颈""神彩奥澈"。所谓"龙睛凤颈"，就是说武则天眼睛大而有神，脖颈细长。从《武后行从图》看，武则天的确眼睛大，脖子长。当然了，从另一方面讲，她的脖子要是不长，哪里显得出双下巴，甚至三下巴啊？

所谓"神彩奥澈"，就是说武则天精神饱满，蕴含神采。这一点，也可以从《武后行从图》中得到大致印证。图中的武则天，的确精神饱满，举手投足之间，尽显王者风范，称得上"神彩奥澈"。

少年武则天的模样，《新唐书》的记载是："太宗闻士彟女美，召为才人，方十四。……既见帝，赐号'武媚'。"也就是说，少年武则天的模样，史书的记载是两个字——"美""媚"。

"美"，不用多解释，大伙儿都懂。"媚"的基本意义，与"美"相同，但还有"美得具有诱惑力、吸引力"的意思。唐太宗李世民能够赐武则天一个"媚"字，可见少年武则天是极有诱惑力、吸引力的。至于当年十四岁的武则天，是如何诱惑和吸引李世民的，我当然也是知道一点的，这里不多说了。

如果要与《武后行从图》中的武则天模样进行对比的话，我们需要重点关注的，是关于中老年武则天的史书记录。

唐朝官员、初唐"文章四友"之一的文学家崔融，是见过武则天本人的。在他写下的《则天大圣皇后哀册文》中，他形容中老年武则天的模样，用了四个字——"奇相月偃"。什么意思呢？就是说武则天长得与众不同，有闭月之容，亦兼具人君之相。

在《新唐书·诸帝公主传》和《资治通鉴》中，还共同留下了武则天女儿太平公主的一个容貌特征："方额广颐"。意思是说太平公主额头又大又方，脸颊也比较宽广，也是一张"国"字大脸。

在史书中，武则天经常夸太平公主"类我"。当然，武则天说太平公主"类我"，恐怕主要还是指女儿的多谋权变、喜预政事的性格像她，但肯定也包括女儿模样像她本人。这也符合《武后行从图》中武则天"国"字大脸的特征。不过，太平公主像娘可不是什么好事，民间谚语说："女像娘，苦断肠。"太平公主最后果然落了一个兵败赐死的悲惨下场。

进入老年的武则天，身体仍然很好。据《资治通鉴》记载："太后春秋虽高，善自涂泽，虽左右不觉其衰。丙戌，敕以齿落更生。""太后生重眉，成八字，百官皆贺。"

可见武则天很会保养，她"善自涂泽"，所以外貌保养得很好，《武后行从图》中的那些长年跟随她的侍从，"不觉其衰"；而且她的身体也保养得好，否则不会有"齿落更生""生重眉"的喜事频频降临。在"人生七十古来稀"的古代，武则天最后能够活到八十二岁，自有其保养秘诀。

体格健壮，体型丰满，"国"字大脸，史书中的记录与《武后行从图》中的形象，看来是一样的啊。最典型的，就是那张"国"字大脸。

这样看来，《武后行从图》实实在在是武则天的一张生活照了。那么，有没有武则天的"登记照"？

有的。大家可以去河南洛阳龙门石窟，看看卢舍那大佛。学术界有不少学者认为，卢舍那大佛的面容，就是四十多岁的中年武则天的"登记照"。

原因有三。一是从相貌特征看。卢舍那大佛面容也呈"国"字形，丰腴饱满，眉目修长，嘴角上翘，面含微笑，显得秀丽端庄。这在相貌特征上，与上述历史记载相符，甚至与《武后行从图》中的武则天，也大致相像。呃，双下巴除外。

二是从建造过程看。卢舍那大佛就是唐高宗李治和武则天夫妇一起主持建造的。不仅如此，武则天本人还捐出了私房钱，"助脂粉钱两万贯"。最后，武则天还亲自参加了卢舍那大佛建成之后的开光仪式。可见，武则天与这尊佛像渊源之深。

三是从名字含义看。"卢舍那"，梵语的意思是"光明普照"。武则天后来为自己取名而造出来的"曌"字，其意思也是"日月当空，光明普照"。这，恐怕就不仅仅是巧合了。

所以，我们完全有理由认为，河南洛阳龙门石窟的卢舍那大佛，是中年武则天的"登记照"；而《武后行从图》中的武则天，则是中老年武则天的"生活照"。

三
女皇武则天的政绩，
能让多数男性皇帝同行汗颜

今天的我们，来看一代女皇武则天，至少会发现两个非常有趣的现象。

有趣现象之一：关于名字，"武则天"三个字今天家喻户晓，可当年的她却未必知道自己还有过这个名字。

她年幼时自有闺名，只是史书失载，至今考证不一；十四岁进宫后，

她被唐太宗李世民赐名"武媚";当上皇帝之后,她自己取名"武曌"。这三个名字,都是她生前真实使用过的名字。

"则天",则是她晚年退位,卧病于床之后,亲儿子、新皇帝唐中宗李显给她上的尊号"则天大圣皇帝"中的前两个字。考虑到她当时被软禁,而且卧病在床的身体状态,在一辈子的奋斗成果转头成空之后,沮丧绝望、精神恍惚的她,未必亲耳听闻了这个所谓的尊号。

当然,"则天"本是美号,《论语》说:"惟天为大,惟尧则之。"武则天的孝顺儿子李显,以此美号献给亲生母亲,确是一番好意。从李显开始,"则天"二字就跟定了她:她去世后,谥号是"则天大圣皇后";到了天宝年间,她的孝顺孙子唐玄宗李隆基又追尊她为"则天顺圣皇后"。于是,"武则天"遂成定名,她生前用过的其他三个名字,反而知道的人不多了。

有趣现象之二:作为皇帝,她的"污点"可谓路人皆知,可她的显赫政绩却鲜为人知。

只要一提及女皇武则天,给人印象最深的,大概就只有两件可以称得上是"污点"的事情:一是多蓄男宠,荒淫享乐;二是任用酷吏,实行恐怖统治。

武则天"多蓄男宠,荒淫享乐",当然是真的,不必为她讳言,但是需要说明两点。一是唐朝社会风气,是允许美女们一嫁、二嫁甚至多嫁的。武则天在唐高宗李治去世之后,找一两个男宠,这只是个人的花边新闻,与她作为皇帝的政绩无关,不必揪住这点,来作为她治国无方的依据。

二是我们也要正视和理解一个正常女人的欲望与需求,更何况,这还是一个手握极权的正常女人。换了是我,如果有福穿越到武周,取代武则天当皇帝,第一件大事恐怕也是要普选美女、充实后宫。而且,这件事我还非要派狄仁杰和李元芳去办。翟老头儿要是顶着不办,我就砍了他的脑袋,管他是不是治国安邦的所谓人才。朕就是要让他明白,天下都是朕的,挑选几个民女有何不可?

其实,武则天的男宠们,在武则天的眼中,地位一直是不高的。同为男人,玩物就是玩物,与能为国分忧的朝廷栋梁们是不能同日而语的。《新唐书·苏良嗣传》记载了一件事,就充分证明了玩物和栋梁在武则天眼中的区别：

苏良嗣当宰相时，曾经与薛怀义朝堂相遇。就是出于看不惯薛怀义的骄横样儿的简单原因，苏良嗣命令左右抓住他，劈头盖脸地抽了他几个大嘴巴子，表达了一下自己的鄙视。事后，薛怀义找武则天撒娇，想让苏良嗣倒个大霉。大家猜武则天怎么说的？她说："你以后啊，从北门出入就可以了。南衙那边是宰相们办事的地方，你不要去招惹。"（"第出入北门，彼南衙宰相行来，毋犯之。"）

武则天任用酷吏，实行恐怖统治，当然也是真事，但也要说明两点。一是我们要理解在"牝鸡司晨，惟家之索"观念根深蒂固的唐朝，一个女人登上帝位所面临的巨大阻力，以及为了消除这些巨大阻力而需要进行的一切努力。

在这些努力中，包括了可能要杀害亲生儿女这样的非常手段，也包括了必须铲除那些通往帝位之路上的绊脚石这样的恐怖手段。从这个角度说，武则天任用酷吏，罗织罪名，凭空致人死亡，也有逼不得已的因素。

当然，我这样说，并不是说武则天当了皇帝，就可以有权任性，就拥有了杀人的权利。无论过去、现在还是未来，任何人都没有权利去剥夺任何人的生命。我只是强调，武则天当时杀人，并非嗜杀，她有她的难处，她要清除自己登上帝位的巨大阻力。

二是她对酷吏的使用，是有限度的。这个限度，就是仅限于打击政敌。在武则天的心目中，酷吏可以为害，可以作恶，但底线是不能影响政局，不能伤害真正为朝廷做事的栋梁。比如，酷吏来俊臣诬陷狄仁杰，酷吏周兴诬陷魏元忠，但狄仁杰、魏元忠两个人最终都因为武则天的保护而得以幸免。

最后，还是帝位稳固的武则天自己，亲手终结了酷吏的恐怖统治。不仅如此，她还从公元697年七十四岁时起，连续八次平反冤假错案。虽然被酷吏冤杀的生命已经逝去，无以复生，但武则天此举，至少体现出了她的忏悔。

除了以上两个污点之外，鲜为人知的是，武则天在当皇帝期间，颇有作为，不仅在政治、经济、文化、军事等方面都留下了难以磨灭的显赫政绩，而且其政绩可能还要让史上大多数的男性皇帝同行汗颜。

关于武则天的政绩，公认的是八个字："治宏贞观，政启开元"。

在武则天之前，她的第一任老公唐太宗李世民打造了一个"贞观之治"；在武则天之后，她的亲孙子唐玄宗李隆基打造了一个"开元盛世"。"治宏贞观，政启开元"这八个字的意思是说：武则天的政绩，扩大、光大了"贞观之治"，开启、奠基了"开元盛世"。

在我看来，这是一个实事求是的结论。

十五年女皇帝，包括此前唐高宗李治病重由她实际掌权的时期，武则天实际执掌大唐帝国的命运四十四年，近半个世纪之久。公平地说，在这近半个世纪的时间里，在武则天的统治下，政治清明，经济繁荣，文化发达，军事强大。

政治清明，主要体现在用人和纳谏两个方面。为了选拔优秀人才参与治国理政，武则天进一步发展和完善了科举制。她不仅增加了常举、制举的次数，而且创设了殿试、武举。通过她的科举，张说、张九龄等今天我们耳熟能详的著名宰相、大文人得以金榜题名；通过她创设的武举，郭子仪这样的后来平定"安史之乱"的名将得以脱颖而出。

武则天善于选拔人才，不仅自己受益，而且惠及子孙。中唐时期的宰相陆贽，曾夸奖武则天的用人："深责既严，进退皆速，不肖者旋黜，才能者骤升，是以当代谓知人之明，累朝赖多士之用。"作为后来人，陆贽就是看到武则天以后，历朝因此有了大量可以利用的人才，这才为武则天点赞的。

武则天还像她的第一任老公唐太宗李世民一样，能够纳谏，甚至能够容纳臣下不留情面的直谏。《旧唐书·张行成传》记载了这样一则史料：有个叫朱敬则的言官，曾针对武则天喜欢男宠的私生活，直言进谏："陛下内宠，已有薛怀义、张易之、昌宗，固应足矣。近闻尚舍奉御柳模自言子良宾洁白美须眉，左监门卫长史侯祥云阳道壮伟，过于薛怀义，专欲自进堪奉宸内供奉。无礼无仪，溢于朝听。臣愚职在谏诤，不敢不奏。"

朱敬则居然当着一个女性，而且还是一个身为皇帝的女性，直接说出了"阳道壮伟"这样关涉男性生殖器的污言秽语。这样的事放到今天，朱敬则怎么也得被控告一个"性骚扰"的罪名，当年则应该更严重，武则天恼羞成怒之下，很可能连定罪都懒得定，就直接砍了他的脑袋。

然而，出乎意料的是，"则天劳之曰：'非卿直言，朕不知此。'赐彩百段。"如此污秽难听的直谏，武则天居然以超越须眉男子的胸怀，忍了。

不仅私生活上听得进去直谏，国家大事她也听得进去。武则天成为皇帝之后，最大的国家大事，莫过于立谁当太子、当继承人。

立自己的亲生儿子吧，可儿子们姓"李"。虽然她已赐他们"武"姓，但就当时的趋势看，自己死后这帮儿子改姓"李"的可能性，是百分之百。到头来，自己奋斗了一辈子的"武周"，还得变成"李唐"。立武家的侄子吧，这些侄子倒是姓"武"，可自己只是这帮侄子的姑姑。侄子们要是得了这花花江山，恐怕不出三天，就会直接忘了自己这个姑姑。自己送了侄子一个庞大帝国，天大的人情，死后却连冷猪肉都吃不着，实在有点不上算。

就在武则天纠结不已的时候，那位之前借鹦鹉为她解梦的狄仁杰，出来"传道授业解惑"了："姑侄之与母子孰亲？陛下立子，则千秋万岁后，配食太庙，承继无穷；立侄，则未闻侄为天子而祔姑于庙者也。"

武则天醍醐灌顶，接受直谏，终于决定立亲儿子为太子，召回李显、李旦，也就是后来的唐中宗、唐睿宗。"武周"变"李唐"，由狄仁杰一言而定。

经济繁荣，主要体现在农业生产和人口增加方面。武则天高度重视农业，把农业发展放在首位，兴修水利，种粮种桑，轻徭薄赋，甚至还主持编撰了一本名叫《兆人本业记》的农书，实现了"田畴垦辟，家有余粮"。在唐高宗李治刚刚执政的永徽三年（652），人口是三百八十万户，到了武则天结束统治的神龙元年（705），人口达到了六百一十五万户。半个世纪的时间，人口就几乎翻了一倍。

在文化方面，武则天本人就是一位文化大家。她兼涉文史，学养颇深。在作文方面，她留下的《述圣记碑》文采飞扬，已经是文学家的水平；在作诗方面，《全唐诗》存有她的46首诗，可称杰出的唐朝女诗人；在书法方面，她在《升仙太子碑并序》中亲笔写下的飞白体，"潇洒流落，翰逸神飞"，可称皇帝中首屈一指的书法家。

而且，在她的带领和鼓励下，"文章四友"崔融、李峤、苏味道、杜审言，"沈宋"宋之问、沈佺期，"燕许大手笔"张说、苏颋，我国首部系统性史学理论专著《史通》的作者刘知幾，唐朝笔记小说集《朝野佥载》的作者张鹭，著名唐朝诗人陈子昂、张九龄、贺知章，先后登上了历史舞台，卓然成家。他们在大唐帝国的上空，也从此在赤县神州的上空，灿若星辰，光芒闪耀，直至今天。

武则天时期，唐朝国力强盛，唐军威名远震。唐太宗李世民设置的安西四镇碎叶、龟兹、于阗、疏勒，被吐蕃侵占。到了武则天统治的长寿元年（692），她派大将王孝杰一举收复安西四镇，不仅巩固了帝国的西部边防，而且畅通了丝绸之路。

皇帝当得这么好，难怪《武后行从图》中的武则天，那么志得意满，那么雍容华贵，那么青春焕发，那么顾盼生资。大唐帝国经过武则天的近半个世纪的统治，不仅没有中断走向强盛、走向强国的步伐，恰恰相反，由李渊、李世民统治的初唐迈向李隆基统治的盛唐的脚步，越来越坚定、越来越有力了。

《五王醉归图》
那年月,酒驾不违法

酒,是唐朝社会生活中的重要角色。尤其是在以大气、乐观、自信为社会主流心态的盛唐,更是酒香四溢,豪饮成风。无论是皇帝贵族,还是官员百姓,平时不喝个两杯,嘴里不带点酒气,出门都不好意思跟人打招呼。

但人人大喝特喝,没个节制,带来的社会问题当然也不少,比如打架斗殴,酒后驾驶,等等,其至还有醉酒驾驶的。有人说,唐朝没有汽车啊,主要交通工具是马,酒后骑一骑马,似乎问题不大吧?

糊涂啊,相当糊涂!众所周知,马奔跑起来也是有极强冲击力的,铁蹄之下也是可以踩死人的,踩到小朋友怎么办?就算踩不到小朋友,踩到花花草草也不好嘛!

可惜的是,唐朝没有"喝酒不骑马,骑马不喝酒"的严厉法规,更没有交通警察查处酒驾,所以导致酒驾、醉驾现象相当普遍,有时甚至到了泛滥成灾的地步。

据"诗圣"杜甫"举报",身为中央正部级公务员的贺知章,就曾经有过醉驾行为。在杜甫的《饮中八仙歌》中,开头就是"知章骑马似乘船,眼花落井水底眠"。这个贺知章,喝酒喝到了这个地步,骑马像乘船一样颠上颠下,最后掉进了井里。醉驾真是害人又害己。

杜甫同时还"举报"了李白、李适之、李琎、崔宗之、苏晋、张旭、焦遂等另外七个人,他们均有酒驾的嫌疑。这可都是贵族高官和文化名人啊,交通安全意识也太差了。

我们现在的标语,要是能贴到唐朝,让贺知章他们这八个"酒鬼"都看到,进而提高交通安全意识,那该有多好。"醉酒驾驶雾里看花,幸福家庭水中捞月"。"酒后驾驶活受罪,就算不死也残废"。"牢记事故'杯'(悲)剧,不做千古'醉'(罪)人"。

据唐朝道路交通电子警察抓拍的图片显示,当时可不仅仅有贺知章

任仁发《五王醉归图》局部

等八人频频醉驾，居然还有皇帝、亲王级的人物，不顾交通安全，不顾个人形象，就在大街之上，公然醉驾。

这个图片证据，就是《五王醉归图》。

一
《五王醉归图》中，
谁的酒量最大？

《五王醉归图》中只有九人九马，其中就有五人醉驾。这醉驾的五人，还都是天潢贵胄，是唐睿宗李旦的五个儿子。

由于画中九人九马都是由画面左边向画面右边前进的，我们就从右至左来看看整个画面。

任仁发《五王醉归图》局部

（一）醉驾第一人：
"我已吐"唐玄宗李隆基。

画面上的右1和右3，从服饰、动作来看，很明显是侍者身份。他们各扶着右2的一条胳膊。右2头戴幞头，身穿红衣，身子几乎趴到马脖子上，这个动作说明，这位爷喝多了。而且，以我专注醉酒三十年的经验来判断，这位爷刚刚吐过。此时的他虽然背对观众，但我仍然可以断定，他连眼睛都没有办法睁开了，只好任由两个侍者扶着。人虽还骑在马上，感觉则是云里雾里。

侍者右1也是背对观众，右3则面对观众，一脸尴尬，也许还有一丝无奈。这可以理解，换了是你，被醉酒之人的呕吐物如此近距离地一番"薰陶"，也会是这个表情的。

但右3这个表情，只能在脸上稍纵即逝，切不可表现出来。因为右2的来头实在太大，身份也着实贵重。别看他背对着我们没有露脸，但我们仍然可以判断出，他就是李隆基，史上闻名的唐明皇、唐玄宗。他醉驾的那匹马，也是史上名马"照夜白"。

原来，贵为皇帝，也有喝多的时候；原来，贵为皇帝，喝多了也是会吐的。

（二）醉驾第二人：
"我不吐"宋王李宪。

右4是李隆基的大哥，老大李宪。看来也喝得不少。只见他脸上笼罩着一层醉酒之后的红晕，面容呆滞，两眼发直，左手控马，右手则垂于身边。上身虽直立着，但明显可以看出，他正在极力抑制胸口那一股又一股不断涌起的呕吐感，"我忍我忍我再忍，我不吐。"

但李宪的身边，并没有侍者照顾，可见状态尚可，大概可以支撑到家。胯下那匹马，通体乌黑，四蹄如雪，正是一匹神骏的"乌骓"。

（三）醉驾第三人：
"我没事"岐王李范。

右5是老四，李隆基的四弟岐王李范。就是杜甫在《江南逢李龟年》诗中写道的"岐王宅里寻常见"的那位岐王。

李范也是背对观众，骑着一匹"玉花骢"。但他的状态，又与众不同。他骑在马上,却瞻前顾后,瞄东瞄西,似乎还在担心兄弟们的酒驾状态,怕兄弟们掉到马下去。

从他整个人的精气神儿来看,再瞅瞅他那歪扭着的小腰儿,简直就是大写的"我没事"啊。要么,这哥们儿偷懒耍滑,在酒桌上没怎么喝;要么,这哥们儿酒量最大,一场下来,没怎么着。

(四)醉驾第四人:
"我就不吐"薛王李业。

右6是老五,李隆基的五弟薛王李业。他骑在一匹"黄骢骠"上,在马上的姿态,与老大李宪很像。但由于他身体前倾,表情相对痛苦一些,我们可以看出,他酒醉的程度要比李宪略深,状态要比李宪略差。

因为我有着专注醉酒三十年的经验,所以我可以形象地说出这二位王爷此时酒醉程度的细微区别:假设此时李宪胸口那一股又一股不断涌起的呕吐感是10秒一次的话,那李业就是5秒一次。

但李业很坚强,到底也最年轻,"我忍我忍我再忍,我就不吐",在马上死撑着,跟着走。

(五)醉驾第五人:
"我要吐"申王李捴。

右7是骑在"九花虬"上的老二,李隆基的二哥申王李捴。他和老三唐玄宗李隆基一样,也穿着红袍,醉酒的状态,也一样的啊。

他的身边,也有右8和右9两个侍者,但侍者并没有扶着他。可见他的醉酒状态,仅次于李隆基。李隆基是"我已吐",李捴则是"我要吐",我初步预计,他将在随后的十分钟内,痛快淋漓地吐出第一波。

这位申王酒后反应如此强烈,不仅说明他酒量小,同时也似乎在说明他的身体不大好。说他身体不好的直接证明就是,他于开元十二年,年仅四十二岁时就逝世了,是五兄弟中去世最早的一个。他的去世,分别早于大哥李宪十八年,早于三弟李隆基三十八年,早于四弟李范两年,早于五弟十年。

说起来，《五王醉归图》作者手中的那支画笔，可真是神笔啊，能把每一个人各有深浅、各自不同的醉酒状态，都一一刻画出来。

但是，真要看出其中醉酒程度的细微差别，甚至判断每个人的酒量大小，那可不仅需要有对古画的鉴别力，还需要具备一定的喝酒甚至醉酒的经验。幸好，我本人系资深酒徒，而且，专注醉酒三十年。

同时，我还有多次陪年幼儿子在游乐场骑马的经验，颇知马上颠簸之苦。如果把醉酒和醉驾这两件事放在一起做的话，那种由颠簸产生的天地倒转的错位感、五脏六腑的移位感、胃中食物乱跑的越位感，我真的是感同身受，以至只是想一想，就忍不住要吐。

所以，我可以从画中这五王在马上的状态，判断他们醉酒程度的深浅，鉴定他们各自酒量的大小，列出以下的酒量排行榜：

老三李隆基，酒量最小，排在第五名；

老二李㧑，酒量稍好，排在第四名；

老五李业，酒量还行，挤进前三强；

老大李宪，酒量不错，屈居次席；

老四李范，酒量最大，排名第一！

鉴定完毕。话说这五王都是一爹所生，这酒量的差距怎么这么大呢？

二
五王同时醉驾的温馨一幕，发生在哪一年？

总的来说，《五王醉归图》描述的，是这样的温馨一幕：五个老李家的亲兄弟，老大李宪、老二李㧑、老三李隆基、老四李范、老五李业，在某年某月的某一天，约了个饭局。席间哥几个聊得开心，喝得也开心，结果都喝多了，最后在侍者的照顾下，醉驾回家。

问题是，上述五王同时醉驾的温馨一幕，如果史上真的发生过，发生在哪一年呢？

有人说，探究这个时间，没有意义。《五王醉归图》的作者，是元朝的任仁发。元朝的人画唐朝的画，自然是出于个人想象。当然，任仁发有自己的依据，他也不是瞎想的。他的依据就是《资治通鉴》中的这一段：

> 上素友爱，近世帝王莫能及。初即位，为长枕大被，与兄弟同寝。诸王每旦朝于侧门，退则相从宴饮、斗鸡、击毬，或猎于近郊，游赏别墅，中使存问相望于道。上听朝罢，多从诸王游，在禁中，拜跪如家人礼，饮食起居，相与同之。于殿中设五幄，与诸王更处其中，谓之五王帐。或讲论赋诗，间以饮酒、博弈、游猎，或自执丝竹；成器善笛，范善琵琶，与上共奏之。

史料上说这么多，其实用一句歌词就可以概括，醉驾这一幕出现时，"大伙都在，笑话正是精彩"。"大伙都在"，就是五兄弟都在，人齐；"笑话正是精彩"，就是氛围好，适合喝酒，心齐。

先说"人齐"。自从五兄弟中最小的李业于公元686年左右出生后，这五兄弟算是凑齐了。从那时起直到公元701年，作为李旦的五个儿子，五兄弟一直都在东都洛阳。

这段时间倒是"人齐"，却非醉酒宴乐之时。一是因为当时大伙还小，大哥李宪不过二十二岁左右，老五李业才不过十五岁左右。兄弟们年纪还小，喝酒还不到时候，同时也不符合《五王醉归图》中正面露脸的老大李宪和老五李业各有三绺胡须的年龄。二是主要因为五兄弟所处的政治环境太恶劣。

政治环境恶劣到了什么程度？当时的洛阳，正是五兄弟那个前无古人、后无来者的奶奶武则天说了算的时期。而他们的爹李旦虽然是武则天的亲儿子，却被武则天视为自己称帝掌权的政治对手。所以，李旦和儿子们所处的政治环境，恶劣到了李隆基生母莫名其妙死于宫中的地步，也恶劣到五兄弟的爹李旦朝不保夕的地步。

公元693年，因为有人向武则天进谗言，武则天召见了李旦的两个妻子刘氏和窦氏，"妃与德妃朝太后于嘉豫殿，既退，同时杀之，瘗于宫中，莫知所在"。其中的窦氏，就是李隆基的生母。武则天这样类似韦小宝在清宫中用"化尸粉"杀人的搞法，使得李隆基后来虽然贵为皇帝，却一直不知道生母葬身于何处。

李旦的两个老婆莫名其妙地被杀，连尸首都没有见到，可他却吓得不敢作声,"皇嗣畏忤旨,不敢言,居太后前,容止自如"。爹都吓成这样,我们可以想见李隆基五兄弟当时的状态。

几个月后,轮到他们的爹倒霉了,发生了"前尚方监裴匪躬、内常侍范云仙坐私谒皇嗣"的事。这二人仅仅是和李旦见了个面,就被腰斩于市。李旦"自是公卿以下皆不得见",完全处于闭门谢客的状态。

就这样,还是有人举报李旦谋反。武则天命令著名酷吏来俊臣负责审理此案,逮捕李旦身边的人一一讯问。以来俊臣的办案作风,不出意外的话,这次李旦死定了,李隆基五兄弟的人头也基本不保了。

不料,一个小人物以命相搏,救了他们。太常工人安金藏"请剖心以明皇嗣不反","即引佩刀自剖其胸,五藏并出,流血被地",这才感动了中国,也感动了武则天。武则天叹曰:"吾有子不能自明,使汝至此。"李旦爷六个,这才逃过一劫。

也是在这一年的腊月,李隆基兄弟五个同时封王,老大李宪为寿春王,老二李捴为衡阳王,老三李隆基为临淄王,老四李范为巴陵王,老五李业为彭城王。称他们为"五王",即自此始。

但处在这样的政治环境之下,现在岂是李隆基五兄弟饮酒醉驾之时?

之后就回到了长安。从公元701年到710年这段时期,武则天因年事已高,逐步让位于自己的儿子、李隆基的伯父、唐中宗李显。

在这一时期,武则天虽然不再对李旦父子造成威胁,但唐中宗的皇后韦氏却趁势在政治上崛起了。因此,在唐中宗时期,李旦父子的政治处境虽然有所改善,但仍然过得战战兢兢。

李旦仍然谨言慎行,举个例子。唐中宗李显最宠爱的女儿安乐公主,有一次要求父皇把长安最有名的风景名胜昆明池划归自己,作为私沼,结果没有得到同意。于是她就赌气,在长安城内"夺百姓庄园,造定昆池四十九里,直抵南山,拟昆明池"。

为了给安乐公主捧场,唐中宗李显特地游幸定昆池,并要求从官赋诗纪盛。官员们敢怒不敢言,只好服从,只有耿直敢言的黄门侍郎李日知作诗说:"所愿暂思居者逸,勿使时称作者劳。"明确指责安乐公主劳民伤财。李旦当时很佩服李日知的胆量,但他这个想法一直等到后来自己当了皇帝才敢说出口:"当是时,朕亦不敢言之。"

同样一件事,李日知作为大臣敢说,李旦既是唐中宗李显的亲弟弟,又是安乐公主的亲叔父，却不敢说。可见，史书说他"宽厚恭谨，安恬好让，故经武、韦之世，竟免于难"，确为写实。

此时，五王"人齐"的条件仍然是具备的，但在连爹都如此谨小慎微的氛围下，这又岂是李隆基五兄弟饮酒醉驾之时？

当然，笃信"我命由我不由天"的李隆基，一直在等待机会登上历史舞台。景龙四年（710）六月，唐中宗被韦皇后毒死之后，机会终于来了。从这时起，他成功变身唐史上最厉害的"政变小能手"，没有之一。短短三年间，李隆基先后发动了两次政变。

一次是"唐隆政变"：在唐隆元年（710），李隆基联手太平公主，发动政变，处死韦氏集团的骨干成员，把自己的父亲李旦扶上皇位，同时由于大哥李宪和二哥李捴的谦让，自己挣得了皇太子之位。

此时，本应已是李隆基五兄弟饮酒醉驾之时，可是偏偏李隆基政治上的新对手太平公主，非要揪住李隆基不是长子不够资格当太子不放，不停地攻击李隆基。很显然，太平公主畏惧的是李隆基的英武和才干，她最大的愿望是换上一个听自己使唤的太子。

如果她成功说动唐睿宗李旦废立太子，她所能提出的人选，只能是李隆基的大哥李宪或二哥李捴。在这样的氛围下，虽然李宪、李捴并无夺位之意，可兄弟见面，"人齐心不齐"，这酒又怎么喝得下去？还能喝得尽兴而归？

没办法，"政变小能手"李隆基只好再搞了一次"先天政变"，彻底清除了太平公主集团的骨干成员，并逼迫太平公主自杀，同时也促成了皇位由父亲向自己的平稳转移。李隆基，终于变成了唐玄宗，"开元盛世"也开始了。

在这样大局已定，"人齐心也齐"的情况下，才到了李隆基五兄弟饮酒醉驾之时。饮酒时间是开元二年，而且是在当年六月以前。

之所以时间能够这么准确，还有一个重要原因。编年体史书《资治通鉴》的作者司马光，把"上素友爱，近世帝王莫能及，……上听朝罢，多从诸王游，……或讲论赋诗，间以饮酒、博弈、游猎"这一段，归于开元二年。咱好歹也得相信一把司马老爷子选取史料的眼光不是？

确定了这帮哥们儿饮酒醉驾的时间，也就容易解释《五王醉归图》作者任仁发把李隆基画在行进队伍最前面，并且给他配备两个侍者的原因了。只因此时李隆基已是皇帝，虽然大家是兄弟，但尊卑有别，就是喝多了，也不能借酒僭越，起码的规矩，还是要讲的。

三
酒酣耳热这一幕
背后的冷冰冰

有人问，如果说前面的时间，五王不可能"人齐心也齐"地聚在一起喝酒，但今后的日子还长着呢，为什么不是在开元三年、开元二十年甚或天宝年间饮酒醉驾？

首先要明确，五王饮酒醉驾的时间下限，只能是开元十二年十一月。因为这一年，老二李㧑去世了。五王缺了一王，人就不齐了。再怎么喝多，再怎么醉驾，那也不是《五王醉归图》了。

那么开元年间的其他时间，有没有可能呢？也没有可能。因为从开元二年开始，李隆基的四个兄弟就被派往长安以外的地方任职，直到开元九年才回来。而开元十年、十一年、十二年，李隆基基本上都在洛阳、太原等地巡幸，绝大部分时间不在长安。因此，史上真实出现《五王醉归图》中的这一幕的机会，实在是不多。

既然兄弟们关系那么好，动不动就喝得昏天黑地、醉驾而归，那为什么还要把亲兄弟们派到外地任职呢？这就要涉及上述酒酣耳热这一幕背后的冷冰冰了。

说白了，李隆基五兄弟之间，绝不是你从画面上看到的那么友爱和睦，那么温情脉脉，那么亲如一家。其实，相对于我们从《五王醉归图》上看到的酒酣耳热的状态，他们彼此之间关系的冷冰冰，才是主流。或者说，互相防范、虚情假意，才是主流。人生如戏，全靠演技。

作为皇帝，李隆基在兄弟关系中，是主导者。他的态度，决定了他与兄弟们的关系，甚至决定了兄弟们的命运。

史实证明，李隆基对同样生于帝王家的兄弟们的主要心态是防范，防范兄弟们学他这个"政变小能手"，偶尔手痒，也搞政变上台；当然，在兄弟们不觊觎皇位、不危及皇位的前提下，他也是可以对兄弟们友爱的。

李隆基对兄弟们都有哪些防范措施？

(一) 即位之初，
任命诸王外任刺史。

就在《五王醉归图》中酒酣耳热那一幕之后的开元二年(714)六月，李隆基以皇帝身份，命令老大李宪出任岐州刺史，老二李捴出任幽州刺史，老四李范出任绛州刺史，老五李业出任同州刺史。

当然，兄弟团结友爱的大好局面还是要维护的，他"仍敕宋王以下每季二人入朝，周而复始"。他让兄弟们定期、轮流入朝，似乎还挺想念他们的。其实，这仍然是一种监督和控制他们言行的措施。

李隆基这样做，主要是因为自己刚刚继位，在中央的政治地位还没有稳固。兄弟们是王爷，特别是老四、老五，还随同自己一起搞过"先天政变"，既有声望又有经验，如果在未来的某个时刻，他们或者被人利用或者自己想搞，再来一次政变，自己的皇位就废了。所以不得不遣送外地，提前予以防范。

(二) 诸王到任刺史后，
李隆基又命令他们不能掌控地方实权。

四兄弟分别到任以后，李隆基又煞费苦心地规定了他们这个刺史怎么当："但领大纲，自余州务，皆委上佐主之"，也就是要求诸王只当地方的虚职首长。为了把这一规定落到实处，他又命令由诸王的王府长史兼领该州的州佐，一来保证王府长史迅速接管地方行政事务，"择首僚以持纲纪"；二来也起到监视诸王的作用，保证诸王在地方名为长官，却无实权，终日无所事事，"唯弋猎、伎乐、饮谑而已"。

（三）诸王在一个州的任职时间，
　　　最长不得超过两年。

此次四兄弟出京担任地方刺史，从开元二年六月、七月开始，直到开元八年下半年或开元九年才陆续回到长安，合计六年多一点的时间。

在这六年里，老大李宪历岐、泽、泾、蒲等四州刺史，老二李捴历豳、邓、虢、绛等四州刺史，老四李范历绛、郑、岐等三州刺史，老五李业则历同、泾、豳、卫、虢等五州刺史。

计算下来，以四兄弟三州、四州、五州的调动频率，这哥几个在一个州的任职时间最长也不过两年而已。这个调动频率，显然是经过精心设计的。

如此频繁地调动诸王的任职地，其主要目的就是，不让他们在一个地方久任，从而形成自己的政治势力。李隆基对于亲兄弟们的防范，真的是蛮拼的。

（四）诸王调回京城后，
　　　集中居住。

随着自己在中央地位的稳固，李隆基渐渐觉得应该把兄弟们从地方调回长安了。

一来是兄弟们久任外地，与自己标榜的兄弟友爱不大相符；二来就是毕竟不在自己眼皮底下，时间长了兄弟们或在地方上惹是生非，或被别有用心之徒利用谋反，到时自己管是不管，杀是不杀？于是，李隆基于开元九年将诸王在外为都督、刺史者，"悉召还京师"。

四兄弟的府第，都安排在李隆基的兴庆宫附近。老大李宪、老五李业被安排在胜业坊，老二李捴和老四李范被安排在安兴坊，"邸第相望，环于宫侧"。这样的安排，表面上当然是为了方便兄弟们时时相聚，其实同时也方便了李隆基对他们进行随时监督。

（五）禁止诸王与大臣的正常或非正常交往，违规就"杀鸡给猴看"。

从继位的第一年开始，李隆基就开始严厉禁止诸王与大臣的正常或非正常交往，"禁约诸王，不使与群臣交结"，"宗室、外戚、驸马，非至亲毋得往还；其卜相占候之人，皆不得出入百官之家"。

开元元年，老四李范就摊上大事了。李隆基最喜欢的宠臣张说，有一次"潜诣岐王申款"，大概也就是下班之后找岐王聊个天儿吧，结果被政敌姚崇在李隆基面前攻击："岐王陛下爱弟，张说为辅臣，而密乘车入王家，恐为所误，故忧之。"得，张说由宰相之职贬任相州刺史。但李隆基这一次只是"杀鸡给猴看"，没有动老四，虽然把老四吓得够呛。

开元二年正月，老五李业的舅舅王仙童，被人劾奏"侵暴百姓"。尽管老五为舅舅求情，但李隆基仍然没有给老五这个面子，直接处分了王仙童。老五显然没有搞清楚状况，居然还出面为舅舅求情，活得实在有点蒙。

开元二年闰二月，老二李㧑请求，升本王府的录事阎楚珪为参军。如此小官升级，又是本府内的升迁，李隆基居然也未允，并且史称"由是请谒不行"。李隆基这是拿老二做样子，故意不给老二面子。

开元七年，老大李宪请求"选人薛嗣先请授微官"。微官，只是微官啊，而且还是大哥亲自出面。李隆基却只给了大哥半个面子，同意所请，但对薛嗣先的任命"不出正敕"，就是任命是任命了，可就是不给正式的任命文件，搞得当事人名不正言不顺，尴尬之极，搞得大家的心里面，也都怪怪的。

开元八年十月，又是老四李范。他和驸马都尉裴虚己一起吃了个饭，据说席间还"私挟谶纬"。李隆基大怒，"流虚己于新州，离其公主"，逼得人家夫妻俩离了婚。同时他还举一反三，把经常陪李范一起吃饭喝酒的万年尉刘庭琦贬为雅州司户，太祝张谔贬为山茌丞。这一次，李隆基也只是"杀鸡给猴看"，也没有动老四。

也是在开元八年十月，这次是老五李业。老五的"妃弟内直郎韦宾"，"与殿中监皇甫恂"，在李隆基生病期间"私议休咎"，"事觉，宾杖死,恂贬锦州刺史"。这是典型的同罪异罚:同样一个罪名,与老五有亲戚关系的处死,与老五没有亲戚关系的却只是流放。又是一次典型的"杀鸡给猴看"。

这一次,史料中记载了该"猴子"的反应,果然被吓得不轻,"业与妃惶惧待罪"。看到效果已经达到,李隆基知道该给顿酒喝了,他"降阶执业手曰:'吾若有心猜兄弟者,天地实殛之。'即与之宴饮,仍慰谕妃,令复位"。那意思是,啥也别说了,喝酒!试求老五李业在喝这顿酒时的心理阴影面积。

所以,别看《五王醉归图》中那酒酣耳热的一幕甚是温馨,其实从那时起,哥几个心中就已经明白或者开始明白了:在李隆基的规矩内活动,兄弟有得做,肉有得吃,酒也有得喝;否则,别说当不了这个王了,就是脑袋搬个家,也是再正常不过的事情了。

不过也别说,李隆基上述这一套,虚伪是虚伪了点,可实际效果还真是不错。说实际效果不错,是因为李隆基的兄弟们,均得享天年,得以善终。这在古代皇室之中,是非常难得的结局。

直到清朝,康熙帝都还在感叹,"天家骨肉是最难保全的"。唐朝当然也是如此:有唐一代,没有当上皇帝的皇子们,一共有二百二十一个。其中非正常死亡的皇子就有三十八个,占17%。也就是说,身为唐朝皇子,十个当中至少有一个,是注定要非正常死亡的。

如果觉得17%这个比例还不够高的话,对比一下与李隆基兄弟一个辈分,唐中宗李显的四个儿子的命运就知道了。他们全都未得善终:李显长子李重润、次子李重福、三子李重俊均被人所杀,死于非命,四子李重茂则不明不白地在二十岁时就早早死去。

而在李隆基的防范和友爱同时并举的政策下,唐睿宗李旦的五个儿子,却是全都得以善终。史称:"睿宗有圣子,一受命,一追帝,三赠太子,天与之报,福流无穷,盛欤!"

四兄弟死后,老大李宪追谥"让皇帝",老二李捴追谥"惠庄太子",老四李范追谥"惠文太子",老五追谥"惠宣太子"。所以看到《五王醉归图》,我们在向交警举报时,也可以说"两个皇帝和三个太子醉驾"。

四
本图作者任仁发，
是一位跨界高手

《五王醉归图》的作者任仁发，名字谐音特别好，"人人发"。除了《五王醉归图》之外，他还留下了《张果见明皇图》《二马图》等传世名画。

然而，他并不是一位以画为生的画家，而是元朝的一位官员，还是一位擅长治水的技术官员。换句话说，他是跨界高手，不仅画史留名，水利史上也有他的名字。

任仁发，字子明，号月山道人，松江府上海县青龙镇（今上海青浦）人，元朝著名水利专家和画家。他生于南宋宝佑三年（1255）七月十二日，卒于元朝泰定四年（1327）十二月一日，享年七十三岁。

从任仁发的生卒年月即可看出，他很不幸地生活在南宋、元朝的鼎革时期。他在年仅十八岁时就考中了南宋的举人，然后他就发现生活跟他开了一个很大的玩笑：录取他为举人的那个朝廷，突然没了。

接替南宋的元朝，没有了科举，幸好还比较重视绘画。多位画家因向皇帝进献画作而获得仕途机会，任仁发也成了其中的一员。他曾作《张果见明皇图》进献元仁宗，后又奉敕为元仁宗画马。

此后，他历任海道正千户、都水监丞、崇明知府、都水庸田副使，最后以从三品中宪大夫、浙东道宣慰使司副使的职务退休。

他的一生，主要是在治水。他用四十年的时间，参与太湖、通惠河、黄河等水系的治水活动，处于元朝自成宗到泰定帝时期的治水高峰，为国为民"立功"；同时，他还"立言"，留下了一部记录其水利思想的重要著作——《水利集》，当然也包括《五王醉归图》在内的画作。

一介文人，身处乱世，任仁发不仅没有像蝼蚁一样死去，还在夹缝中找到了人生机遇，实现了人生三立中的"立功"和"立言"，至今仍能让我们的耳边时时响起他那个吉利的名字，也算人生赢家了。

《辋川图》

王维只不过买了个二手别墅，至于嗨成这样吗？

笔者当年大学时，与同舍诸友卧谈，曾经少有地言及菜式创新。同学中一潇湘才子说，可以根据唐诗诗句来发明新菜，比如冷拼创新：端上一碗白开水，上漂半只咸蛋壳，名之曰"门泊东吴万里船"。众人绝倒。

虽是年轻时的笑谈，但当时的我们却没有想到，类似这样的冷拼创新,居然在一千多年前,就有人尝试过了。

在唐末五代时期,有一个法名梵正的尼姑,同时她也是一个精通烹饪的厨子。这位尼姑不念佛经练厨艺,发明了一套新菜:她只用肉脯、肉丝、瓜果、蔬菜等常见食材,辅以巧妙构思、熟练刀工,制成二十道颜色各异、风景不同的冷菜拼盘,使人不忍下箸,这些拼盘被誉之为"菜上有山水,盘中溢诗歌"。由此,梵正成为中餐"大型风景"冷菜拼盘的发明人,并且跻身我国古代十大名厨之列。

梵正把自己的这个新菜,命名为"辋川图小样",亦称"辋川小样"。在这里,"小样"不是我们日常所说"小样儿"的意思,而是"模型""样品"的意思。梵正这个命名的意思是,她所发明的冷菜拼盘,是王维所画《辋川图》的模型和样品。

《辋川图》,是唐朝山水田园"诗佛"、南派泼墨"宗师"王维在自己家辋川别墅的墙壁上,亲笔创作的壁画。梵正作为唐末五代时期的人,很可能亲眼见过这幅《辋川图》壁画真迹,一见倾心之余,决定将此图中所画的"孟城坳、华子冈、文杏馆、斤竹岭、鹿柴、木兰柴、茱萸泮、宫槐陌、临湖亭、南垞、欹湖、柳浪、栾家濑、金屑泉、白石滩、北垞、竹里馆、辛夷坞、漆园、椒园"等二十个景点,用之自己的菜式创新,由此发明了二十道风景冷菜拼盘。

关于王维创作的这幅《辋川图》,唐朝朱景玄的《唐朝名画录》如是评价:王维"复画《辋川图》,山谷郁盘,云水飞动,意出尘外,怪生笔端"。张彦远的《历代名画记》则认为王维"工画山水,体涉今古。清源寺壁上画辋川,笔力雄壮"。

可惜的是,当年王维的《辋川图》是画在他家辋川别墅墙壁上的。王维去世之后,辋川别墅成为清源寺,直到唐末还有人见到,再到后来,遭逢五代乱世,寺院坍塌,墙壁倾颓,《辋川图》壁画真迹不知从何时起,就彻底消失了。

今天,只有历朝历代画家的《辋川图》摹本存世。其中,以北宋画家郭忠恕临摹的《辋川图》,最为著名。在陕西蓝田还存有《辋川真迹》碑石六块,以线雕形式表现上述王维辋川别墅二十处景点。此碑画迹,也是出自郭忠恕之手,由明朝郭漱六镌刻。我们从中,还依稀可以看到王维《辋川图》的风貌。当然了,未必是原貌。

《辋川图》,是王维最著名的画作之一,也是中国园林绘画史中一幅举足轻重的画作。

王维《辋川图》 明代拓本

一
方圆十几里、景点二十个
难道都是王维他家的？

众所周知，王维的《辋川图》，画的是他家的辋川别墅。

从上述二十个景点的名称来看，王维他家别墅可是真大啊。不仅实现了我们今天想拥有独栋大花园的别墅梦，而且别墅附近有山有水，有花有树，居然还有国家一级保护动物可爱的梅花鹿！哦，当然，唐朝那时还没有将梅花鹿列为保护动物，我们就不追究王维的法律责任了。

换句话说，王维的辋川别墅，不仅是独栋大花园，而且可能还包括了二十个景点！哪像我们今天，买个联排别墅就不易了，独栋别墅一般人连想都不敢想。王维，真的是唐朝的人生赢家啊。

不过，王维的这个辋川别墅，其实是他买的"二手房"。别墅的前面一个业主，我们大家也很熟悉——宋之问。是的，就是写出了"近乡情更怯，不敢问来人"千古名句的宋之问。宋之问可也是在这个别墅里睡过的，有诗为证——《别之望后独宿蓝田山庄》。

宋之问、王维两大诗人兼两代业主同时看中这个别墅，主要原因当然是别墅所在的地段好。买房子，肯定是买地段嘛。

首先是交通便利。辋川别墅距离长安城，只有八十里路，恰好是唐朝时车马一天的路程。这个距离，正好可以满足王维不上班时到城郊休闲游玩的需求。大家不必为王维的假期担心，从史料来看，唐朝官员的假期名目繁多，不仅有元旦、冬至这样放假七天的"黄金周"，而且平时"十日一休沐"，加上探亲有假、婚丧有假、农忙有假，甚至还有准备寒衣的"授衣假"。所以，王维不是在休假，就是在休假的路上。在辋川买这个别墅，既然交通方便，假期又多，王维肯定是有时间去住的。

其次是配套齐全。这个配套，是指别墅周边有众多的佛寺，不是大家所想的学校和医院。王维当初购买这个别墅，就是为了供母亲崔氏持戒安禅、礼佛修行之用。同时，王维及弟弟王缙也信佛，后来兄弟俩甚至到了佞佛的地步。在辋川的周边，有配感寺、化感寺、悟真寺、水陆庵、法池寺、空寂寺、万泉寺、清凉寺等著名禅寺，王维曾经先后多次前往，留有《游悟真寺》《游化感寺》等诗为证。别墅周边，有如此众多的佛寺，正可投王维一家所好。这样的配套，岂不完美？

最后是风景秀丽。"终南之秀钟蓝田，茁其英者为辋川"，换句话说就是，辋川是终南山最美的地方。辋川位于蓝田之南的峣山，是秦岭东段北麓的一条川道。这条川道中的河流，源出秦岭北麓，从谷口两峰之间泻出而流入灞河。因为诸谷之水汇流，河流团转，周回曲折，如车辋环辏，故称"辋水"，而这个川道亦因此而得名"辋川"。正因为辋川风景秀丽，所以别墅周边才景点众多。顺便提一句，在辋川的旁边，紧挨着的就是今天大名鼎鼎的白鹿原。

买辋川别墅，就是买交通，就是买配套，就是买风景：原始森林级花园环境，天然超浓度负离子氧吧，绝版水岸私密独栋，360度无死角水景大宅，远离闹市喧嚣，回归美好自然，享受田园风光，尽享静谧人生，跟随前考功员外郎、著名诗人宋之问的脚步，一起住在蓝田。

听完了二手房广告词的王维，就冲这交通便利，就冲这佛寺众多，就冲这二十个景点，终于一狠心，一咬牙，把这二手房给买了！至于当年王维是以多少钱每平方米购进如此豪宅，一般人我不告诉他。谁买我的这本书，我就偷偷告诉他。

大约从开元十六年（728）起，王维和当时已在长安任职的弟弟王缙一起，开始购买并且营建辋川别墅。

辋川别墅的主建筑，应该是目前能见到的各种版本的《辋川图》中，那个三面靠山、一面临水的环形别墅建筑群——辋口庄。辋口庄中，亭台楼阁掩映，布局古朴端庄；辋口庄外，辋水川流而过，时有舟楫过往。

王维不仅为辋川别墅附近的二十个景点配图，还写了诗。二十个景点，他和好友裴迪一个景点写一首诗，一共40首诗，最后结集为《辋川集》。

而王维为第一个景点孟城坳所写的诗，就充分体现了辋川别墅的"二手房"特征："新家孟城口，古木余衰柳。来者复为谁？空悲昔人有。"很显然，王维诗中的这个"昔人"，是指此房的前业主宋之问。王维诗中是在感叹，这个别墅是我从宋之问手中买来的二手房，将来又是谁来当我的下家呢？

为了解决自己担心的这个问题,王维在母亲去世之后,在近花甲之龄,向皇帝上《请施庄为寺表》,舍宅为寺,将辋川别墅施舍为清源寺。而清源寺后来坍塌了,果然王维之后,再也没有人当他的下家了。因为房子没了,没法再转手了。

华子冈,应该是辋川别墅附近的最高峰了。王维在华子冈,看到的是"飞鸟去不穷,连山复秋色"。从这两句诗我们可以知道,王维当时站在华子冈上,将连绵的山色和天空中的飞鸟尽收眼底。斤竹岭,则是一道长满了竹子的山岭,岭上竹林之下还有一条供人通行的羊肠小道。

漆园,是种满了漆树,生产生漆的小园;椒园,则是种满花椒树,为王维提供花椒调料的小园。辋川别墅附近有此二园,再次说明了王维买房的眼光,你看这个配套多齐全,连做菜的调料都准备齐了!

木兰柴,应为一片种满了木兰的小花园。"柴",同"寨",此处指围住木兰的木栅栏。茱萸沜,自然是指水畔种满了茱萸的园地。要知道,王维对茱萸可是有着很深的感情的,早年想家时就写过"遍插茱萸少一人"的名句。宫槐陌,是从王维居所走到欹湖岸边的一条栽满宫槐的小路。

欹湖,是辋川的中心景区,应是辋水在河面开阔处形成的一个大湖。湖中有荷有菱,既可泛舟游玩,也可垂钓取乐;欹湖边还种有大量的柳树,形成"柳浪"。"柳"者,"留"也,古人喜欢折柳赠别,以示挽留之意,寄托离别之情;在欹湖边的临湖亭,王维就曾在亭中宴请友人,"轻舸迎上客","当轩对樽酒",宴罢离别,想必也曾折柳赠别。南垞、北垞,则是分别位于欹湖的南岸和北岸的小山丘。

栾家濑、金屑泉、白石滩、辛夷坞,都是辋水的河道之景。"濑"指激流,栾家濑所看到的,自然是辋水的灵动之景,"跳波自相溅";金屑泉,不像栾家濑那样喧闹,却是辋水边一汪安静清澈的泉水,在阳光的照耀下,水波泛着金光,仿佛水面洒满金屑一般;白石滩是辋水河道中的一处浅滩,铺满了白色的石头,"清浅白石滩";辛夷坞,是辋水边开满红色辛夷花的渡口。

文杏馆是一栋"文杏裁为梁,香茅结为宇"的华美建筑。"文杏",就是银杏。以银杏树作为屋梁,出自司马相如的《长门赋》:"饰文杏以为梁。"

我特意把竹里馆、鹿柴放到最后来讲,主要是因为我们对王维为这两个景点写下的五言诗太熟悉了，小朋友们都会背诵这两首千古名篇。

竹里馆，顾名思义，是位于竹林深处的一处建筑，王维曾于闲暇时前来，"弹琴复长啸"；鹿柴呢，则是王维养鹿的小园子了。至于王维为什么会养鹿，原因不清楚，但肯定不是为了吃鹿肉、喝鹿血。因为《旧唐书·王维传》写得清楚："维弟兄俱奉佛，居常蔬食，不茹荤血。"兄弟俩都吃素而不吃荤的。所以小鹿们是安全的，大家放心。

看完辋川这二十个景点，由于贫穷限制了我的想象力，我不禁还是要问：方圆十几里、景点二十个，难道都是王维他家的？

有人认为全是，也就是说整个辋川山谷，从辋水发源地直到辋口，方圆十几里、景点二十个，全部都是王维他家的。然而，笔者不大赞成这个主张。

上述二十个景点，王维全都游览过并且为之命名，是可信的，有《辋川集》为证，而且，其中肯定有一部分景点，的确就是属于他家的。王维后来在《请施庄为寺表》中说："臣遂于蓝田县营山居一所，草堂精舍，竹林果园。"可见在他的辋川别墅，有草堂，有精舍，有竹林，有果园。

再比如那个竹里馆，如果不是王维他家的，他老人家在里面旁若无人地"弹琴复长啸"，会吓着别人的。把它买下来，在自己家里弹一弹，啸一啸，就没事了。最多也就是，把他的妈妈崔氏吓一跳。

但是，应该还有相当一部分景点，不是他家的。我这样说，并不是瞧不起王维的财力。原因主要是两个。

第一个原因，像栾家濑、金屑泉、白石滩、辛夷坞这样处于辋水河道之中的景点，买下来供自己家里人看，着实没有什么大的意义。而且，根据《辋川图》来看，辋水之上时有舟楫来往，辋水还有水路通航功能，如果王维真的把整条辋水买了下来，那他岂不得设站收费，"贷款买河，收费还贷"？又或者，辋水已是他家"内河"，他要禁止人家从"内河"通过？这难道是一个礼佛修禅之人应该干的事吗？更何况，他作为在职的朝廷官员，如此做法，绝对是犯忌的。

第二个原因，种种迹象表明，辋川之中还有其他人家存在。王维在《南垞》景点的诗中，写他泛舟于欹湖之中，"隔浦望人家，遥遥不相识"；还有"谷口疏钟动，渔樵稍欲稀"（《归辋川作》），"渡头烟火起，处处采菱归"（《山居即事》），"竹喧归浣女，莲动下渔舟"（《山居秋暝》)。上述王维诗中的"人家""渔樵""采菱""浣女",显然并非他的家人,而是在谷中安居乐业的"遥遥不相识"的其他人家。

另外,王维还在《山中与裴秀才迪书》中说:"夜登华子冈,辋水沦涟,与月上下。寒山远火,明灭林外。深巷寒犬,吠声如豹。村墟夜舂,复与疏钟相间。"明灭的远火,吠叫的寒犬,夜舂的村墟,偶尔传来的钟声,都充分表明,华子冈附近还有其他人家,而且一派生活气息。

王维的好友裴迪,就是陪他畅游辋川二十景点,和诗二十首的那位,本人也住在辋川之中的孟城坳,"结庐古城下,时登古城上";辋川还住着王维的表弟崔兴宗,王维至少为表弟的别墅,写过《与卢员外象过崔处士兴宗林亭》《九月蓝田崔氏庄》《崔氏东山草堂》三首诗。另外,辋川中还住着一位姓胡的隐士。胡隐士病卧在床时,王维还为他送过米,"聊持数斗米,且救浮生取"(《胡居士卧床遗米因赠》)。

王维还曾因怜惜辋川村民的赋税太重,请蓝田的刘知县给予关照,而写下过《赠刘蓝田》一诗:"篱中犬迎吠,出屋候柴扉。岁晏输井税,山村人夜归。晚田始家食,馀布成我衣。讵肯无公事,烦君问是非。"王维以京官身份,出面照顾别墅附近的邻居乡亲,也算是很尽心了。

所以,王维在辋川,有独栋大花园别墅不假,也有田产,但他的辋川别墅并不等同于整个辋川山谷。

二
即使住进了别墅,
王维的人生里也不全是
"容易"二字

刚刚住进辋川别墅的王维,肯定觉得人生美满,当一个人生赢家简直太容易了。

在此之前,王维的确顺风顺水,中进士,做京官,历右拾遗、监察御史、左补阙、库部郎中、吏部郎中、给事中。弟弟王缙随后也是轻松中举,累授侍御史、武部员外郎等职。兄弟俩同为京官,又均以诗文著名,此时家有余财,又共同营建辋川别墅,可谓春风得意,人生美满。

今天我们所共知的"作家"一词,就见证了王维、王缙兄弟俩同住辋川别墅的那段美好时光。

"作家"一词的最早含义是"治家""管理家务",从王维、王缙兄弟俩开始,才转变为"从事文学创作有成就的人"这一独特含义。《辋川志》引《卢氏杂记》说,当时年轻的王缙,喜欢给人作墓志铭,有人给他送稿费来,却敲开了同住在辋川别墅的哥哥王维的家门,于是王维就指点来人说:"大作家在那边。"由此,王维给他以后的千百万个文学创作者,冠了名。

然而,美好的时光毕竟是短暂的。王维兄弟俩不知道,一场人生劫难,正在前路上等着他们。这场人生劫难,就是"安史之乱"。

"安史之乱"爆发后,叛军于天宝十五载(756)六月,攻陷了大唐帝国的首都长安。首都失陷,皇帝李隆基却跑了,可他是在没有通知朝廷百官的情况下偷偷跑的。李隆基这一不厚道的做法,直接导致了绝大部分官员来不及逃脱叛军的魔爪而被迫当了俘虏。王维,就在其中。

被俘之后,手无缚鸡之力的王维,还是遭了一些罪的。"君子为投槛之猿,小臣若丧家之狗。伪疾将遁,以猜见囚,勺饮不入者一旬,秽溺不离者十月。白刃临者四至,赤棒守者五人。刀环筑口,戟枝叉颈,缚送贼庭。"就这样,王维被押送到了洛阳,关押在城南慕义里的菩提寺。

叛军为什么不干脆杀了王维呢?主要是因为王维早已闻名的音乐才能。举一个证明王维音乐才能的神奇例子:有人得到一幅奏乐图,不知画中人物在演奏什么音乐。王维看了一眼之后说:"这图中的人物,正在演奏《霓裳羽衣曲》第二叠第一拍。"众人不服,专门招来乐工演奏检验,果然正如图中所绘。

王维入仕之后所担任的第一个职务,就是太乐丞,可见朝野上下对于王维音乐才能的认可,而这个官职,也是他的祖父王胄曾经担任过的官职。原来王维是音乐世家的底子啊。

这样的人才,安禄山怎么可能放过?更何况,安禄山喜欢的就是这个调调。据《明皇杂录补遗》载,"禄山尤致意乐工,求访颇切,于旬日获梨园弟子数百人"。所以,王维被安禄山囚禁了起来,后来安禄山还强迫他当了给事中,还是他被俘前在唐朝当的官儿,既没有升,也没有降。安禄山要的，就是他的音乐才能。这就是王维担任伪官的原因及过程。我们可以看到的是，王维并非主动屈膝、匍匐投降，而是逼不得已、被迫受官。

然而，到了至德二载（757）十二月，唐军又收复了长安，同时抓住了包括王维在内的二百多名伪官，要追究他们失节投降的责任。最后朝廷宣判的对失节官员的处理结果是，从重处罚。

伪官分六等定罪，最重的达奚珣等十八人，被斩首于城西南独柳树下，次一等的陈希烈等七人赐自尽于大理寺，第三等的在京兆府门被杖打一百下，第四、五、六等的，或流或贬。叫人惊喜的是，王维不在这六等罪里面，给他的处分是，由原任正五品上的给事中，降职为正五品下的太子中允，官降一阶而已。

王维为什么这么幸运？当时的皇帝唐肃宗李亨为什么单单放过了他？就是因为，王维有个和他一起住在辋川别墅的争气的亲弟弟——王缙。

虽然是亲兄弟，虽然是从同一个别墅走出去，同在朝廷上班，但兄弟俩在"安史之乱"中的个人际遇，却截然相反。如果说"安史之乱"是一场危机，那带给王维的，只有"危"；带给王缙的，则只有"机"。

"安史之乱"，给王缙带来了升官的机会。叛乱一开始，他就受命离开长安，去出任从四品下的太原府少尹，负责辅佐当时的太原府尹李光弼，共同防守这个大唐帝国的龙兴之地。

结果，在随后艰苦卓绝的太原保卫战中，王缙与李光弼通力合作，以少胜多，以弱胜强，守住了太原城池。同时，他们还利用安庆绪弑杀安禄山的内乱机会，派敢死队出城打退叛军，取得了太原保卫战的完胜。这是"安史之乱"以来，唐军第一次在战场上取得重大胜利，第一次遏制住了叛军如潮的攻势，为后来收复两京奠定了基础。

太原保卫战胜利的消息传到灵武，唐肃宗李亨大喜过望，加封李光弼为司空、兼兵部尚书，仍兼同中书门下平章事，封爵魏国公。同时升官的还有王缙，他以本官太原少尹兼任宪部侍郎，也就是刑部正四品下的副部长，正式跨入高官行列。不久，王缙更是被召到皇帝身边，出任从三品的国子祭酒，相当于国立大学校长了。

此时此刻，在哥哥王维面临杀身之祸时，弟弟王缙为了救哥哥一命，做了两件事：

第一件事，早在唐肃宗李亨还在灵武的时候，王缙就想办法把哥哥王维囚禁洛阳时所作的一首诗，向唐肃宗李亨进行了精准传递，"时闻行在所"。什么诗呢？一首诗的正文只有二十八个字，诗的题目却长达三十九个字的诗。

《菩提寺禁，裴迪来相看，说逆贼等凝碧池上作音乐，供奉人等举声便一时泪下。私成口号，诵示裴迪》："万户伤心生野烟，百僚何日再朝天？秋槐叶落空宫里，凝碧池头奏管弦。"

诗题中的裴迪，也就是和王维一起在辋川别墅观景赋诗，互相唱和，一个景点作一首诗的那位裴迪。裴迪不像王维那样备受叛军瞩目，所以他行动自由地去看望了被关在洛阳的王维，又带着王维的诗长途跋涉，去找了身在太原的王缙求救，最后又和王缙一起，合力把王维的这首诗，传进了唐肃宗李亨的耳中。

因为王缙、裴迪都知道，王维出任伪官，虽然是被迫，但仍然属于大节有亏，朝廷事后肯定是要追究的。为防患于未然，王缙、裴迪提前把王维作的"百僚何日再朝天"这样表忠心的金句，呈报给唐肃宗李亨，在皇帝心中打下了王维"身在曹营心在汉"的伏笔。

事实证明，王缙、裴迪此举，相当有用。

第二件事，王缙向皇帝和宰相提出，表示愿意用免除自己官职的办法，来替兄长王维赎罪。

以我们现代人的眼光来看，王缙此举纯属自己找事。兄是兄，弟是弟，各人有各人的账。他犯罪，你拿你的官职来跟朝廷讨价还价，信不信皇帝一个不爽，把你们兄弟俩同时绑赴刑场，一起砍喽？

但是，在唐朝，王缙此举却是符合法律规定的。符合哪一条呢？就是《唐律疏议·名例律》总第十条的规定："诸七品以上之官及官爵得请者之祖父母、父母、兄弟、姊妹、妻、子孙，犯流罪已下，各从减一等之例。"

唐朝法律，除了设有议、请、减、赎等措施来维护贵族、官僚的特权以外，还设有"官当"之法，以免除现任官职或官爵等方式来减免犯罪官员的刑事责任。犯有普通罪行者，除了"十恶"和一些性质恶劣的罪行外，都可以用官职来抵徒刑、流刑等罪。

也就是说，王缙此举，是法律允许的。而且，王缙是为大唐立过大功的人。这样的人出面，皇帝不能不给三分薄面。唐肃宗李亨终于同意，将王缙由从三品的国子祭酒降回四品官员序列，贬出京城，去当蜀州刺史；王维则得以从轻处理，既不杀头，也不流放，只是官降一阶，去当正五品下的太子中允。

就这样，在经历"安史之乱"的人生劫难之后，王维独自一人回到了辋川别墅，弟弟王缙则暂时不能回家了，他被贬去了蜀州。因为自己大节有亏，不仅耽误了弟弟如日中天的前程，而且害得他被远贬蜀州。我们完全可以想象，独自回到辋川别墅的王维，当时是何种心境。

这场人生劫难和对弟弟的亏欠，成了王维晚年心中的隐痛。几年之后，六十一岁的王维几经升迁，得任中枢要职"尚书右丞"，可是弟弟王缙却一直在蜀州刺史任上，没有机会返回长安，更没有机会返回辋川别墅。

也就是在这一年，也许是意识到了什么，王维决定，最后为自己的弟弟做一件事。他向皇帝呈上《责躬荐弟表》，"责躬"自己有五个短处，"荐弟"王缙有五个长处，恳求朝廷准许弟弟回京任职，让他们兄弟团聚。在上表的最后，王维字字泣血地向皇帝乞求："弟之与臣，更相为命，两人又俱白首，一别恐隔黄泉。傥得同居，相视而没，泯灭之际，魂魄有依。"王维告诉皇帝，自己此生最后的愿望，就是希望能与弟弟王缙住在一起，"相视而没"地死在一起，死后则魂归一处，在阴间也相依为命。

王维的兄弟真情，感动了皇帝。这年五月王缙"新除左散骑常侍"，调任朝中闲职，回到了长安，回到了辋川别墅。并且，王维此举还为弟弟王缙未来出任唐代宗李豫的宰相，打下了坚实基础。

王缙回来后，从五月到七月王维去世之前，兄弟俩同住在辋川别墅，一起度过了王维一生中的最后两个月时光。

在王维的临终时刻，不巧的是，王缙正好受命出使凤翔，不在辋川。王维"以缙在凤翔，忽索笔作别缙书"，作完停笔即逝。史上没有留下王维与弟弟王缙永别的那封书信，我想一定有这样的话吧："好弟弟，哥哥此生欠你的。辋川作证，来世还要做兄弟。"

三
辋川是王维的身心归宿之地

辋川,是王维一生中居住时间最长之地,也是王维一生中身心双重归宿之地。

王维逝后,就葬在辋川,这是"身归辋川";而他"心归辋川"的标志就是,辋川成为王维诗中名句的集中诞生地。

除了辋川别墅二十个景点之中的《鹿柴》《竹里馆》等名篇之外,还有一些脍炙人口的千古名句,也是在辋川写下的:"空山新雨后,天气晚来秋","行到水穷处,坐看云起时","人闲桂花落,夜静春山空","复值接舆醉,狂歌五柳前","晚年唯好静,万事不关心","漠漠水田飞白鹭,阴阴夏木啭黄鹂","雨中草色绿堪染,水上桃花红欲燃"。

从诗的数量上看,在王维所有隐居过的地点里,描写辋川的作品是最多的。王维现存诗不到四百首,其中《辋川集》就有二十首,加上其他的"辋川之什",共有八十多首,占了近20%。

王维如果不是"心归辋川",这么多的诗篇,这么高质量的名篇名句,怎么会频频灵动于他的笔端,并且在千年之后,还能撩动我们的心弦?

《张果见明皇图》

蝙蝠精？
老寿星？
傻傻分不清楚！

皇帝与神仙同框，在众多历史名画之中，极为少见。《张果见明皇图》，就是一幅皇帝与神仙同框的历史名画。

画中的皇帝，是唐明皇，即唐玄宗，也就是李隆基，就是画面中央那位坐团椅、穿黄袍的中年美须男；画中的神仙，则是张果，又称"张

任仁发《张果见明皇图》 北京故宫博物院藏 卷 绢本 41.5cm×107.3cm

果老",著名的"八仙"之一,就是画面最右边那位坐绣墩、穿青衣的老年白须男。

在李隆基与张果老之间,还有一头正在奔跑的、缩微版本的小白驴。熟悉张果老的人都知道,这头小白驴就是张果老的主要法宝,当然也可以说是他的宝贝宠物。民间所说的"张果老倒骑驴",倒骑的就是这头小白驴;而张果老在"八仙过海,各显神通"的时候,也是靠这头小白驴,渡过辽阔大海的。

而在这幅《张果见明皇图》中,那头奔跑的小白驴,就是画眼。因为,画中所有人的目光,都被这头小白驴所牵引。画家所要着意展现的,也正是小白驴由布袋逸出,展蹄奔跑,引得全场关注的这一幕。

当然,画中八人关注的目光,还是各有差异的:张果老的目光,是镇定从容的,还有一点点悠然自得;身穿绿衣的张果老小弟子的目光,

《张果见明皇图》局部

则显得有些惊慌，因为是他不慎放出了小白驴，所以他作势要去捉住它；李隆基的目光，则是惊奇的，是惊叹的，他显然是第一次见此奇景，所以身体微微前倾，看得非常专注；画面中环绕在李隆基周围的另外五个臣子，则有的在拊掌赞叹，有的在窃窃私语。

八个人，一头驴，组成了这幅《张果见明皇图》。

一
皇帝与神仙同框
居然正史都有记录

今天的我们，来看这幅由元朝人任仁发画下的《张果见明皇图》，感觉是那么不真实——唐朝的万乘之君唐明皇李隆基，与神仙张果见面，而且张果还当众展示了自己的法宝小白驴。

然而，令人惊奇的是，任仁发却又不是瞎编，他还是有那么一点依据的，而且还是主要来自唐朝正史的记录。事实上，张果与唐明皇李隆基的这次见面，不仅唐朝的正史有记录，野史有记录，而且在唐朝诗人留下的诗篇中，居然也有记录。

因为，"张果"在史上，确有其人。盛唐著名诗人，与王维、高适、王昌龄等人均有唱和的李颀，曾经亲眼见过张果，并写有《谒张果先生》一诗。

诗写得很长，其中主要描述的张果的神异之处，是这么三条：一是长寿，"先生谷神者，甲子焉能计。自说轩辕师，于今几千岁"，这是李颀听到张果自己说，他曾经是黄帝的老师，至今活了几千岁了；二是人生经历丰富，"尝闻穆天子，更忆汉皇帝"；三是辟谷不进食，"餐霞断火粒，野服兼荷制"。

更重要的是，李颀的诗中，也记录了唐明皇李隆基与张果的这次见面，并且张果受到了极高的礼遇，"吾君感至德，元老欣来诣。受箓金殿开，清斋玉堂闭。笙歌迎拜首，羽帐崇严卫"。

作为亲眼见过张果的人，对于张果的神奇之处，李颀的诗还算是实事求是的。特别是在"于今几千岁"前加了"自说",揭示了自己的疑窦所在。也就是说,李颀所见到的张果,的确是一个老寿星。虽然李颀并不相信,他是一个几千岁的老寿星。

由于张果刻意隐瞒了籍贯,在当时也没有户口本、身份证这样的资料可供查询,所以他的年龄无法准确认定。于是张果究竟有多少岁,全凭他自己说了算。张果身处那个科技不发达的唐朝,又有唐明皇李隆基接见的加持,李颀的选择是相信,这才有了这篇长诗。

比起李颀,《旧唐书》《新唐书》的记录,则更加具体、更加神奇一些。按照唐朝这两部正史的记载,唐明皇李隆基与张果的这次见面,发生在开元二十一年(733)。

其实在这之前,武则天也想见他,但张果"佯死不赴"。等到唐明皇李隆基第一次遣使召见他时,他故技重施,"果对使绝气如死,良久渐苏"。张果是道家术士,这样的"佯死""绝气如死",应该是他的一种练气之法。而之所以在皇帝使者面前一再使用此术,无非是想借此增加神秘感,并且自高身价而已。

等到唐明皇第二次正式而又隆重地派出使者,"又遣中书舍人徐峤,赍玺书迎之",张果才"随峤至东都,肩舆入东宫中",跟唐明皇李隆基见了面。

下面,唐明皇李隆基见证奇迹的时刻,到了:

张果可以只喝酒不吃东西,"累日不食,数御美酒"。张果可以饮毒不死,唐明皇李隆基让高力士"以堇汁饮果",结果张果连干三杯之后,只是评价,"非佳酒也",然后就睡了。

张果可以断齿重生。张果饮完堇汁昏睡之后,牙齿出现了焦缩症状。唐明皇李隆基命人用如意敲击他的牙齿,结果牙齿都断了、掉了。张果被惊醒之后,从怀中掏出红色仙药,敷在了断齿上,然后又睡了,醒来"齿皆出矣,粲然洁白"。

张果还可以未卜先知。"玄宗好神仙,而欲果尚公主",张果提前预知了这件事。于是对当天正在拜访他的秘书少监王迥质、太常少卿萧华等人说:"民间说娶公主做老婆,是最可怕的一件事。"王迥质、萧华等人很诧异,好好聊天不行吗?怎么突然提到要娶公主这件事?众人诧异间,皇帝派遣的中使到了,宣诏:"玉真公主早岁好道,欲降先生。"张果哈哈大笑，潇洒地拒绝了。这下，王迥质、萧华等人才醒悟过来，佩服得五体投地。

与杜牧曾有交往的唐人郑处诲，在自己的著作《明皇杂录》中说，张果还可以喷水成驴："果乘一白驴，日行数万里，休则折叠之，其厚如纸，置于巾箱中，乘则以水噀之，还成驴矣。"是的，郑处诲所描述的，正是《张果见明皇图》中那神奇的一幕。

而《张果见明皇图》中的那个不慎放出了小白驴的小道士，郑处诲的《明皇杂录》中也有记录：唐明皇李隆基要张果喝酒，张果说自己"有一弟子，饮可一斗"。李隆基同意召见之后，这个小道士就从殿檐上飞了下来，"年可十六七，美姿容，旨趣雅淡，谒见上，言辞清爽，礼貌臻备"。在弟子饮酒一斗之后，张果怕弟子喝多了，说："不可更赐，过度必有所失，致龙颜一笑耳。"李隆基正在兴头上，哪里肯放过？结果，饮酒过度的小道士，突然有酒从其头顶涌出，变成了一个当时盛酒的榼子。原来，这个小道士也是张果变化而来，"玄宗及嫔御皆惊笑"。

见证种种奇迹之后，唐明皇李隆基肯定地认为：这是神仙啊！授官银青光禄大夫，赐号通玄先生，赐帛三百匹，给侍从二人，放归恒山。

以上就是任仁发创作《张果见明皇图》的所有素材来源。说白了，任仁发只是选取了上述正史或野史记载中，关于小白驴的最具戏剧性的那一幕，用画笔将其展现出来而已。

必须指出的是，虽然都记录了李隆基和张果的这次见面，但和《明皇杂录》《续仙传》等野史记录的荒诞夸张不同，《旧唐书》《新唐书》这两部正史中关于张果的史家之笔，还是相对严谨的。

《旧唐书》对于张果，一开始就说"不知何许人也"，接着强调"时人传其有长年秘术，自云年数百岁矣"，说明了张果拥有秘术来自时人传说，拥有数百岁的高寿来自他自己的说法。

《新唐书》则说得更加明白，"晦乡里世系以自神"，揭示了张果隐瞒自己家世籍贯，是为了"自神"；同时，《新唐书》还记录了张果自己的说法："我生尧丙子岁，位侍中。"张果的这个说法，其实是有漏洞的。今天的我们已经知道，"侍中"是一个秦朝才开始设置的官职，尧时并无设置"侍中"的记载。《新唐书》倒没有在这一点上纠缠，而是直接指出，从相貌上看，张果"其貌实年六七十"。在《张果见明皇图》中，任仁发所描绘的，可不就是六七十岁的张果形象吗？

但张果吹牛归吹牛，他在史上，又的确是一个修行有为的道士。因为，他留下了《玉洞大神丹砂真要诀》《道体论》《玄珠歌》《黄帝阴符经注》《阴符经太无传》《阴符辨命论》《气诀》《丹砂诀》《神仙得道灵异经》等一系列个人著作，这被著录于《新唐书·艺文志》《道藏》等古代文献之中。

而从这些著作的具体内容中，我们可以知道，张果不仅精于炼丹术，而且精于内丹术，更重要的是，他对道教理论，对道家哲学思想，亦有贡献。这就非常难得了。我们今天，对他就不能以"江湖骗子"而视之了。

总而言之，质而言之，张果，史上确有其人。他不是云端里的老神仙，而是人间里的老道士；他不是混沌初分时的一只白色蝙蝠精，而是唐朝一位颇有心机、善于装神弄鬼的男性老寿星。只是唐明皇李隆基、唐朝诗人李颀等一大批人，傻傻分不清楚而已。

二
包括张果在内的"八仙"大IP形象到底是怎样炼成的

关于张果的最后归宿，《旧唐书》说他"乃入恒山，不知所之"，似乎在暗示我们，张果到今天，还活在恒山中的某个山谷里，还活在我们身边。如果我们去恒山旅游，运气好时还可以碰到他。《新唐书》则说他"至恒山蒲吾县，未几卒，或言尸解"，这是明示我们，张果最后变成了神仙。因为所谓"尸解"，其实就是"成仙"的同义语。

事实上，张果在唐朝以后是否还活着，我们并不知道，但他的的确确变成了神仙。而且，他不仅自己成了神仙，还找到了七个兄弟姐妹，组团成了神仙。对，他们就是中国道教神仙体系中最著名的神仙团体，我们今天影视剧的大IP（知识产权）形象"八仙"。

"八仙"，是道教中仅有的以群体出现的神仙，自此以后，道教再也没有出现新的群体性神仙。"八仙"，同时也是凡人成仙的代表，分别代表着富、贵、贫、贱、男、女、老、少。"八仙"中那位代表"老"的神仙，就是张果，进入"八仙"之列的他，名字后面加了一个"老"字，"张果"从此变成了"张果老"。

而且，不知从什么时候起，"八仙"早已进入了我国民间的话语体系。在传统武术中，有"八仙拳""醉八仙拳"；在日常生活中，我们把正方形的可坐八人的大方桌，叫作"八仙桌"；在民间谚语中，"八仙过海，各显神通"早已深入人心，"狗咬吕洞宾，不识好人心""张果老倒骑驴"更是频频被引用。

那么，问题来了：包括张果在内的今日"八仙"大IP形象，到底是怎样炼成的？

汉朝没有形成今日"八仙"。"八仙"一词，最早见于东汉牟融的《理惑论》："王乔、赤松八仙之箓，神书百七十卷。"按照牟融的记载，此时的"八仙"，包括了王乔、赤松二人，但未提及余下六仙的名字。

东汉人高诱，为我们开出了史上第一个"八仙"名单：苏非、李尚、左吴、田由、雷被、毛被、伍被、晋昌。各位是不是一个都不熟？那就对了，我也不熟。

高诱的这个"八仙"名单，见诸他所著的《淮南子注》。而他所列出的八个人，实际上就是《淮南子》的八个作者，也就是西汉淮南王刘安的八个门客，人称"淮南八公"或"八公"。今天安徽省淮南市有座八公山，就是淝水之战中那座"草木皆兵"的八公山，此山就是因为刘安和"淮南八公"曾经登临而得名的。

晋朝没有形成今日"八仙"。晋朝人谯秀的《蜀记》，列出了一个"蜀中八仙"的名单："蜀之八仙者，首容成公，隐于鸿濛，今青城山也。次李耳，生于蜀。三董仲舒，亦青城山隐士。四张道陵，今鹤鸣观。五庄君平，卜肆在成都。六李八百，龙门洞在新都。七范长生，在青城山。八尔朱先生，在雅州。"我们熟悉的老子李耳、西汉大儒董仲舒都出来了，但仍然不是我们今天熟悉的"八仙"。

盛唐以前，没有形成今日"八仙"。杜甫曾经写下著名的《饮中八仙歌》，写了他所认识的八位"酒仙"：贺知章、李琎、李适之、崔宗之、苏晋、李白、张旭和焦遂。很显然，这些"酒仙"，不是今日的"八仙"。

换句话说，盛唐时期见到唐明皇李隆基的张果，也就是《张果见明皇图》中所画的那个张果，此时还没有名列"八仙"之中，还不是今天我们耳熟能详的"张果老"。

晚唐至宋朝，陆续出现今日"八仙"的零星记录。"八仙"之中，第一个见诸史籍的，就是张果。最早记录张果的文献，是郑处诲的《明皇杂录》和李冗的《独异志》。

值得一提的是，直到宋朝，才出现了张果老倒骑驴的最早记载。在宋人陈思所编《两宋名贤小集》中，有《张果老倒骑驴图》一诗："云是尧时丙子生，狂踪怪迹恣幽情。拗驴面目不须看，一任骑来颠倒行。"

"八仙"之中，第二个见诸史籍的，是韩湘子。他是唐朝大文学家、大诗人韩愈的侄孙，韩愈《左迁至蓝关示侄孙湘》中的千古名句"云横秦岭家何在？雪拥蓝关马不前"，就是写给韩湘子的。最早记录韩湘子神仙事迹的，是唐朝人段成式的《酉阳杂俎》。

"八仙"之中，第三个见诸史籍的，是吕洞宾。他是唐末人，会作诗，《全唐诗》收有其诗作。最早记录吕洞宾神仙事迹的，是唐朝人沈既济的《枕中记》。

"八仙"之中，第四个见诸史籍的，是蓝采和。五代南唐时人沈汾的《续仙传》，最早记录了蓝采和的故事。与此同时，《南唐书》《宋史·陈抟传》等史书中，唐宋时人的笔记小说中，关于钟离权、何仙姑、铁拐李、曹国舅的零星记载，也开始纷纷出现。但是，他们仍然没有列队成为"八仙"群体，他们只是八个耍单帮的神仙。

元朝"八仙"群体开始列队。"八仙"从八个耍单帮的神仙，列队成为"八仙"群体，要感谢全真教和王重阳。是的，就是金庸先生所说的那个夺得"武功天下第一"名头，住在终南山下"活死人墓"中的王重阳。

史上真实的王重阳，在创立全真教之时，并非真的像小说里"武功天下第一"那样顺风顺水，而是步步艰难。为了拉几个大人物来神化自己创立的教派，树立正统地位，他想到了吕洞宾和钟离权，声称自己是遇到了这二位神仙，才学得神仙之术的。而随着全真教在丘处机得见成吉思汗之后借机勃兴，吕洞宾、钟离权等神仙之名，开始在元朝深入广大老百姓的心中，特别是，进入了元杂剧作者的心中。

元杂剧，是在蒙古大一统后南北经济文化持续交流，商业城市不断涌现，市民阶层迅速壮大，城市勾栏瓦舍及农村神庙、戏楼、舞台大量出现的大背景下，开始出现的。元杂剧拥有上自皇室官员，下至平民百姓，包括社会各阶层的庞大观众群体。

而在此时此刻，元杂剧作者笔下的"八仙"群体进入了元杂剧的表演内容之中，开始了列队、飞升的过程。

从写作年代来看，最早表现"八仙"神仙群体的杂剧，是马致远的《黄粱梦》和《吕洞宾三醉岳阳楼》。而在《吕洞宾三醉岳阳楼》中，直接开出了一个"八仙"名单："这一个是汉钟离现掌着群仙箓，这一个是铁拐李发乱梳，这一个是蓝采和板撒云阳木，这一个是张果老赵州桥倒骑驴，这一个是徐神翁身背着葫芦，这一个是韩湘子，韩愈的亲侄，这一个是曹国舅，宋朝的眷属；则我是吕纯阳，爱打的简子愚鼓。"

我们关心的"张果老"，至此正式入列"八仙"之中。可是美中不足的是，这个名单还是小有瑕疵——少了一个何仙姑，多了一个徐神翁。

随着越来越多的"八仙"元杂剧的演出，"八仙"形象开始受到广大观众的喜爱。"八仙"群体成员，虽然还是没有最后确定，但已基本定型，只是小有出入。

而且，"八仙"中大多数人物的形象，在元杂剧中已初步定型，包括他们的身份、相貌、服饰、道具等。比如张果老，他有两件宝物——渔鼓、毛驴，并且他喜欢倒骑驴。

明朝"八仙"群体定型。到了明朝，有关"八仙"的民间故事、杂剧、说话频频出现，使"八仙"的影响进一步扩大。

万历年间，随着吴承恩的《西游记》、兰陵笑笑生的《金瓶梅》、汤显祖的"临川四梦"（《紫钗记》《还魂记》《邯郸记》《南柯记》）相继问世，出现了一个通俗小说和戏曲创作的新高潮。在这个浪潮中，"八仙"定型之作——《东游记》，又称《八仙出处东游记》《上洞八仙传》，应运而生。

吴元泰的《东游记》，是全面叙述八仙故事的第一部小说。此书开篇即写道："话说八仙者，铁拐、钟离、洞宾、果老、蓝采和、何仙姑、韩湘子、曹国舅，而铁拐先生其首也。"从此，"八仙"群体成员定型，再没有任何一个其他的神仙能够挤进这个大IP；从此，"八仙"内部的座次也由此排定，铁拐李就是老大。铁拐李的老大地位，是大家公认的，是历史的选择，谁都不要不服气，搞窝里斗。特别是张果老，不要仗着自己年纪大、资格老，就不服从铁拐李的领导。

回顾今天我们熟悉的"八仙"群体的定型历程，从晚唐以张果为首的故事萌芽发生，到宋朝笔记小说推波助澜，再到元朝杂剧开始列队，直到明朝才最终定型、组团成仙。经过了近八百年的萌芽、酝酿、发展、定型，今日的"八仙"，如今的影视剧大IP，就此炼成。

"张果"，哦不，现在应该叫他"张果老"了，一直都是这一充满群众创造精神、凝聚群众发明智慧的历史进程的见证者、亲历者、享受者。当然，如果他老人家真的活得很长很长，一直都在的话。

三
这幅名画，是玩跨界的水利专家画的

现藏北京故宫博物院的这幅讲述唐朝史事的《张果见明皇图》，是由元朝人任仁发画的，历来被誉为"笔法精妙，人物生动"的鞍马画佳作。

任仁发，字子明，号月山道人，松江府上海县青龙镇（今上海青浦）人，元朝著名水利专家和画家。他生于南宋宝佑三年（1255）七月十二日，卒于元朝泰定四年（1327）十二月一日，享年七十三岁。任仁发多才多艺，在元朝以水利专家著名，偶尔画个名画，那是他在玩跨界。

作为元朝的著名画家，任仁发似乎很向往强盛的唐朝，多幅作品以唐朝史事为主题，比如这幅《张果见明皇图》，还有《五王醉归图》。有证据表明，《张果见明皇图》大约创作于任仁发在大都担任"都水少监"一职期间，是他有意创作出来献给当时皇帝的作品，属于供奉之作。

那么，身在元朝的任仁发，创作出一幅皇帝与神仙同框的《张果见明皇图》，并将其献给当时的皇帝，用意何在呢？难道是想鼓励当时的

皇帝也去寻访神仙，追求长生不老吗？

　　当然不是。《张果见明皇图》中的张果，在任仁发的眼里，并非神仙，而是和他一样，身负绝艺的人才。所以，献上此图的任仁发，是希望元朝的统治者也能像唐朝的皇帝一样赏识和重用人才，能够发挥包括自己在内所有人才的聪明才智，从而创造像唐朝一样的盛世帝国。

　　只是可惜，史实已经证明，身为"南人"、身处元朝百姓最低层的任仁发，显然是表错情了。唉，我本将心向明月，奈何明月照沟渠。

《杨贵妃上马图》
老婆上马要等得

如今,盛行新好男人。新好男人们,都要学习贯彻、努力践行新"三从四得":老婆出门要跟"从",老婆命令要服"从",老婆讲错要盲"从";老婆化妆要等"得",老婆花钱要舍"得",老婆生气要忍"得",老婆生日要记"得"。

钱选《贵妃上马图》 美国弗利尔美术馆藏 卷 纸本 29.5cm×117cm

我一直坚信，唐玄宗李隆基也是唐朝的新好男人。因为，史料表明，他对于新"三从四得"，是入脑入心的，也是身体力行的。

而且，李隆基比现在新好男人更为模范的是，他还可以加上一条："老婆上马要等得"。看看《杨贵妃上马图》，我们就知道了。《杨贵妃上马图》描绘的，正是"老婆上马要等得"的这一幕。

画中右4是李隆基，右9是杨贵妃。杨贵妃在右8、右10两名宫女的扶持下，准备跨上她那匹"玉花骢"的马背。李隆基本人呢，则已经骑上了他的"照夜白"，但他并没有策马而去，而是原地驻马等着。他的眼睛，正专注地看着心爱的女人上马呢。那神情，是生怕两个宫女一失手，摔着自己的宝贝啊。

"玉花骢"的另一边，还站着一个右7小宦官，由他负责将杨贵妃的跨过马背的那条右腿，准确地扣进马镫里；马头处还有一个右6小宦官，他身穿红袍，正在努力地拉住缰绳，保持马的稳定。

到底是皇帝最爱的贵妃啊，上个马就有四个人伺候着，这谱儿，可是真大。

杨贵妃的左边，还有四个人。右11、右12两个小宦官手执仪仗扇，右13的宫女手拿拂尘，右14的宫女则手提布包。

李隆基的马旁，也站着四个人。这四个人，明显是李隆基的专职跟班，他们分别手执弓箭等物品，陪着李隆基一起等待杨贵妃骑上那匹马。

也就是说，杨贵妃上个马，就得有四个人直接服侍她，旁边还有九个人加一匹马在等着她，其中还包括至高无上的皇帝。

看着这一幕，还是唐朝大诗人白居易在《长恨歌》中的那句描述，最是到位:"遂令天下父母心,不重生男重生女。"

为什么杨贵妃上个马这么简单的事,还搞这么大排场,要两男两女伺候着?

一是肥。关于杨贵妃的身材,我们的印象,就是一个字——"肥"。各种史籍关于她的身材的记载,都在体现着一个"肥"字:《旧唐书》说她"资质丰艳",《资治通鉴》说她"肌态丰艳",《杨太真外传》说她"微有肌",《开元天宝遗事》更是直言"贵妃素有肉体"。可见,杨贵妃的肉,那是不少;李隆基抚摸时的手感,那也是蛮好的。

那她到底有多"肥"?曾有好事者考证出两个说法:一是身高1.64米,体重138斤;一是身高1.55米,体重120斤。以我们现代人的眼光来看,也不算太肥啊,最多也就是珠圆玉润、丰乳肥臀而已。当然,以她偏肥的身材,估计体力也欠佳,要她自己上马,那是比较困难的。

二是娇。众所周知,杨贵妃洗澡都是要人扶的,"侍儿扶起娇无力"嘛。上马这样的重体力活儿,又么么危险,当然也需要有人扶啊。

这幅《杨贵妃上马图》,现藏美国弗利尔美术馆。给我们留下这幅图的,是宋末元初的著名画家钱选。

钱选当然不是为了给我们保留李杨恋爱史而有此画作的,恰恰相反,他是抱着批判的态度而创作此画的。这从他题在画上的诗,就可看出来:"玉勒雕鞍宠太真,年年秋后幸华清。开元四十万匹马,何事骑骡蜀道行?"

很显然,钱选的出发点,还是一贯的"红颜祸水"理论。认为杨贵妃毁了李隆基,毁了大唐帝国。在钱选看来,要不是因为她,大唐至少还会继续强盛一段时间。

我是强烈不赞同钱选的观点的。还好,今天的史家,已没有人将帝国中衰的责任归之于杨贵妃。

公平地说,大唐帝国其实是毁在李隆基手上的。试问导致"安史之乱"的哪项政治决策、军事决策,是由杨贵妃决定的?杨贵妃可能曾经贪图享受,可能曾经劳民伤财,甚至可能曾经助纣为虐,但误国误民的主要责任,显然不在她的身上。

而且,以李隆基的好色秉性,即使杨贵妃不出现,也会有张贵妃、李贵妃出现,陪着李隆基瞎折腾,可劲儿造,直到"渔阳鼙鼓动地来"

的那一天。

所以，钱选可以批判杨贵妃，我们就别批判了，我们只负责娱乐就好了。

一
那些年，李隆基等过的女人

在《杨贵妃上马图》中，李隆基发扬"老婆上马要等得"的精神，在旁边耐心等待，不仅没有丝毫的不耐烦，而且温情脉脉，那眼神之中，满满的都是真爱啊。

虽然，他的真爱，有点多。

作为皇帝，李隆基的女人，仅就编制而言，可以多达百人。他在史上有据可查的女人，包括皇后、才人等各种级别的老婆，则一共有二十五位。实际上的总数，肯定远远大于这个数字，因为李隆基一共拥有三十个儿子和二十九个女儿。女人多，儿女也多。

当然，那些年，能让李隆基如此耐心等待的女人，还真不多。数来数去，满打满算，也就只有那么三位。

第一位，"傻白甜"王皇后。

王皇后出身太原王氏，名门之后。她是李隆基当年的临淄王妃，也是曾经与他共患难的结发妻子。

李隆基是长寿二年（693）腊月，被改封为临淄王的，当时他才八岁；也是在这一年，王氏嫁给了李隆基，成为临淄王妃，《唐会要》记载"长寿二年纳为妃"，她也才九岁。

八九岁就结婚，这在我们今天，是无法想象的。但在那个年月，早婚很普遍。

两个人做了十几年夫妻之后，唐隆元年（710）六月，李隆基决定发动"唐隆政变"，改变个人的命运。

这是李隆基把脑袋别在裤腰带上，拼命和冒险的创业阶段。作为他的贤内助，此时的王氏也参与了政变的筹备，"上将起事，颇预密谋，赞成大业"。

王氏此举，不能不让人想起当年李世民的妻子长孙氏，也就是唐史上以贤德著名的长孙皇后。从辈分上算，王氏应该叫她曾祖母。在曾祖父李世民即将发动"玄武门之变"时，"及难作，太宗在玄武门，方引将士入宫授甲，后亲慰勉之，左右莫不感激"。在患难时刻，两人都发挥了同样的作用。

所以，作为患难夫妻，李世民一生都对妻子长孙皇后既敬且重，不离不弃；在这一点上，李隆基可就真跟自己的曾祖父没法比了。

虽然在十几年的患难夫妻生活中，李隆基很可能也上演过"王妃上马要等得"的一幕，但他显然没有打算与王氏白头偕老。果然，在坐定皇帝位子之后，李隆基就以王皇后无子的理由，要废掉患难妻子的皇后之位。

其实，真正的理由他不便说出口，他就是嫌弃王皇后年长色衰而已。王皇后也感知到了李隆基的心理，也曾经力图挽回他的心。

她企图以亲情感动花心的老公，向李隆基倾诉当年自己的父亲王仁皎，为李隆基庆祝生日的往事："始，后以爱弛，不自安。承间泣曰：'陛下独不念阿忠脱紫半臂易斗面，为生日汤饼邪？'帝悯然动容。阿忠，后呼其父仁皎云。"

动容只是一瞬间，花心则是一辈子。郎心似铁的李隆基，到底还是在开元十二年（724），废除了王氏的皇后之位。三个月后，王氏即离奇死去。这一年，她年仅四十一岁。

人虽死了，但王皇后为人不错，属于没有什么心机的"傻白甜"，平时又"抚下素有恩"，所以"后宫思慕之，帝亦悔"。

悔归悔，李隆基的目的还是达到了。

还是那句俗话说得好啊："每一个成功男人的背后，都有一个哭泣的黄面婆。"

第二位，颇有心机的武惠妃。

王皇后就是因为这位武惠妃被废的。"开元初，武惠妃特承宠遇，故王皇后废黜"，"及王庶人废后，特赐号为惠妃，宫中礼秩，一同皇后"。

从姓氏就可以看出，武惠妃出身于女皇帝武则天的家族。她是武则天的侄孙女，因父亲武攸止早逝，在武则天的庇荫下，自幼于宫中长大，后来机缘巧合，得到了李隆基的宠幸。

作为一个有心机的女人，武惠妃从受宠的那一天开始，就在觊觎皇后之位。王皇后果然也在她的"枕头风"的强劲吹拂之下，被废掉了。可武惠妃"损人不利己"，自己最终也没有当上皇后，也只得到了一个"宫中礼秩，一同皇后"的"准皇后"地位。

谋求皇后不成，武惠妃只得退而求其次，开始为自己的儿子寿王李瑁谋求皇太子之位。这个寿王李瑁是不是很耳熟？对，他就是杨玉环的第一任老公。

为了让寿王李瑁当上皇太子，武惠妃伙同著名奸相李林甫，设下毒计陷害当时的皇太子李瑛，还有鄂王李瑶、光王李琚，一手制造了著名的"三庶人之祸"，导致李隆基疑心三个皇子造反，而赐死他们。

可惜事与愿违，在"三庶人之祸"之后，在少了三个竞争对手的情况下，李隆基出于种种考虑，使得皇太子的桂冠最终也没有戴到武惠妃的儿子寿王李瑁的头上。

武惠妃一番机关算尽，事却没成。不仅事没成，这次她害人又害己，代价惨重。在无端害死三个皇子之后，她觉得良心有愧，竟然相信三子鬼魂会找她这个活人算账。于是在害死三个皇子的当年十二月，她自己也被吓死了。

跟王皇后比起来，这位武惠妃，才是真正费尽心机的人。

"傻白甜"王皇后嫁给李隆基，应该是父母包办婚姻的结果。而这位武惠妃，虽然有点坏，但却是李隆基自由恋爱的结果，所以李隆基对她，那是满满的真爱。不仅给了她"准皇后"的待遇，而且估计还频繁上演了"惠妃上马要等得"那一幕。

可是，心机颇深的武惠妃恶贯满盈，最终还是死了。这下，李隆基寂寞空虚冷了。"武惠妃薨，后廷无当帝意者"，"后庭数千，无可意者"。

然后就轮到了第三位，"解语花"杨贵妃。

杨玉环本是李隆基的儿媳。开元二十二年（734），正是在公公李隆基和婆婆武惠妃的主持下，年仅十六岁的杨玉环，嫁给了他们俩的儿子寿王李瑁。

不料短短三年里，事情有了大变化。婆婆死了，寂寞空虚冷的公公看上了儿媳。贵为皇帝富有天下的李隆基，当然没有觉得这算个事情，直接就将杨玉环召进了宫中。

杨玉环进宫，应该是武惠妃死后不久的事，也就是开元二十五年末或二十六年初的事。但杨玉环毕竟身份特殊，为了将儿媳变成小老婆，李隆基还是蛮拼的，费尽心思，把这件事办得还挺曲折，拐了几道弯儿，想出了一些掩耳盗铃的歪招。

开元二十八年（740）十月，他总算想出"为自己母亲窦太后祈福"的理由，让杨玉环在宫中出家，道号"太真"。当然，出家只是幌子，大家别担心，李隆基和女道士"太真"的关系，一直好着呢。

接下来，亲爹李隆基和新后妈兼前老婆杨玉环，为了寿王李瑁的终身大事，那简直是操碎了心。一直找寻了四五年，才在天宝四载为寿王李瑁选定了大臣韦昭训的女儿，册立为新的寿王妃。

好不容易，把儿女的大事办完了，亲爹后妈这才猛然想起，自己两个人的大事，可还没办呢。于是，李隆基于同年册立寿王李瑁的前老婆杨玉环为贵妃，使她成为史上闻名的"杨贵妃"。

这一次，李隆基总算又找到了真爱。呃，为什么要说"又"呢？杨玉环进宫后，"不期岁，礼遇如惠妃"，"宫中呼为'娘子'，礼数实同皇后"，又成了一位"准皇后"。

到了这个时候，谁要是还说："这哪是宫中的'娘子'，这分明是以前的寿王妃嘛！"那你也太不会聊天了。

大致估计，李隆基和杨玉环第一次发生关系时，杨玉环大约二十岁，李隆基则已五十四岁。

老大是最疼少妻的。李隆基给杨玉环取了多种爱称、昵称。第一个当然是最著名的"解语花"。据《开元天宝遗事》载："明皇秋八月，太液池有千叶白莲，数枝盛开。帝与贵戚宴赏焉，左右皆叹羡。久之，帝指贵妃示于左右曰：'争如我解语花！'"得意之情，那是溢于言表啊。

第二个是"至宝"。据《古今宫闱秘记》载，李隆基曾得意地对人说："朕得杨贵妃，如得至宝也。"

我们完全可以想见，他的"解语花""至宝"在上马时，李隆基在旁边等候的担心指数和耐心程度。这哪是君临天下的至尊皇帝啊，简直就是深陷爱情漩涡的痴情男子一枚啊。

二
画中那个穿红袍的，就是高力士

《杨贵妃上马图》中除了李隆基、杨玉环两个主角之外，还有十二个配角，八男四女。

四女是宫中女官，上身穿着窄袖圆领长袍，腰间系着蹀躞带，下身穿着紧口卷边满裆裤，脚蹬软锦小蛮靴。这样的服装，简单干练，显然是为了方便工作，承担执事。

八男则是宫中小宦官，头戴软脚幞头，身穿窄袖圆领袍服，腰缠革带，足蹬乌皮六合靴。其中右1、右2、右3、右5、右7、右11、右12的服饰基本相同，只有右6的袍服颜色，是与众不同的鲜艳红色。

唐朝的官服，按照从低到高的官品，依次用青、绿、绯、紫四种颜色的袍服来区分。右6的红袍，也就是绯袍，是当时四品、五品这样的中高级官员的服色。

我要说的是，这个右6，很有可能就是高力士。

唐初对宦官管理严格，"太宗诏内侍省，不立三品官……不任以事，惟门阁守御、廷内扫除、禀食而已"，但逐渐有所放松，"至中宗，黄衣乃二千员，七品以上员外置千员，然衣朱紫者尚少"。

到了李隆基的开元、天宝时期，由于他的政变得到了以高力士为首的宦官们的配合，所以宦官们的地位发生了翻天覆地的变化，"宦官黄衣以上三千员，衣朱紫千余人。其称旨者辄拜三品将军，列戟于门"。

事实上，高力士是唐朝宦官获得"衣朱紫"殊荣的第一人。

当然，身处宋末元初的画家钱选，没有见过高力士，更没有见过李杨二人；他的绘画创作，也不是我们现在的照相，不可能对这些人进行真实再现。

但是，如果钱选足够了解唐史，那么在这样一个充满李杨二人柔情蜜意的温馨画面中，通过他的画笔，高力士必须出现。

换句话说，钱选完全有理由、完全有必要把高力士画进来，必须画！否则，他就太不专业了。

(一)高力士必须出现的第一个理由，
李杨二人极有可能是他牵的红线。

杨贵妃的入宫，是否出于高力士的推荐，史无明载。"新旧唐书"的原文是，"或言妃姿质天挺，宜充掖廷"，"或奏玄琰女姿色冠代，宜蒙召见"。这位第一个向李隆基提出"或"的，是谁？

要知道，无论古今，帮领导找女人，那可都是一项高难度的活计。首先，你起码要知道领导关于女人有什么个人癖好吧？领导是喜欢"环肥"的，还是喜欢"燕瘦"的？这个，必须心中有数。否则，可能会犯方向性错误。

其次，你和领导的关系必须亲如家人才有资格帮领导找女人。假如你跟领导并不熟悉，交浅言深，瞎出这种私密主意，看领导不大嘴巴子抽你？就是不抽你大嘴巴子，领导要是假装正经，"谁说我需要女人？我心中想的，全是天下！"怎么办？

所以，这个"或"，至少要满足两个条件：一是深知李隆基在女人方面的癖好，高力士就知道李隆基好的是"环肥"这一口儿；二是深受李隆基信任，他和李隆基一定是亲如家人，是能够说上知心话、私房话的人。

种种迹象表明，高力士是李隆基身边，满足上述两个条件的唯一人选。

首先，了解李隆基关于女人的癖好，是高力士的岗位职责。

高力士在李隆基身边，一直掌管内侍省。这是一个管理宫廷内部事务的机构，下辖掖庭局、宫闱局、奚官局、内仆局、内府局、内坊局，其手下至少有五千人众。

一句话，高力士和李隆基朝夕相处，管着李隆基的衣食住行。这样的亲近关系，使得高力士完全可以比其他人更早、更深入地知道：李隆基喜欢吃哪盘菜，喜欢喝哪种酒，当然也包括了喜欢哪个大臣，喜欢哪种女人。

特别的是，以他的宦官身份，参与到皇帝的女人事务中，更易得到皇帝的信任，也有着旁人难以企及的职务之便。

他所掌管的内侍省，有一项职责："掌仪法、宣奏、承敕令及外命妇名帐。凡诸亲命妇朝会者,籍其数上内侍省;命妇下车,则导至朝堂奏闻","掌诸亲命妇朝参,出入导引"。这项职责是什么意思?意思就是,高力士掌管的内侍省可以名正言顺地认识并熟悉皇室宗亲、文武百官的女眷!

简直是奉旨相识啊。虽然他们自己无法与之交往,但至少人头熟啊。几乎可以肯定,高力士就是利用这个职务之便,熟识当时还是寿王妃的杨玉环的。而只有熟识了杨玉环,他才有可能向李隆基提供准确的美女信息,从而实现精准打击。

有记录表明,高力士向李隆基推荐美女,杨贵妃并不是第一个,梅妃江采萍才是第一个。《梅妃传》说:"开元中,高力士使闽越,妃笄矣。见其少丽,选归,侍明皇,大见宠幸。长安大内、大明、兴庆三宫,东都大内、上阳两宫,几四万人,自得妃,视如尘土。宫中亦自以为不及。"

《梅妃传》成书于宋朝,所记内容未必是靠谱史实。但至少可以说明,高力士在向李隆基推荐美女这一点上,是认真履职的,是恪尽职守的,基本属于常规操作,早有"前科"。

其次,一直受到李隆基亲如家人般的信任,是高力士的独特优势。

高力士是最受李隆基信任的宦官,没有之一。李隆基有一句话,史上有名:"力士当上,我寝则稳。"即"高力士值班时,我才睡得安稳"。

李隆基为什么这么信任高力士?有句话说得好,男人之间有四种关系最铁,分别是:一起同过窗,一起扛过枪,一起分过赃,一起嫖过娼。李隆基和高力士,就是"一起扛过枪"的关系。

两人曾经在一起,相继发动了公元710年的"唐隆政变"和公元713年的"先天政变"。在这两次政变之中,高力士都利用自己任职于宫中的独特优势,传递信息,参与决策,冲锋陷阵,出生入死,为李隆基最终成为皇帝立下了汗马功劳。这样的"情谊",还能不互相信任?

不仅如此,高力士还是可以跟李隆基说上知心话、私房话的少数几个人之一。史书上曾记录了高力士与李隆基两人说知心话、私房话的一个经典场景:

> 太子瑛被废,李林甫欲以寿王瑁为太子,玄宗以肃宗居长,意

犹未决。居常忽忽不食。力士曰："大家不食，亦膳馐不具耶？"玄宗曰："尔我家老奴，揣我何为而然？"力士曰："嗣君未定耶？推长而立，孰敢争？"玄宗曰："尔言是也。"储位遂定。

开大会决定小事，开小会决定大事，古今皆然。一番知心话、私房话下来，下一任皇帝是谁，就这样决定了；这么大的事情，这么小的范围，也就这样决定了。皇储的事都能这样决定，美女的事当然也能这样决定了。

对比一下，李林甫号称奸相，但在废立太子这样的大事上，他就一直表态这是"陛下家事"。连皇帝儿子的事他都不敢理直气壮地表态，更别提皇帝小老婆的事了；至于把儿媳妇送上公公的床，你要把这样的事拿去跟张九龄说，这位正直的文人宰相，只怕当场就要吹胡子瞪眼睛了；其他大臣们，要是敢出这样的馊主意，就要承担跟皇子结下"夺妻之恨"的风险，难道不怕寿王李瑁将来报复？

可高力士就有这个能耐，不怕寿王李瑁的报复。史书中有关于他当时的称呼的史料，足见他当时之尊崇地位，秒杀一众皇子和大臣：皇帝李隆基对高力士，不叫他的名字而称"将军"；当时的皇太子后来的唐肃宗李亨称他为"兄"；至于诸王公主，如寿王李瑁等，皆呼"阿翁"，驸马辈呼为"爷"，戚里诸家尊曰"爹"。

换句话说，当年的寿王李瑁，就是追着高力士叫"阿翁"，高力士答不答应一声，还得看心情。

所以，当时李隆基身边的人当中，能够给他出这个主意，把杨玉环推荐给李隆基的，最大的可能是高力士。

再说了，正常人都不可能出这样的馊主意，不是吗？可高力士恰恰就不是一个正常的人，可以理解，可以理解。

(二) 高力士必须出现的第二个理由，
高力士对李隆基、杨玉环的重要意义，
相当于王婆之于西门庆、潘金莲，阎婆之于宋江、
阎婆惜，红娘之于张生、崔莺莺。

王婆、阎婆、红娘之流，其可爱之处或者说可恶之处就在于，在自

己并没有多少利益甚至白白跑腿的情况下，为了一对男女之事，奔走辛劳，乐此不疲。

她们不仅煞费苦心地介绍男主女主认识，还"扶上床，送一程"，在男主女主偶尔醋海生波，闹个小别扭的时候，也是跑前跑后，促成他们重归于好。似乎只要这对男女感情依旧，自己也就人生圆满了。

高力士，也是这么一位出力不讨好、损人不利己的热心肠人儿。

他不仅为李隆基推荐了杨贵妃，还在二人成其好事之后，进一步促使李隆基与杨贵妃小两口情投意合，帮助他们度过了爱情磨合期。

杨贵妃进宫以后，李隆基与杨贵妃小两口仅有的两次闹别扭，高力士都是跑前跑后地弥缝、撮合。这两次闹别扭，最终都能够以"小别胜新婚"的喜剧结尾，他可真是操碎了心。

正史记载，这小两口天宝五年（746）七月闹别扭的原因是"微谴"，天宝九年再次闹别扭的原因是"忤旨"，其实，都是杨贵妃吃李隆基的醋，不许他偶尔去找别的女人。

而杨贵妃每一次被赶出皇宫之后，高力士都是"探知上旨"，又是给杨贵妃送饭，又是给李隆基带回杨贵妃剪下来的头发，最后终于两次成功地撮合双方，言归于好，爱情圆满。

李杨爱情生活中如此重要的红娘，如此重要的桥梁和纽带，如此重要的润滑剂，在《杨贵妃上马图》中，岂能缺席？岂可缺席？

（三）高力士必须出现的第三个理由，
伺候杨贵妃上马，也是他新增的岗位职责之一。

司马光在《资治通鉴》中记录："杨贵妃方有宠，每乘马则高力士执辔授鞭。"何谓"执辔授鞭"？正是《杨贵妃上马图》中右6所干的活儿：在杨贵妃上马时紧紧地拉住马的缰绳，在杨贵妃走马时负责导引和鞭马。以杨贵妃在李隆基心中的地位，只有高力士干这个活儿，李隆基才放心得下不是？

《杨贵妃上马图》中，至少有两个细节，也与高力士有关。

第一个细节，当然是与众宦官不同的红色官服，这显示右6的官品高于画中其余那七个小宦官，至少是个宦官头儿。

第二个细节，右6在画中显见年纪较大，从容貌上看应与李隆基同龄。但画中的李隆基有胡须，他却没有。这个画面细节，高度符合史实。

钱选这是在暗示我们，他画中的右6，就是高力士。

《虢国夫人游春图》
女扮男装的强大气场

打开《虢国夫人游春图》，我们能看见什么？

有人会说：我看见七八个男女，穿得花花绿绿，骑着几匹大马，从左向右走着。

这很低级,好吗?

又有人会说:我看见一幅结合唐朝社会风气、人文特色及唐人独有审美观的经典之作,是我国工笔画的代表之作,是展现我国绘画艺术的传世之作。该画构图疏密有致、错落自然,线条流畅有力,色调铺陈合理、典雅富丽,格调明快,意境清新,洋溢着雍容、自信、乐观的盛唐气息。

这样说,倒是不低级了,还比较高级,但是让我先休息一会儿。

那么,作为非美术专业的外行,怎么才能恰到好处地赏析《虢国夫人游春图》呢?换句话说,我们要怎样才能看懂《虢国夫人游春图》呢?

以下奉上贴心指南。

赵佶(传)《摹张萱虢国夫人游春图》 辽宁省博物馆藏 卷 绢本 51.8cm×148cm

一
我们可能认为这是唐朝的画,但其实却是宋朝的

是的,《虢国夫人游春图》的确是唐朝时画的,可今天的我们能够看到的,则是宋朝的。

这是什么情况?怎么还跨朝代了呢?

《虢国夫人游春图》,是唐朝的宫廷画家张萱,在开元、天宝年间画的一幅画。据记载，张萱还画有《捣练图》《明皇斗鸡射鸟图》《明皇纳凉图》《明皇击梧桐图》《太真教鹦鹉图》《虢国夫人夜游图》《武后行从图》《贵公子夜游图》《宫中七夕乞巧图》《安乐仕女图》等。但是，他的这些画，均已失传了。

还好，《虢国夫人游春图》到了宋徽宗赵佶执政的时候，还在。我们今天能够看到这幅画，还真得感谢这位不会当皇帝却很会画画、写字的宋徽宗赵佶。

是他，命令自己手下的画院高手，临摹了这幅画。这样，《虢国夫人游春图》原作在历史长河消失之后，我们仍然可以通过宋朝的摹本，一睹唐朝国手张萱的风采。

当然，也有人认为这幅画，是宋徽宗赵佶亲自临摹的。我个人认为，这个可能性，不大。

一来目前画上没有这位艺术皇帝的任何款识和押印，要是他本人真干了这件事，以他那艺术性格，不可能一点痕迹也不留；二来宋徽宗赵佶以花鸟画见长，他弃长就短而去搞人物画，可能性不大；三来他以皇帝之尊，去临摹一位前朝画工的画，也似乎隆重得有点过分。

虽然宋徽宗赵佶亲自临摹这件事，不大靠谱，但手下画师临摹之后，经他法眼认可之后，《虢国夫人游春图》才得以存世至今，这件事绝对靠谱。

所以，史上那幅《虢国夫人游春图》，原作是唐朝张萱画的，但已经失传了；而我们眼前的这幅《虢国夫人游春图》，是北宋画院的某位高手临摹的。

二
《虢国夫人游春图》中，"春"在哪里？

我们知道，这幅画名叫《虢国夫人游春图》。画名既然叫"春"，可是"春"呢？"春"在哪里？没有"春"，怎么能叫"春"呢？

画家是不是得画点春天的花花草草，或者燕子之类的，好让我们知道，这虢国夫人是在春游而不是在秋游？

可是找遍全画，上面除了人啊，全是马，然后就什么也没有了。这哪能叫"春"？

别说，还真有哥们儿是高手。有学者甚至著文指出，画面上虽然没春，但我们能从画中人又薄又透又露的衣服上，从她们从容向往的神态上，看出"春"来，读出"春"来，"全图不用任何背景描绘，就将虢国夫人游春的主题明确无误地表现出来，这就是盛唐时期由高度发达的写实水平而成就的绘画典范"。

好吧，反正我看不出来。

要么，这幅画在传承的过程中，画名搞错了；要么，我们就努力，拿出点悟性来，使劲儿从画中看出"春"来。反正，咱也就是欣赏，假装看懂，不负张萱不负春。

三
画中全是美女，没有男人

虽然画中的服装有男装有女装，但九个人全部是美女，包括老美女一名，小美女一名，不大不小的成熟美女七名。

其中的右1、右3、右9，身穿男装，似为男性。但是，我认为，她们就是女人。

这三位都是头戴幞头，穿着黑色及膝长靴，不同的是，右3和右9穿着白色窄袖圆领袍衫，右1则穿着蟹青色窄袖圆领袍衫。

这三个人虽然穿着男装，但都眉清目秀的，脸上白净秀丽，长着樱桃小嘴，眉毛也细细的，而且都没有胡须。关键是，画家对于这三位的画法，用的是描绘美女的"三白法"。

所谓"三白法"，是指开创于唐朝，对画中人物的额头、鼻梁、下巴等三处，用较厚的白粉染出的画法。这种画法，既能表现人物面部三个受光的凸出部位，又能表现美女面施朱粉的"盛妆"效果。

而穿男装、骑大马，则是唐朝美女的时尚之举。虢国夫人本人，正是当年站在时尚风口浪尖的人物。搁我们现在，不是明星，也是网红。

《明皇杂录》就记录了虢国夫人骑马："虢国每入禁中，常乘骢马，使小黄门御。紫骢之骏健，黄门之端秀，皆冠绝一时。"

《旧唐书》载："开元初，从驾宫人骑马者，皆着胡帽，……或有着丈夫衣服靴衫。"这样的服装时尚，虢国夫人这样的美女，岂甘落后？

为什么唐朝美女们能穿男装、骑大马，这么拉风？很简单，主要是由于唐朝开放、包容、大气的社会风尚。在这样的社会风尚中，整个社会对女性很尊重，也很包容。换句话说，连前无古人、后无来者的女皇帝都出了一个，美女们穿个男装、骑个大马又有什么不可？

所以，作为一个外行，我认定画中九人，包括那三个穿男装的，全是美女。

四
画中哪一个才是
虢国夫人本尊？

实际情况是，对于《虢国夫人游春图》，我们至今仍然无法确知，哪一个才是虢国夫人本尊。

这都怪张萱太不敬业。

张萱，要是标注一下"左1是虢国夫人"，那该有多好。我们也就不用费这个劲了。

问题是，张萱太不敬业了，愣是没标注。这下，"画中哪一个才是虢国夫人本尊？"的问题，可够我们忙活了。

来个排除法。

第一个排除右9，即画上最左边这位。她连脸都没有露，自然不可能是主角儿。她的身份，只能是个女扮男装的丫鬟。

下一个是右3，她因为和右9同样的服饰和打扮，惨遭排除。

《摹张萱虢国夫人游春图》局部：右9

《摹张萱虢国夫人游春图》局部：右3

还要排除右7，对，就是那个被抱着的小女孩儿。小丫头片子，一边玩儿去。

然后，我们再排除右2和右6。

理由有三，一是年龄。杨家的极盛时期，从天宝四载（745）杨玉环被册封为妃开始，到天宝十四载（755）"安史之乱"时结束。根据杨玉环的年龄，我们可以推断出虢国夫人当时的年龄大约在三十五至四十岁之间，已算是成熟美女了。以本人有限的经验，右2和右6那身材、那脸型，分明属于少女类型。当然了，本人经验极为有限，这个判断仅供读者诸君参考。

《摹张萱虢国夫人游春图》局部：右7

二是发型。右2和右6的发型，叫作"丫髻"，又叫"丫鬟"。这种发型，是将头发均分之后，编结成双鬟，再用丝线或彩带固定在耳后两侧。当时的侍女多梳这种发型，所以"丫鬟"后来也成了侍女、丫鬟的代称。画中有三个人是这种发型，右2和右6，再加上那个少女、小丫头片子。张萱在《捣练图》中也画过这样发型的侍女。

三是服装。右2和右6穿着胭脂红窄袖衫，下衬红花白锦裙。这在当时，并非贵妇服装。更为关键的是，这二位的胭脂红窄袖衫居然是高领的，把胸口遮得严严实实的，这哪里是虢国夫人的穿衣风格啊？

所以，右2和右6是侍女，不是本尊。

还可以排除右8，也就是抱着右7小丫头片子的那位老美女。而排除她，则有四个理由：一是年龄太大，右8显然已有五十岁以上的年龄；二是神态太拘谨，看得出来的拘谨；三是服装颜色太素了，这岂是虢国夫人这样的贵妇所穿的衣服颜色？四是以虢国夫人的地位和性格，即便是亲生女儿，也不大可能在春游时，亲自抱着骑马。

所以，右8显然是类似保姆的角色，也不是本尊。

至此，排除了六个人。还有三个——右1、右4、右5，不好排除。

右4、右5处于画面的中心，理应属于画家着重描写的中心人物，两人中间应该有一个是虢国夫人本尊。人物的位置，妥了。

《摹张萱虢国夫人游春图》局部：右2

《摹张萱虢国夫人游春图》局部：右6

《摹张萱虢国夫人游春图》局部：右8

发型也是妥妥的。这二位的发型,是当时最流行的"坠马髻"。这是一种把一部分头发偏垂在一边的不对称发型,偏垂的头发蓬松下垂,像是要坠落下来的样子,显得非常妩媚性感,故称"坠马髻"。

据《后汉书·梁冀传》记载,这种"坠马髻"是由梁冀的妻子孙寿发明的。而"坠马髻"这一时尚在唐朝的引领人,则是虢国夫人的妹妹杨贵妃。正是由于一代美女杨贵妃的推崇和示范,"坠马髻"成了唐朝贵族和上流社会妇女的发型。画中右4和右5的"坠马髻"垂向左边。

服装也妥妥的。右4下身穿着青灰色长裙,裙腰在腋下胸上,上身穿着浅红色宽松式窄袖衫,双肩处披着一条帔帛;右5下身穿着浅红色长裙,脚上露出了红色翘头履,上身搭配青灰色宽松式窄袖衫,双肩处也披着一条帔帛。关键是,上述服装,非常"薄、透、露",胸部非常低,这才是类似虢国夫人这样的唐朝贵妇的风格嘛。

要知道,那个年代的贵妇,衣服包裹得太严实,出门都不好意思跟人打招呼。

最后要看一看右4、右5所骑的马匹。两匹马的马颔下,都悬有红缨辔饰,叫作"踢胸"。不仅她俩的马有"踢胸",右1、右7和右8的马也有"踢胸"。画家这样处理"踢胸",至少是想告诉我们,这四匹马

《摹张萱虢国夫人游春图》
局部:右4和右5

《摹张萱虢国夫人游春图》
局部:右1

上的五个人，身份与其余四匹马上的四个人，不一样。

画中，由于右4的视线望向右5，更加突出了右5的中心地位，所以很多论者认为，右5就是虢国夫人本尊，而右4则是她的姐姐韩国夫人。这个结论，可为一说。

最后来看看右1。右1是女扮男装，并无多少歧见。最令人费解的，就是她骑的马。

一是看马的体型。她的马最为肥硕，正是唐人最喜欢骑的"沛艾大马"；而且，她的马比右2侍女的马好像大了一号，显示两位骑者身份悬殊。

二是看马鬃。唐朝时，马鬃被剪成三瓣花形的马，被称为"三花马"，所以白居易赋诗"凤书裁五色，马鬣剪三花"；也有剪成五瓣花形的"五花马"，李白就是见过这种"五花马"，才写出了"五花马，千金裘，呼儿将出换美酒"。

不管是"三花马"还是"五花马"，在当时都是宫廷御马的标志。或者说，是等级比较高的马匹的标志。画中另一匹"三花马"是由右7小丫头片子骑乘，全画只有这两匹马是"三花马"。这充分说明，右1和右7这位小丫头片子，身份特殊。

三是看马的鞍鞯。右1马的鞍鞯之精致，自不待言。特别是其鞍鞯垂至马腹以下的障泥，特别长。再对比右2、右9两位从者的马匹，障泥未及马腹，以便马匹灵活行动的情况，可见右1的身份显贵。

四是看马的红色"踢胸"。右1的马也是画中四匹佩戴红色"踢胸"的马之一。

右1骑在这样特殊装饰的大马之上，不仅仪表堂堂，而且神色傲慢，与其他从者神态截然不同，这显示其身份与众不同。

所以，虢国夫人本尊，最大的可能是右1，右5次之，右4再次之。

我个人作为外行，当然也是有偏好的。如果让我加上一个括号，我会这样加：《虢国夫人游春图》(右1是虢国夫人本尊)。

五
史上的虢国夫人，
是生活中的豪放派

张萱是史上唯一一个以虢国夫人入画的画家。而虢国夫人本尊确实也值得被载入画册，载入史册。

虢国夫人，本名杨玉筝，是杨贵妃杨玉环的三姐。《旧唐书》载："杨贵妃……有姊三人，皆有才貌，玄宗并封国夫人之号：长曰大姨，封韩国；三姨封虢国；八姨封秦国。并承恩泽，出入宫掖，势倾天下。"

唐玄宗李隆基的三位小姨子当中，就数这个虢国夫人，最为特立独行，最为标新立异，最为豪放大气，堪称女中豪杰。

首先，虢国夫人在衣食住行方面，那是相当豪放。

在杨家盛极一时的背景下，她也算是享尽了荣华富贵。在杜甫的名诗《丽人行》中，"赐名大国虢与秦"中的那个"虢"就是虢国夫人。

她吃得好："紫驼之峰出翠釜，水精之盘行素鳞。犀筯厌饮久未下，鸾刀缕切空纷纶。黄门飞鞚不动尘，御厨络绎送八珍。"

她穿得好："绣罗衣裳照暮春，蹙金孔雀银麒麟。头上何所有？翠微㔉叶垂鬓唇。背后何所见？珠压腰衱稳称身。"

她住得好："栋宇之华盛，举无与比。"不仅如此，她只要看到谁家的府第竟然比自家的还要豪华，就立马把自己家拆掉重建，一定要比别人家建得更加豪华。

《旧唐书》还记载了用国家财政资金为其买单，专款专用地为她购买化妆品："韩、虢、秦三夫人岁给钱千贯，为脂粉之资。"

而虢国夫人的特立独行、标新立异，就在这里体现出来了。公费买的化妆品，她还不大乐意用呢："虢国夫人承主恩，平明骑马入宫门。却嫌脂粉污颜色，淡扫蛾眉朝至尊。"

虢国夫人当时已是中年的资深美女，她敢于只化淡妆去见皇帝，可见她对自己的姿色，对自己的颜值，有着相当的自信。

其次，虢国夫人在两性关系方面，也相当豪放。

虢国夫人本嫁于裴氏为妻。不料丈夫早死，让她成了小寡妇。从此以后,这个小寡妇的门前,是非就特别多。

其一,虢国夫人与妹夫唐玄宗李隆基肯定有私情。这一点,史书上说得明白,"并承恩泽,出入宫掖"。还有,她精心打扮,一大早就"淡扫蛾眉朝至尊",你以为她如此大费周章地进宫去找妹夫李隆基,只是为了谈谈人生和理想、聊聊诗和远方?

其二,虢国夫人还与堂兄宰相杨国忠有私情。这点丑事,《旧唐书》《新唐书》都记录了。

"而虢国素与国忠乱,颇为人知,不耻也","国忠私于虢国而不避雄狐之刺,每入朝或联镳方驾,不施帷幔","居同第,出骈骑,相调笑,施施若禽兽然,不以为羞,道路为耻骇"。

最后,虢国夫人就是死,也死得豪放。

那一幕,《旧唐书》中叙之甚详。"安史之乱"爆发后,在长安即将失守的情况下,虢国夫人随着唐玄宗李隆基、杨贵妃一起,从长安出发逃往蜀地。不料行至马嵬驿之时,突然发生了"马嵬驿兵变"。兵变之中,唐玄宗李隆基为了自保,任由群情激奋的兵变士兵,现场杀死了杨贵妃、杨国忠,同时追杀杨氏家族中人。

虢国夫人运气不错,她本人在"马嵬驿兵变"的现场没有被杀,幸免于难。暂时逃得一命的虢国夫人,带着其他幸存的杨氏家人,骑马逃到了陈仓。但时任陈仓县令的薛景仙率领官吏展开追捕,把他们围住了。

在大难来临的时刻,身为美女、体柔力弱的虢国夫人,表现出胜过须眉男子的惊人定力。为了避免家人被抓后受辱,她先亲自杀死了自己的儿子裴徽和女儿,再在杨国忠妻子裴柔"娘子为我尽命"的请求下,杀死了她,最后才举刀自杀。

也许是前面用力过度吧,最后自刎的这一刀力度不够,虢国夫人没能杀死自己。于是身负重伤的她被关进了监狱。在血凝咽喉、辗转将死的最后一刻,她还在问身边的狱吏:"国家乎?贼乎?"("杀我们杨家,是政府所为还是盗贼所为?")

每读史至此,我总要为虢国夫人这位女中豪杰,翘个大拇指。

她就是这样一个女人:有机会、有条件享受时,潇潇洒洒,可劲儿造,活在当下,不做作,不矫情;大难来临、生死关头时,手刃亲人,沉着面对,站直了死,不摇尾,不乞怜。

说起来，美女虢国夫人，比如今的好多须眉男儿，都要强，都要活得明白。

是的，这才是她，这才是画中的那个右1。

这才对得起她脸庞上流露出来的骄傲神情，这才配得上她整个人散发开去的强大气场。

我喜欢。

《明皇击球图》
然而大伙儿都在,马球正是精彩

在大唐帝国,有没有一种体育运动,像古代罗马帝国圆形竞技场上的角斗竞技一样,像现在的足球运动一样,风靡全国,全民围观?

有。大唐帝国的国球——马球。

马球在唐初传入之后,在帝国上下,迅速得到了上自皇帝贵族、官僚文人、诸军将士,下到普通百姓的广泛认同。当年,在遍布于帝国宫城禁苑、官僚宅第、诸道郡邑和军队驻地的马球场上,唐人们纵马奔驰,

《明皇击球图》局部

挥杆入洞，即使伤筋断骨，头破血流，也乐此不疲地、痴迷地、狂热地打着马球，爱着马球。

"百马撺蹄近相映""欢声四合壮士呼"，这是唐朝大诗人韩愈当时看到的马球比赛盛况；"平民趁伴争球子，直到黄昏不忆家"，这是敦煌文书《丈夫百岁篇》中描述的当时人们对于马球的痴迷。

"数千人因之大呼笑，久而方止"，这是《唐摭言》关于单场马球比赛观众人数的明确记录。在没有电视转播的唐朝，一场马球赛的观众，动辄成千上万，也算得上是万人空巷、全国沸腾了。

当然，马球之所以能够成为帝国国球，主要原因还在于马球一开始就成了帝国皇帝们的真爱。唐朝二十二个皇帝，有十八个痴迷马球。这其中，唐明皇李隆基，就是最为痴迷的那一个。而且，他喜欢马球，从

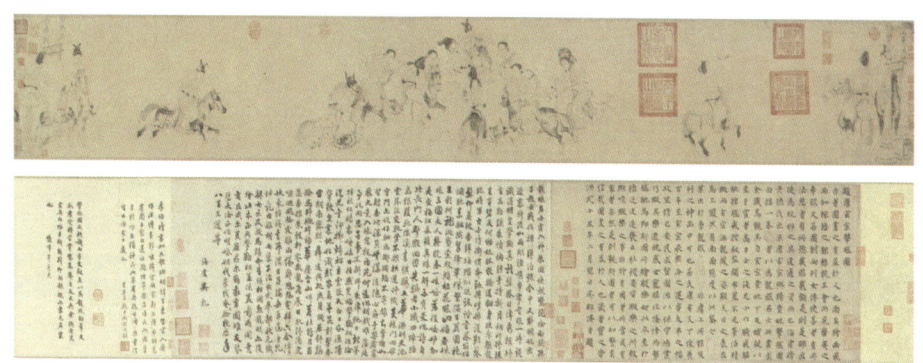

李公麟《明皇击球图》 辽宁省博物馆藏 卷 纸本 32.1cm×230.5cm

小到老,一生真爱。

这幅现收藏于辽宁省博物馆,传说为北宋李公麟所画的《明皇击球图》,其内容就是唐明皇李隆基正在打马球,他的最爱。

一
这一刻,都有谁陪着唐明皇李隆基打马球?

《明皇击球图》中,一共有十六人,其中有五人身着女装,很显然,这是一场宫廷马球男女混合分组对抗赛。

那么,除了图中右9那个"涵龙凤之姿,显天日之表"的唐明皇李隆基,一眼即可精准定位以外,其余十五人都是谁?换句话说,这一刻,都有谁在陪着唐明皇李隆基打马球?

有人说,纠结这个问题没有意义。《明皇击球图》是宋朝人画唐朝人的画,作者自己也许都不知道自己画的是谁,你一个二十一世纪的人,瞎操什么心?唉,我本来是不想操这个心的。可是,很意外的是,比我还早几百年的明朝人吴乾,却早已知道了这个问题的答案。这样一来,就有探讨一下的必要了。

吴乾在《明皇击球图》之上,题有一首长长的诗跋。他在诗中告诉我们,这一刻,陪唐明皇李隆基打马球的,都是大名人儿:杨贵妃和她的三个姐姐(韩国夫人、虢国夫人、秦国夫人),"梅妃"江采萍,高力士,黄幡绰。

吴乾认为图中右4,就是杨贵妃。依据也是一目了然:图中共有五个身着女装参赛的球员,她们都是上身穿着大襟窄袖短襦,下身穿着束带长裙,双肩披着随风飘扬的长帛。所不同的是,四女都是头戴花冠,只有右4这位美女,头戴凤冠。

史书记载,杨贵妃"宫中呼为'娘子',礼数实同皇后"。在此时的唐明皇李隆基面前,除了她以外,确实无人敢戴凤冠来显示自己与众不同了。所以,右4就是杨贵妃。

关于杨贵妃，史书中并没有关于她在体育或者马球方面的才艺记载，但均记录了她"善歌舞"，极具音乐才能。合理推测，既然杨贵妃擅长跳舞，自然动作比较灵活，身体比较柔韧，偶尔"少妇聊发少年狂"，上马挥那么一杆子马球，也是极有可能的。

至于余下四位服饰基本一致、容貌大同小异的美女，虽然知道她们是韩国夫人、虢国夫人、秦国夫人和"梅妃"江采萍，但到底哪个是哪个，我却傻傻分不清楚。因为我跟她们，实在不是很熟。

唐明皇李隆基的大姨韩国夫人、三姨虢国夫人、八姨秦国夫人，在史上陪他打马球的可能性，与杨贵妃相等。因为史书记录她们"并承恩泽，出入宫掖，势倾天下"。嗯，不要问我"并承恩泽"是什么意思。如果真要问我，答案就是：她们三个人像杨贵妃一样，经常陪着他一起玩。

至于"梅妃"江采萍，陪唐明皇李隆基打球的可能性，则几乎为零。因为，"梅妃"江采萍是一个史上并不存在的人物。唐朝正史并没有记录唐明皇李隆基曾经有过这样一位嫔妃。关于"梅妃"江采萍的最早记录，见于至今已无法查知作者的《梅妃传》。而这个《梅妃传》，要么是南宋人的作品，要么就是明朝人的作品。

即使如《梅妃传》所写，"梅妃"江采萍是史上的真实人物，那她在唐明皇李隆基和杨贵妃同时在场的情况下，委屈自己，奉陪这二位打球，也完全不可能。

因为根据《梅妃传》记载，"梅妃"失宠，原因正是杨贵妃入侍，"宠爱日夺"，"竟为杨氏迁于上阳东宫"。失宠之后的"梅妃"江采萍，更是鄙称杨贵妃为"肥婢"，两人之间的关系，甚至到了"二人相疾，避路而行"的地步。这样紧张的关系，"梅妃"江采萍哪里还有心情陪杨贵妃打马球？

图中的右7，就是在唐明皇李隆基身后的那位白面无须的帅哥，吴乾认为是高力士——"将军力士侍卫惯，奔驰转盼拥护频"。吴乾说高力士陪唐明皇李隆基打马球，这倒在情理之中。

自从在唐中宗景龙年间（707—710），时任皇宫内府令的高力士结识了时为临淄王的李隆基之后，两个人一生的主仆感情和朋友之谊，就开始了。高力士一生，都忠心耿耿地跟着李隆基，大到发动政变助他登上帝位，小到跨马上场打马球，鞍前马后，随侍左右。

当然，高力士打马球的技术如何，我们并不知道。从画面上看，显然身在球场上的高力士并不专心，他的心思基本不在球上，而是在唐明皇李隆基的人身安全问题上，他怕李隆基摔下马来。要知道，马球这种运动，对抗激烈，危险性大，折臂断腿，甚至头破血流，都是常事。但普通球员受点伤是可以的，李隆基可是万乘之君，他擦破点皮，那可就是国家级的安全事故了。

吴乾还认为，脸上留着虬须、长相有点滑稽的左4，是一位见诸史籍的唐朝"笑星"黄幡绰。他和杜甫在《江南逢李龟年》诗中所写的那位李龟年一样，都是负责为皇帝和达官贵人们表演节目的宫廷乐师。所不同的是，李龟年的表演偏重音乐，黄幡绰的表演则偏重滑稽搞笑。

而黄幡绰当年无意中发明的一个名词，到今天已经成了我们中国女婿对自己老丈人的标配称呼——泰山。

据唐人段成式所撰的笔记小说集《酉阳杂俎》载：唐明皇李隆基的宰相张说，借着封禅泰山的机会，让自家只是九品官的女婿郑镒直升为五品。当时就连皇帝李隆基都觉得郑镒升官太快了，当面问他是什么原因升官如此之快，郑镒毕竟心里有鬼，只好沉默以对。黄幡绰当时正好在场，一语双关地回答："此泰山之力也。"黄幡绰一锤定音，从此"泰山"成了老丈人的专称。

在此图中，黄幡绰陪李隆基打马球的可能性是有的。但他的专长是音乐，而不是体育，在场上也就是凑个趣儿而已，估计还是得发挥他的"笑星"本色。

在《明皇击球图》中，除了唐明皇李隆基、杨贵妃、韩国夫人、虢国夫人、秦国夫人、"梅妃"江采萍、高力士、黄幡绰等八名知名马球队员之外，还有八名马球队员的姓名，我们已无法知道。

而且仅从服装来看，场上一共有十六人，除去两边球门边各有两人守门以外，场上还有十二人。这十二人中，却只有五人身着女装，难道是七打五？男女对抗赛，男队居然还以多打少？这样，真的好吗？

我一度百思不得其解。终于有一天，我突然想通了：以唐明皇李隆基对杨贵妃姐妹的宠爱程度，他肯定不能让她们输啊。所以，他必须是女队的啊，而且他还得是女队队长！所以，还是六打六，没毛病。

而且比赛的结果，合理推测，肯定是由唐明皇李隆基和杨贵妃领衔的女队，大获全胜啊。这样，才能哄得贵妃她们开心。

二

那些年，唐明皇李隆基
打过的马球赛

如果我们仔细看《明皇击球图》，会发现众人所骑的马，马尾是打了结的。这就是马球赛场上的马匹特点。马尾打结是为了防止在激烈拼抢中，马尾互相缠绕，发生意外。基于同样的原因，马的鬃毛，也被剪短了。

这些马，是马球比赛的专用马匹，又称"马球马"。这是打马球所需要的第一装备。

马球对马的要求非常高。不是什么马都可以充当马球马的，即使是千里马也不行。据《松窗杂录》记载："德宗以望骓打球，此马虽神骏非常，但却不适用于球猎——打马球之佳者，不视其高大而视其灵活与否。"

一匹合格的马球马，其关键在于，马和人之间的配合程度。在打马球时，骑手要专注于持杖击球，因此要尽可能地做到人马合一。起码的要求是"马不鞭，蹄自急"，不要让骑手做多余的动作；更高的要求则是"珠球到处玉蹄知"，然后"环回斗转，动可惬心"，即马球一到马身边，马就知道应该怎么动了，真正做到人马合一。

只有符合"人马合一"条件的，才能算是一匹优秀的马球马。

在《明皇击球图》的左右两边，各自竖立着一个华丽的马球门。马球门由两根高大的一模一样的立柱组成。立柱的柱顶，是一朵盛开的莲花，下饰三层形态不同的俯莲，再绘卷云纹；立柱的柱底，是一个上绘尖头莲瓣的覆盆形底座。

马球门的两个立柱之间，上方用绘有菱形花纹的横梁连接。蹊跷的是，两个立柱的下方，又开有一个与立柱底座差不多等高的小球门。那么,马球是应该打进小球门还是大球门呢?我也傻傻分不清楚。

虽然这样的马球门,出现在只是水墨画的《明皇击球图》中,我们无法知道当年马球门的色彩,但我们仍然可以通过这些讲究的纹饰、复杂的图样,想象唐明皇李隆基所用马球门的华丽程度。而正因其华丽,在唐诗中马球门也被称为"画门"——"逐将白日驰青汉,衔得流星入画门"。

《明皇击球图》中的马球,只是一个"状小如拳"的黑色圆球。其实,马球也是有彩色装饰的。在唐诗中,诗人们把马球称为"红球""画球","不见红球上","飘飘拂画球"。

唐朝的马球是木质的,用质量轻而有韧性的木料制成,中间挖空,外涂红色或彩绘花纹。之所以将马球涂成鲜艳颜色或绘上彩色花纹,一是为了使马球漂亮美观,增加比赛的观赏性;二是为了使马球在比赛中显得更加醒目,方便球员们第一时间拼抢,增加比赛的对抗性。

《明皇击球图》中的场上十六人,每个人都手持一根马球杖。马球杖,又称为"月杖""鞠杖"。球杖长数尺,由握柄、杖杆、杖头三部分组成,杖头处自然弯曲成月牙形状,有点类似于今天曲棍球运动的球杖。

考虑到马球运动的激烈对抗性,马球杖应该不单单是由木、竹、藤等材料制成的,很可能是以木、竹、藤等材料为芯,外包牛皮等动物皮革,以增强韧性。最后再在表面涂漆,或者雕刻花纹,以求美观。

此时唐明皇李隆基所在的马球场,无法确知,可能是在长安太极宫梨园球场,也有可能在骊山华清宫球场。

马球场的地面,从图中可以看出,平滑如镜。由于当时没有混凝土、水泥,唐人要建造平整的马球场,要做到"筑场千步平如削""亲扫球场平如砥",只能用土夯筑。而为了防止土质球场在比赛时尘土飞扬影响比赛,唐人想出了在泥土中加入油脂的土豪办法:"崇训与驸马都尉杨慎交注膏筑场,以利其泽。"

至于马球场的大小和形制,韩愈在《汴泗交流赠张仆射》中有两句比较关键的诗,透露出了部分信息,分别是"筑场千步平如削""短垣三面缭逶迤"。

"筑场千步",有人说是周长一千步,有人说是单边长一千步。我更倾向于后者。因为正常人一步长约0.7米,周长都只有700米的球场,恐怕很难同时容纳二十匹马在场上奔驰；只有单边长达700米的大场地，方能容纳这么多马匹的纵横驰奔。

"短垣三面缭逶迤"，是指马球场的三面，用短墙环绕，以防备马球在拼抢中飞出球场之外。还有一面，据我估计也有短墙，但可能是上面建有亭台楼阁的短墙，以备观众看球。同时，可能在这一面的短墙上留有可供开闭的门，以供球员和马匹进出。

此时此刻，出现在《明皇击球图》中马球场上的唐明皇李隆基，是当时超一流的马球高手。几乎可以肯定，此时马球场上的其他十五人，没有一个能够超过他的技术。也就是因为杨贵妃姐妹，他才有这个雅兴，此时能够亲自出现在场上，以超一流的身手，屈尊陪二流选手玩玩。

李隆基的马球技术，是从小练就的童子功。他少年时就有民谣说，"三郎少时衣不整，迷恋马球忘回宫"。这位年少时的"三郎"，就是李隆基。可见，他当年玩马球，就玩出了名，还经常弄得自己衣冠不整，忘记回家。

二十五岁那年，当时还是临淄王的李隆基，更是一战成名，一跃成为帝国超一流的马球明星。那是唐朝景龙四年（710）正月初七，在长安太极宫的梨园马球场上。

据唐人封演的《封氏闻见记》记录，当时出使大唐的吐蕃使臣赞咄提出，"臣部曲有善球者，请与汉敌"。此时的皇帝是李隆基的伯伯唐中宗李显，他同意了吐蕃使臣的要求，决定举行一场唐蕃马球友谊赛。

一开始出战的，是帝国的禁军十人代表队。但是比赛结果却是，"决数都，吐蕃皆胜"。这下，作为东道主的唐中宗李显脸上挂不住了，命令禁军代表队下，皇家代表队上。

为了获胜，为了皇帝的脸面，皇家代表队尽遣主力，并且只派临淄王李隆基、嗣虢王李邕、驸马杨慎交和武延秀等四人上场。就是要四打十，就是要以少打多，把前面输球丢的面子挣回来。

比赛重新开始后，李隆基在三个队友的配合下，大显身手，成了全场比赛的大明星，成功上演"帽子戏法"——"东西驱突，风回电激，所向无前"。以少打多的结果是，"吐蕃功不获施"，输了，服了。

总算挣回了面子的唐中宗李显，对李隆基等四人的马球技术大加赞赏，"甚悦，赐强明绢断百段。学士沈佺期、武平一等皆献诗"。

直到后来登基为帝，李隆基仍然不改对马球的喜爱，并且经常不顾危险，甚至不顾年迈，亲自上阵，挥杖击球。"宫殿千门白昼开，三郎沉醉打球回。九龄已老韩休死，明日应无谏疏来"。此诗之中提及的唐朝贤相韩休、张九龄，均病逝于开元二十八年（740）。而这一年的李隆基，已经是五十六岁的老人了，还在"沉醉打球回"。妥妥的真爱啊。

根据阎宽《温汤御球赋》的记载，到了天宝六载（747）十月，已六十三岁高龄的李隆基，还在打马球。在赛场上，李隆基率领近臣们，同心协力，"珠球忽掷，月杖争击，并驱分镳，交臂叠迹。或目留而形往，或出群而受敌……百发百中，如电如雷"，再一次地表现出自己出神入化的球技。

这次马球赛后，李隆基还亲自下诏，规定马球为军事训练项目："天宝六载……皇帝思温汤而顺动，幸会昌之离宫。越三日，下明诏，伊蹙鞠之戏者，盖用兵之技也。武由是存，义不可舍。顷徒习于禁中，今将示于天下。"

李隆基认为，打马球是"用兵之技"，是极有眼光的。打马球时，球员们骑在马上，在快速移动的过程中，还要用球杖去准确击打一颗拳头大小的马球，这正是当时骑兵所需要的战斗技术。试想，如果球场上拳头大小的一颗马球都能击中，战场上敌人那一颗颗比马球大得多的人头，还能砍不下来？

当然，此时此刻奔驰在马球场上，并且大力提倡马球的李隆基，绝对不会想到，他的后代子孙皇帝中，唐僖宗李儇、唐昭宗李晔等会因为马球而玩物丧志，唐穆宗李恒会因为马球而荒废政务，唐敬宗李湛甚至会因为马球而丢了性命。

三
题字有风险，
下笔需谨慎

《明皇击球图》的引首，写有"龙眠真迹"四字隶书。这是明朝人

金湜对这幅图的鉴定结论。"龙眠",是指画史上自号"龙眠居士"的北宋大画家李公麟。金湜的意思是说,《明皇击球图》这幅画,出自李公麟之手。

金湜,明朝正统六年(1441)举人,历任中书舍人、太仆寺丞等职,曾以一品官身份出使朝鲜。值得一提的是,金湜不仅是当时驰誉海外的大画家,而且其画、诗和书法,人称"三绝"。这样的大画家,做出"龙眠真迹"的鉴定结论,应该问题不大吧?

除了金湜以外,明初大家傅著在画中跋文《题唐玄宗击球图》中,也认为此画系李公麟所作;前面曾提及的,在《明皇击球图》上题有一首长长诗跋的明人吴乾,其诗第一句就是"龙眠居士画入神"。

明朝大画家董其昌,也认为此画是李公麟的作品。他在此图上有一短跋,表明了自己的态度:"李伯时画,如《九歌》《渊明归去来》,皆宋人赝作,流传甚多。唯韩宗伯家《郭汾阳单骑见虏图》,予家《白莲社图》《理帛图》及项氏此图,笔法精妙,应称神品。此卷有吴乾古时诗,诗与书法皆不俗,尤可藏也。"

到了清朝,大名鼎鼎的名将年羹尧看到此画,却是将信将疑的态度。他认为,此画即使不是李公麟所作,也是宋元时期的高手名家所作。他的跋是这样写的:"《击球图》无款识,而董文敏直以为龙眠的笔。文敏考究精当,赏鉴高赉,自是不爽。余独爱其画马,非俗手所能到。即非龙眠,亦宋元名家也。双峰年羹尧。"

目前为止,关于此图的作者,最靠谱和最权威的判断,还是来自《明皇击球图》的收藏方——辽宁省博物馆。在辽宁美术出版社1998年出版的,由辽宁省博物馆编委会编写的《辽宁省博物馆藏·书画著录·绘画卷》中,署名"徐英章"的附记如此判断:

"我们觉得此图从画风上与李公麟《五马图》等做比较不尽相同,故改为南宋作品较为妥当。因击球者所持球杖既不同于唐,也不同于明,与故宫博物院藏传为辽代陈及之的《便桥会盟图》球杖完全一致。"

所以,金湜"龙眠真迹"的四字判断,除非出现更有力的证据,否则就目前看,金老爷子是大错特错了。更叫金老爷子郁闷的是,由于他老人家的书法实在太好,本身已是难得的书法作品,所以今天的人们估计谁也舍不得把这四个字从《明皇击球图》中割去,以方便老爷子藏拙。

于是，金老爷子白纸黑字的错误判断，恐怕就得一代又一代地"彰显"下去了。

我估计金老爷子如果泉下有知，只怕肠子都要悔青了。错错错，莫莫莫！题字有风险，下笔需谨慎啊。

《明皇幸蜀图》
史上第一张P过的图片

我们江湖中人都知道，金庸先生名著《笑傲江湖》中的华山派门下，又分为气宗和剑宗。气宗，练气为主，练剑为辅，代表人物是岳不群；剑宗，练剑为主，练气为辅，代表人物是风清扬。

说了大家可别不信，唐朝的山水画，也和华山派一样。怎么个一样法呢？

中国山水画，起源于魏晋南北朝时期，发展到唐朝之后，更为蓬勃兴盛，逐渐趋于成熟。但是，这时山水画的发展，却像华山派一样，形成了风格完全不同的两大流派。

这两大流派，简单粗暴地概括，是这个样子的：

第一大流派叫"青绿山水"，相当于华山派的气宗：使用矿物性颜料，以绘形为主，画出的是彩色的山水，色彩鲜艳浓重，代表人物是"大李将军"李思训、"小李将军"李昭道父子。

第二大流派叫"水墨山水"，相当于华山派的剑宗：使用植物性颜料，以写意为主，画出的是黑白的山水，色彩简单淡薄，代表人物是"画圣"吴道子、"诗佛"王维。

还好，"大李将军""小李将军"和"画圣""诗佛"这四位，虽然基本都算是同时代的人，但他们并没有像华山派的气宗和剑宗那样，自相残杀，以命相搏，而是挥动画笔，你画你的，我画我的，搁置争议，共同开发。

其中，气宗"青绿山水"一派的李昭道，就为我们留下了中国"青绿山水"画的代表作——《明皇幸蜀图》。

一
你也想画一幅气宗
"青绿山水"画？
生个炉子先

朱景玄在《唐朝名画录》中，记载了这样一则故事：

唐玄宗李隆基曾经在大同殿上，让剑宗"水墨山水"代表吴道子和气宗"青绿山水"代表李思训两人，画同一个主题：嘉陵江三百里山水画。结果剑宗"水墨山水"果然易于速成，吴道子"嘉陵江三百余里山水，一日而毕"；气宗"青绿山水"代表李思训的速度极慢，"累月方毕"。

这个故事，充分展示了"水墨山水"和"青绿山水"的最大区别。

剑宗无须内力，只学剑招，所以令狐冲可以速成，学剑几天之后就可以将江湖上的一流高手打败。进境之快，正如上述故事中的吴道子。吴道子没有拘泥于嘉陵江的一山一水、一丘一壑、一花一木，而是着重表现嘉陵江山水壮丽优美的神韵，重在写意，结果一日之内就完成。

相比之下，气宗的进境就慢了。岳不群算是气宗的高手了，多年运气也未能打通任督二脉，在江湖上碰到几个二流高手，就被整治得束手束脚。上述故事中的李思训，进境也慢。他要花上数月时间，来一笔一画地写实和复原嘉陵江的一山一水、一丘一壑、一花一木。

还好，李思训虽然速度慢了些，效果倒也不错。李隆基评价："李思训数月之功，吴道子一日之迹，皆极其妙也。"剑宗"水墨山水"和气宗"青绿山水"，虽然绘画速度有快慢，但殊途同归，艺术效果那是一样的啊。

虽然上面这个故事形象地告诉了我们，两个画派之间的第一个重大区别，但是可惜，这个故事是假的。

因为《唐朝名画录》说这件事发生在"天宝中"，而李思训在此前的"开元初"就去世了。他没有活到天宝年间，也不可能在死后一二十年还能与吴道子同场竞技。

"青绿山水"画的另一个特点，就是死贵死贵的。不就是画个画儿吗？怎么还贵了呢？

首先是画布贵。"青绿山水"画，是画在绢帛上的。绢帛，在唐朝就是丝织品，但又不仅仅是丝织品。陈寅恪先生在《元白诗笺证稿》中说："唐代实际交易，往往使用丝织品。"换句话说，绢帛就是当时的货币！

有唐一代，除了官方铸币以外，也就只有丝织品可以作为货币在商品流通市场上使用了。至于在我们观念中习惯性以为可以充当货币的金、银等贵金属，在当时反而几乎没有作为货币使用的记录。

所以，"青绿山水"派的画家，那是直接用货币在作画啊。不贵吗？

其次，画布贵也还罢了，颜料更贵。前面已经说过，"青绿山水"画使用的是矿物性颜料。贵，就贵在这些矿物性颜料上。

"青绿山水"画的主色之一是石青色。这种颜色来自盐基性碳酸铜，又叫"蓝铜矿"。唐朝画家们虽然不懂这种颜料的化学名称，但却能花高价买到这种原矿石，并且在绘画中使用它。蓝铜矿原矿石呈黑青色，研细成粉后才会呈现青色。因为含铜程度和研末粗细不同，青色有深有浅，称为"头青""二青""三青"。

"青绿山水"画的主色之二是石绿色。这种颜色来自孔雀石，也可分为"头绿""二绿""三绿"。

另外，红色来自朱砂，金色来自金箔，银色来自银箔，黑色来自松墨。还要使用赭石、胭脂、铅粉、珍珠粉等颜料。

即便是今天，上述那些铜矿石、孔雀石，有钱也难以买到，除非家里有矿；就算有钱就能买到的金箔、银箔、珍珠粉，大把大把地用来作画，能够舍得的也属于土豪级人物了。

这样的作画颜料，是不是死贵死贵的？

最后是时间精力投入大，那叫一个累。上述颜料的原矿石，要经过研碎、淘洗、研磨、沉淀、分离等一系列复杂工序，才能将其加工为可以作画的粉状颜料。

到了使用这些粉状颜料时，就更累了：首先要在这些颜料里按照不同的比例进行兑胶，以便其附着于画布；但要到临上色时方能兑胶，如果过早就会导致颜色发灰而没有光泽；还有，为了防止颜料在使用过程中不因兑胶而凝固，必须使用小炭炉对其进行持续加热。

现在，大家明白了为什么同样一幅画，吴道子可以一日而毕，而李思训要搞几个月了吧？只怕李思训在这几个月中的绝大部分时间，不是在画画，而是在生炉子呢。想象一下当年的李思训：一点，没点着；再点，没点着。不禁仰天长叹，生个炉子，怎么这么难呢？

还好，传为《明皇幸蜀图》作者的李思训、李昭道父子，家里有矿，是土豪级的人物。人家不怕贵，只怕慢和累。

这对土豪父子，姓李，李唐皇室的"李"。

李思训，生卒年为公元651年至716年，也有可能是公元648年至713年。他是唐高祖李渊的堂弟长平王李叔良之孙，在李唐皇室中，他是与唐高宗李治一个辈分的李氏子弟。

李思训在唐高宗时曾任扬州江都令，在武则天当政清洗李唐皇室时聪明地"弃官潜匿"。也不知道他躲在了哪里，反正"缩头乌龟"当得挺成功的。等到武则天倒台以后，又是李唐的天下了，他才前往长安朝见唐中宗李显。

到这时,正宗的李唐子弟已被武则天杀得没剩下几个了。所以,李思训被直接任命为宗正卿、陇西郡公这样的高官。到了唐玄宗时,他又先后被授官左羽林大将军、右武卫大将军、彭国公。画史上称他为"大李将军",就由此而来。

李思训的儿子李昭道,生卒年未详,曾历任太原府仓曹、直集贤院,太子中舍人。由于他们父子俩均为李唐宗室,又都擅长"青绿山水"画,所以李昭道虽然未曾官至将军,画史上仍称他为"小李将军"。

出身于这样的皇亲国戚家庭,父子俩才有足够的财力,才画得起如此土豪的"青绿山水"画。

关于《明皇幸蜀图》的作者,宋人叶梦得在他的《避暑录话》中认为是父亲李思训。虽然叶梦得在时间上比我们距离唐朝更近,但他这样的记录仍然是错误的。

因为,史料中的李思训,至迟已于公元716年去世,没有活到公元755年"安史之乱"爆发的时候,自然也就无法见到公元756年唐明皇李隆基逃往蜀地,从而画下《明皇幸蜀图》。

倒是他的儿子李昭道,在其生活的时间段,遭遇了"安史之乱"。他身为李唐宗室,也有可能随同逃蜀,加之其"青绿山水"画的风格不仅与父亲相同,据称还青出于蓝而胜于蓝,所以《明皇幸蜀图》的作者,一直"传"为李昭道。

请注意,这里有一个"传"字,传说的"传"。也就是说,没有史料直接记录李昭道是《明皇幸蜀图》的作者。

需要特别提及的是,据张彦远《历代名画记》所载,李思训、李昭道他们家,还有三个人画画也牛,"一家五人,并擅丹青"。另外那三个人都是谁呢?有李思训的弟弟李思诲,也有李思训的侄孙李凑,我们都不大熟悉。只有最后一位,和我们大家都是熟人儿,就是李思训的侄儿、唐朝著名奸相、那位"口蜜腹剑"的李林甫。

话说老李家,还真是出人才啊:要画家有画家,要奸相有奸相。

二
《明皇幸蜀图》的正确打开姿势，是从右往左

刚一看到《明皇幸蜀图》时，满眼的都是山啊、树啊、云啊，再仔细一点看，就会发现这些山、树甚至云之间，还有一些"豆人寸马"，也就是画得非常非常小的人和马。

首先需要说明的是，此画所谓的"明皇幸蜀"，那是冠冕堂皇的说法；说实话就是，唐明皇李隆基为了躲避安禄山的叛军，仓皇逃往蜀地。

因此，我们看到的山水，是四川的山水，而且还是广元到剑门一带的山水；我们看到的唐明皇李隆基，正在从长安前往成都的途中，而不是相反，在从成都前往长安的途中。

面对这样一幅中国名画，其实无论先看哪里都是无所谓的，大家完全可以自由观赏并且尽兴。

但是，画家还是留下了先看哪里的线索，或者说此画的正确打开姿势，那就是按照古人的书写习惯，从右往左。

我们来看此画的最下方，有四座小桥，两两并列。这两两并列的四座小桥，向上垂直延伸的直线，大致上正好把整个画面切分为右、中、左三个部分。然后，我们就会发现，有一队"豆人寸马"，呈"之"字形，从右至中，再从中至左，依次穿行于右、中、左三个部分的山间小道，把整个画面串了起来。

右边，从右上的山间到右下的桥边，有一小队人马正在前行。右下的桥边，最前面的是一个头戴幞头，留着短髭须，穿着红袍，骑着枣红色"三花马"的中年人，这就是本画的男一号，唐明皇李隆基本尊了。

大名鼎鼎的苏东坡也看过此画，他这样描述本画的男一号："帝乘赤骠起三骏，与诸王及嫔御十数骑，出飞仙岭下，初见平陆，马皆若惊，而帝马见小桥，作徘徊不进状。"

《明皇幸蜀图》局部：右

男一号的身后，跟着三位男人，或是诸王，或是随从，或者其中有史上大名鼎鼎的太监高力士和禁军将领陈玄礼。可惜，仅从画中的信息，我们无法确定哪一个是他们。

随后则是七位骑马的美女。由于其小如豆，看不清她们身上那些花花绿绿的是什么衣服，所以这些人有可能是宫女，也有可能是妃嫔。

倒是这些美女们头上的黑色帽子值得一提。这叫"帷帽"，帽形如斗笠，在四周的帽缘，垂纱网至颈，也可以空出面部。这样的帷帽，可以在出行时戴用，以防风沙。

沈从文先生指出，帷帽只是盛唐唐玄宗时期美女们所戴用的帽子。唐初美女们骑马出行，不是这个样子的。她们要用一种大纱帽遮蔽全身，这叫作"幂䍦"。而过了盛唐以后，美女们也不再戴帷帽了，但城市妇女还有将纱罗贴在前额作为装饰的，这叫"透额罗"。

中间，有一堆人、马、驴，甚至还有骆驼，在路边休息。也许是刚刚从崎岖山路到达平地的原因，人和牲畜都累了。人们或立或坐，行李都被卸到了地上，三匹马趴在地上。旁边有一头驴，因为难得歇脚，甚至开心地躺在地上，四脚朝天地撒欢儿。

左边，又有一群人，骑在马上，已经出发，走向那蜿蜒的山间栈道。有的人在近处骑马而行，有的人则在远处，转眼就要隐没于山间。

画上的这两群人，有学者认为与右边唐明皇李隆基的队伍没有关系，是路人、陌生人。我倒倾向于左边和中间的人群，是唐明皇李隆基的先头部队。皇帝有皇帝的谱儿，好吗？人家就算是在逃难，难道前面也没有一个带路的？总还得有个排场不是？

唐明皇李隆基大约是在天宝十五年（756）的六月底或七月初，到达画中这个地方的。虽然我们无法确定具体是哪一天，但仍然可以知道大致的时间段。

他是六月十三日离开长安西逃蜀郡的，那一天和他同行的，还有他的爱人、宠妃杨玉环。六月十四日，他们一起到达了马嵬驿。然而，"马嵬驿兵变"中，杨玉环被杀。从此，马嵬驿成了唐明皇李隆基此生永远的伤心之地。

六月十五日，失去了杨玉环的李隆基，伤心地从马嵬驿出发，六月十七日抵达了扶风郡。继续前行，六月十九日到达陈仓驿。在这里，有

《明皇幸蜀图》局部：中

《明皇幸蜀图》局部：左

南行入蜀的必经之地益门。经过益门，李隆基正式进入蜀地，但他仍然有一段很长的路要走。

六月二十日，李隆基到达大散关。这是自古以来川陕交通的咽喉要地，也是兵家必争之地。六月二十四日，他到达河池郡的治所梁泉县。然后，他沿着嘉陵江到达顺政郡、益昌郡。

大约在六月底或七月初，他经过了剑门关，出现在《明皇幸蜀图》的那片山水之中。

"蜀道之难，难于上青天。"直到七月十八日，他才到达巴西郡巴西县，也就是今天的四川绵阳。七月二十七日，他最终抵达此行的目的地——成都。

所谓的"幸蜀"，其实是一次逃难之旅，也是一次伤心之旅。我们在《明皇幸蜀图》中所看到的李隆基，其实是一个事业、爱情双重失败的男一号。

男一号这会儿骑在马上，郁闷之余，估计最恨的，就是那个安禄山。因为，他一生事业的失败，全怪这个安禄山；后半生爱情的失败，间接上也要怪这个安禄山。

在这次逃亡之前，李隆基先生怎么算，也是个人生赢家吧？

他年纪轻轻，就能凭着自己的努力，抢个皇帝当当；即使年纪大了，也能凭着自己的实力，抢个儿媳妇当老婆。前面大半辈子，要风得风，要雨得雨，顺利得很。

最初，他其实只是唐睿宗李旦的第三个儿子。按照正常情况，即使他爹能够坐上皇位，在嫡长子制度下，李隆基要当上皇帝，也基本没戏。

没戏不要紧，咱会抢戏啊。怎么抢？政变啊。于是，在通向皇位的道路上，李隆基总共发动了两次政变。

一次是"唐隆政变"：唐隆元年，李隆基联手太平公主，发动政变，处死韦氏集团的骨干成员，把自己的父亲李旦扶上皇位，同时由于大哥李宪的谦让，他也为自己挣得了皇太子之位。

还有一次是"先天政变"：两年之后的先天二年，昔日"唐隆政变"的盟友，现在成了你死我活的仇敌。李隆基再次发动政变，逼死了太平公主，杀死太平公主集团的骨干成员，从此把国家大权牢牢地掌控在了自己手中。

两次政变之后,"政变小能手"李隆基,也越过继承顺序,为自己抢到了皇位。

在皇帝任上,李隆基也算是不错的皇帝了,一手开创了"开元盛世"。他一共在位四十四年,其中的前二十九年,史上还有一个专有名称——"开元盛世"。这是唐朝的顶峰,某种意义上,也可以看作是中国几千年封建社会时期的顶峰。

这二十九年,李隆基统治下的唐朝,是当时世界上最为强大的超级大国,政局稳定,经济繁荣,文化昌盛,国力富强,疆域人口,都达到了唐朝的顶峰。还是杜甫的诗概括得好:"忆昔开元全盛日,小邑犹藏万家室。稻米流脂粟米白,公私仓廪俱丰实。"

我常常想,如果李隆基在开元盛世末期的公元741年,时年五十六岁时就突然死去,那他的一生该有多完美。人的一生,就应该像流星一样,在最顶峰时结束,在最绚烂时凋落。如果那样,留给后人的,将是何等完美的形象。

可是,他没有死。因为没有死,所以"寿则多辱",开始倒大霉,等来了安禄山发动的"安史之乱"。这场叛乱,给了李隆基先生一记响亮的耳光。

大唐从此由盛而衰,再也没有缓过劲儿来。李隆基先生,既成了大唐辉煌的缔造之人,又成了大唐衰落的罪魁祸首。一生事业,就此一败涂地。

安禄山的叛乱,还催生了"马嵬驿兵变"。这场在他"幸蜀"途中发生的兵变,害死了杨贵妃,导致李隆基先生,从此永失挚爱。

也不知道是我先入为主,还是其他的原因,我总觉着《明皇幸蜀图》中身穿红袍的李隆基先生,心事重重,垂头丧气。

顺便说一句,有人说,这画中一共有三十一个人。麻烦大家数数,看对不对?

三
《明皇幸蜀图》
其实是史上第一张
P过的图片

《明皇幸蜀图》流传至今,版本众多。在宋朝时,就已有两种藏本、六种摹本。

现在我们能见到的最有名的版本,是"台北故宫博物院"藏的宋人摹本。当然也有学者指出,这个版本并不是宋人摹本,而是元朝画师胡廷晖的摹本。此外,还有说是明人摹本的。反正,一直没有定论。

没事,不用蒙。咱是外行,咱只需要知道,要看正宗的《明皇幸蜀图》,得去"台北故宫博物院"就可以了。

正因为史上版本众多,所以这幅画的名字也就比较多,大致有:《明皇幸蜀图》《幸蜀图》《明皇摘瓜图》《摘瓜图》《山行摘瓜图》《关山行旅图》等。

其中的"摘瓜"二字,尤其令我们费解。哪来的"摘瓜"呢?

这与《明皇幸蜀图》传承史上的P图(处理图片)有关。

据宋人叶梦得说:"宣和间,内府求画甚急,以其名不佳,独不敢进。明皇作骑马像,前后宦官、宫女,导从略备。道旁瓜圃,宫女有即圃采瓜者,或讳之为《摘瓜图》。"

原来,此画在宋朝的版本中,还画有宫女在道旁的瓜圃中摘瓜的场景。从画中现有的右、中、左三个部分来看,如果当时真有宫女摘瓜这一图像的话,画家应将其画在中间这一部分较妥。中间的这一群人正在休息,休息时吃个瓜,多爽啊。

正因为画中显眼处有宫女摘瓜,这才给了当时打算另起画名的人们一个提示,从而定名《摘瓜图》。否则,以画中首都被占、一国之君狼狈出逃的内容,去献给当朝皇帝,而且是弱宋的当朝皇帝,这个兆头可真的有点不大妙。

但是,我们今天去看"台北故宫博物院"的版本,已看不到有宫女在摘瓜这一细节了。摘瓜,在传承临摹的过程中,不知被哪一位画家,有意或无意地,删掉了。

此画中,另一处被修改的,是李隆基的年龄。或者换句话说,是李隆基的老年形象。

要知道,到"幸蜀"的公元756年,李隆基已经是七十二岁的老翁了。

但是,现在我们在《明皇幸蜀图》中看到的红袍男子,无论如何不像是一个年逾古稀的垂垂老翁,而像是一个四十出头、正当盛年的强壮男子。

在上海博物馆,藏有宋朝一位不知名画家所画的《望贤迎驾图》,表现的是一年之后,即至德二年(757)十月,李隆基被从蜀地接回咸阳望贤驿的情景。画中的李隆基,站在红色华盖之下,身穿黄袍,手执红杖,白发白须,老态龙钟:

《望贤迎驾图》局部:李隆基

是的,这才是大家心目中七十多岁老男人的形象嘛。

那为什么《明皇幸蜀图》中的李隆基,感觉不像是逃难而更像是旅游,形象还那么年轻、那么帅呢?

要么，是在此画传承过程中，被不知名的画家无意修图，把他修得年轻了；要么，是李昭道念在大家同是老李家一脉，对他手下留情，从而不顾事实有意把他画得年轻了。后一个原因，可能性应该更大一些。

李昭道这是想告诉大家：老李家的人，就是逃难，也很华丽；就是跌倒，也姿势优美。

总结起来，现藏"台北故宫博物院"的《明皇幸蜀图》，是一张作者未定、原本未见、摹本作者未定、摹本时间未定、至少有两处被P过的不大靠谱的画儿。

不过没事，反正咱是外行，有得看就行，能过眼瘾就行。

《望贤迎驾图》
温馨亲情的画面背后，父子间的冷冰冰

《望贤迎驾图》，展现的是父子相会的温馨画面。

"望贤"，是地点，指的是陕西咸阳的望贤驿，望贤宫也是唐朝皇帝的行宫之一；"迎驾"，是儿子迎接老子的大驾，儿子唐肃宗李亨迎接由成都归来的老子唐玄宗李隆基。

今天的我们，打开《望贤迎驾图》，就如同打开一张历史照片。这

《望贤迎驾图》 上海博物馆藏 卷 绢本 195.1cm×109.5cm

张历史照片的拍摄时间,是唐朝至德二年(757)十二月初三日,拍摄地点就在望贤宫。

照片中最显眼的是两个人,因为他们头上各有一顶华盖。红色华盖下,是一个身着黄袍、拄着龙头拐杖的老者,他须发花白,走路都颤颤巍巍,左右各有一个侍者扶着。黄色华盖下,则站着一个身着红袍的中年男人,他身体显然很好,不用人扶。

这两个人,那是看得出来的"气度不凡"啊。没办法,人那是天生自带的光环,因为俩人都是皇帝,还是父子。古稀老者是七十三岁的父亲,唐玄宗李隆基,中年男人是四十七岁的儿子,唐肃宗李亨。

同样是皇帝,为什么俩人袍子的颜色还不一样呢?是不是《望贤迎驾图》的作者臆造的?不是作者臆造的。真实的原因是,儿子在见亲爹之前，自己主动把身上穿的黄袍，更换成了紫色的袍子。司马光在《资治通鉴》中记录了这个历史细节。父子俩见面之前，儿子主动换衣："上释黄袍，着紫袍。"至于在图中紫袍看着像红袍，我想那是色差的关系。反正，看着不像黄袍就行。

和他们站在一起的，当然是陪同两位皇帝的贴身大臣和侍从。这其中，站得离李亨比较近的，一定得有其得力助手、大权宦李辅国；站得离李隆基比较近的，一定也有其得力助手、大权宦高力士，也许，还有一直负责保护李隆基的禁军将领陈玄礼。

只是可惜，我们知道他们在场，却不认识他们。

在两位皇帝对面的，都是望贤宫附近的老百姓。他们听说同时有两个皇帝、也就是所谓的"二圣"都在这里，据说是在没有官方组织的情况下，自发前来的。画面中可以见到众多的百姓前来叩谒，其中有站立欢呼的，也有拜伏于地的，多数都是耄耋老人。

司马光同样在《资治通鉴》中记录了这一历史细节："父老在仗外，欢呼且拜。上令开仗，纵千余人入谒上皇，曰：'臣等今日复睹二圣相见，死无恨矣！'"

大唐帝国的人心，还在啊。

有趣的是，在这张严肃的历史照片的正下方，还有一只毛色黝黑、骨骼清奇的小狗。显然，它是这些老百姓中哪一家的小宠物。在它的身后，有一个人正手持小棍对它吆喝。也许是怕小狗惊了圣驾，要把它驱赶开去？

整个《望贤迎驾图》画面中，有人有树，居然还有篱笆墙和狗。场面宏大，人物众多，据说这是"南宋四大家"之一的李唐所画，现藏上海博物馆。

其实，在《望贤迎驾图》中，这并不是简单的父子相会。这个兼有行宫和驿站功能的小小望贤宫，对李隆基、李亨父子而言，还有着更多难忘的记忆。

一
唐玄宗李隆基一过望贤宫：
贵为皇帝却饿得没饭吃

到了《望贤迎驾图》中李隆基、李亨父子见面的这一刻，撼动大唐帝国根基的"安史之乱"，已经持续了整整两年零一个月了。

唐玄宗李隆基上一次路过望贤宫，还是"安史之乱"叛军兵锋极盛之时。

叛乱从天宝十四载十一月初九日爆发，仅仅三十四天，叛军就攻下东都洛阳。转眼之间，唐玄宗李隆基和叛军之间，只剩下潼关天险可以依靠了。

不得不说，突如其来的叛乱，让唐玄宗李隆基有点蒙。所以他的应变处置，基本上可以用"手忙脚乱"来概括。

先是下诏要亲征洛阳，结果洛阳很快失守，没去成；接着下诏让太子李亨监国，结果由于杨国忠、杨贵妃等杨家权贵的坚决反对，又没成。

接着，他严厉追究失守洛阳的封常清和主动后撤潼关的高仙芝的责任，并在宦官的建议下，居然不顾正处用人之际，将其罪不彰的二位名将直接斩杀！再然后，他居然启用中风半身不遂的哥舒翰，去防守潼关。

最失策的就是，唐玄宗李隆基急于平叛，不断催促哥舒翰放弃潼关天险，出关求战，害得名将哥舒翰弃长就短，以未经训练的城市老爷士兵对阵叛军的野战精兵，从而一败涂地。天宝十五载六月八日，潼关失守。

潼关失守这天，由于烽燧吏卒皆溃，"无人复举火"，故至夜暮之时，"平安火不至"。这样一来，唐玄宗李隆基知道，自己必须跑路了。跑路的终点，定在了蜀地。

六月十三日凌晨，唐玄宗李隆基带着杨贵妃、杨国忠、太子李亨及诸王、公主，西出禁苑延秋门，开始了"幸蜀"逃亡之旅。当天上午，他们就到达了此行的第一个驿站——望贤宫。

由于出逃仓促，唐玄宗李隆基此次在望贤宫，那是相当狼狈。"至咸阳望贤驿置顿，官吏骇散，无复储供。上憩于宫门之树下，亭午未进食"，到了中午还没吃饭啊。没办法，唐玄宗李隆基堂堂皇帝，只好屈万乘之尊，厚着脸皮问当地的百姓："如何得饭？"仗着百姓献食，这才吃上当天的午饭。

当天下午继续西行五十里，住在金城县城，"驿中无灯，人相枕藉而寝，贵贱无以复辨"。请注意，天宝十五载六月十三日那个"驿中无灯"的黑暗之夜，是唐玄宗李隆基和杨贵妃这对亡命鸳鸯，此生在一起的最后一个夜晚。

六月十四日，在从金城县西行二十里后，唐玄宗李隆基和杨贵妃一起，抵达了他们此生最大的伤心地——马嵬驿。就是在这里，在太子李亨的幕后主使下，随行禁军发动兵变，杀死杨国忠、杨贵妃；然后，唐玄宗李隆基与太子李亨父子俩，分道扬镳，唐玄宗李隆基继续前往蜀地，太子李亨则率兵北上灵武。

一个月后的七月十二日，李亨在灵武登基，成为唐史上的唐肃宗，李亨所在之处从此成为唐朝中央政府在前线平叛的指挥中心。唐廷对于"安史之乱"的应对，也由"手忙脚乱"阶段进入了"有章有法"阶段。

唐肃宗李亨当上皇帝之后最首要的事，就是规划收复长安、洛阳。三个月后，唐肃宗李亨就拼凑起一支五万人的军队，由宰相房琯率领，向长安发起了第一次进攻。结果房琯这个书呆子竟然在骑兵盛行的年代，采用春秋时期的车战之法，用牛车两千乘发动进攻，结果丧失机动性，在叛军火攻之下大败而归。唐军夺回长安的第一次努力就此告终。

此后，在经历了太原保卫战、安禄山被杀等一系列利好之后，至德二年（757）九月十三日，唐军在回纥精锐骑兵的帮助下，再次进攻长安。

经过香积寺大战，唐军终于在九月二十八日将长安收复。紧接着十月十六日，唐军收复洛阳。这是唐朝中央政府在平定"安史之乱"过程中的标志性和阶段性胜利。从此以后，军事形势虽然也曾几经反复，但叛军整体开始走下坡路，失败已成定局。

这样，一直龟缩在蜀地成都的唐玄宗李隆基，回来有望了。

二
唐玄宗李隆基再回望贤宫：
饭倒是管够，皇帝却当不成了

从天宝十五载七月十二日唐肃宗李亨在灵武登基开始，直到《望贤迎驾图》中这一幕为止，帝国事实上存在着两个皇帝。一个是在成都的唐玄宗李隆基，一个是在灵武的唐肃宗李亨。

那么问题来了：是儿皇帝听爹皇帝的，还是爹皇帝听儿皇帝的？

还有一个事实就是，儿子唐肃宗李亨，是未经还健在的父亲唐玄宗李隆基的批准和同意，擅自称帝的。唐肃宗李亨一称帝，唐玄宗李隆基就立马被动地、荣幸地，成了唐史上的五位太上皇之一。

唐肃宗李亨擅自称帝的这一举动，在当时就被认为是不孝。唐人柳祥在《潇湘录》中，用一句话表达了当时的人对李亨自立为帝的态度："我未闻自负不孝之名而欲诛不忠之辈者也。"意思是，李亨自己不孝在先，所以他也不可能平定不忠的安禄山、史思明这些人。

宋人范祖禹一针见血地指出："肃宗以皇太子讨贼，至灵武遂自称帝，此乃太子叛父，何以讨禄山也！"和柳祥同一个腔调。

明清之际的大思想家王夫之，在《读通鉴论》中认为："肃宗自立于灵武，律以君臣父子之大伦，罪无可辞也。裴冕、杜鸿渐等之劝进，名为社稷计，实以居拥戴之功取卿相，其心可诛也。"在他看来，灵武小朝廷里的君臣，都是罪人。

然而李亨自立已是事实，问题又来了：唐玄宗李隆基会不会承认唐肃宗李亨？要是不承认，李亨又如何收场呢？

正因为有这两个担心，唐肃宗李亨在灵武即位的当天，"即日奏其事于上皇"。

还好，没有出现最坏的局面，李隆基承认了唐肃宗李亨。

可是，局面也不容乐观，李隆基表态，他俩谁也不听谁的，暂时共同分享最高权力。

上述唐玄宗的两个态度，全部体现在发布于至德元年八月十六日的《明皇令肃宗即位诏》中：

昔尧厌勤倦，尚以禅舜，高居汾阳，况我元子。其睿哲聪明，恪慎克孝，才备文武，量吞海岳，付之神器，不曰宜然！今宗社未安，国家多难，某英勇雄毅，总戎专征，代朕忧勤，斯为克荷，宜即皇帝位。仍令所司择日，宰相持节，往宣朕命。其诸礼仪，皆准故事，有如神祇简册申令须及者，朕称诰焉。衣冠表疏礼数须及者，朕称太上皇焉。且天下兵权，制在中夏，朕处巴蜀，应卒则难。其四海军郡，先奏取皇帝进止，仍奏朕知；皇帝处分讫，仍量事奏报。寇难未定，朕实同忧，诰制所行，须相知悉。皇帝未至长安已来，其有与此便近，去皇帝路远，奏报难通之处，朕且以诰旨随事处置，仍令所司奏报皇帝。待克复上京已后，朕将凝神静虑，偃息大庭，趾姑射之人，绍鼎湖之事。

诏书虽然写得很长，关键其实就是关于权力划分的那几句话。概括起来，有以下几个要点：

一是承认李亨自立为帝的既成事实。但是，明明是李亨自立为帝，在这里变成了唐玄宗命他即位，"宜即皇帝位"，自己呢，则"朕称太上皇焉"。虽然捏着鼻子哄眼睛，但到底还是好听一些。家丑不宜外扬。

二是今后唐肃宗李亨用"制"的名义处理政事，但事后应向唐玄宗李隆基汇报；唐玄宗李隆基也有用"诰"的名义独立处理政事的权力，事后也应向唐肃宗李亨通报。

三是唐玄宗李隆基承诺，自己放弃处理政事权力的时限，是"待克复上京已后"，也就是收复长安以后。

此时的唐玄宗李隆基绝对不会想到，他的这个承诺，直接决定了唐肃宗李亨平定"安史之乱"的根本方略，从某种程度上讲，也深度影响了此后唐朝一百多年的历史。

正因为唐玄宗李隆基有这个承诺，唐肃宗李亨只好无奈地把收复长安、洛阳确定为平叛的首要目标。

选择这一目标，在军事上并不是上策。上策当然也有，是唐肃宗李亨的智囊李泌提供的：在长安、洛阳已经失守，叛军已成强弩之末的情况下，唐军反而没有包袱了，就应该坚决地贯彻"你打你的，我打我的"的战略原则。换句话说，就是在长安、洛阳一线采取守势，让朔方军从山西方向对叛军的老巢范阳采取攻势。

只要山西方向打得坚决，就能够犁庭扫穴。攻占范阳之后，再由东向西，从后背进攻长安、洛阳，对叛军实现两面夹击。届时叛军进退失据，必被全歼，从而在根本上平定叛乱。

如果这一上策得到贯彻实施，叛军的老巢必将被唐军彻底占领，而绝不会出现后来对叛军根据地"河朔三镇"清剿不力，客观上形成藩镇独立的局面，进而推迟甚至避免"藩镇之乱"这一帝国毒瘤的到来。

但是唐肃宗李亨不能采取这一上策。因为上策虽然能够清除病根，却见效太慢。时间不等人啊。

要知道，在确认李亨自立为帝的消息之前，唐玄宗李隆基曾发布《命三王制》，命令李亨为天下兵马元帅，统领朔方、河东、河北、平卢等处兵马收复两京；同时赋予永王李璘、盛王李琦、丰王李珙等三王以地方大权，让他们各率地方兵马，共同平叛。

在确认李亨自立为帝之后，唐玄宗李隆基虽然下令召回三王，不再赴镇。但永王李璘并未听从号令，带着"诗仙"李白，仍然坚持奔赴江陵。

如果永王李璘最后的结局，不是兵败被杀，而是率军从南面出击，进而侥幸地一举收复了长安、洛阳呢？到那时，唐玄宗李隆基还会承认偏处灵武的唐肃宗李亨吗？只怕最大的可能，是承认已经立下收复两京大功的永王李璘。

唐肃宗李亨必须首先收复长安、洛阳：一是镇住也想抢夺帝位的兄弟们；二是逼迫并不甘心的父亲履行承诺，退居太上皇。收不收拾安禄山、史思明倒还其次，唐肃宗李亨的第一步，是先得把自己的兄弟们和老父亲给收拾了。

因此，只有首先收复长安、洛阳，唐肃宗李亨才能确保帝位在自己手中。

可是，先打长安、洛阳，并不划算：一是打到长安、洛阳的叛军，都是百战精兵，战斗力最强，硬碰硬地打，最是损耗军事实力；二是逼迫叛军从长安、洛阳后撤，实际上是在帮助敌军缩短补给线。

真正的战场高手，总是千方百计地"先打弱敌"和"拉长敌军补给线"，这样才能克敌制胜。唐肃宗李亨先打长安、洛阳，恰恰是反其道而行之，军事上的被动和艰难，是可以想见的。可是没有办法，军事首先要服从政治需要。

唐肃宗李亨急啊，在得到收复长安捷报的当天，就"遣中使啖庭瑶入蜀奏上皇"，并且附上奏表，请求父亲还京。可是，急不择言，他把奏表中一句关键的话，写错了。这句关键的话，他是这样写的：唐肃宗李亨承诺，在唐玄宗李隆基返回长安后，自己"当还东宫复修臣子之职"。

唐肃宗李亨这种显而易见的假话，怎么忽悠得了唐玄宗李隆基？

李亨现在退回东宫当太子，李隆基还接着当皇帝？就算李亨心甘情愿，他手下那帮跟着打天下的人也不干啊；现在李亨的心腹遍布朝野，一线的军事、政务班子，全是李亨一手提拔任用的人，谁会听李隆基的？他这个皇帝还当得稳吗？

当然，唐肃宗李亨这样写的本意，肯定是想对亲爹唐玄宗李隆基进行一次政治试探。但儿子的这个试探，显然吓着亲爹了。

所以唐玄宗李隆基的反应是，"上皇初得上请归东宫表，彷徨不能食，欲不归"，并且马上就回复了，"当与我剑南一道自奉，不复来矣"。得，弄巧成拙了。唐玄宗李隆基这是要割据剑南道，不回长安了。

这是唐肃宗李亨最害怕出现的局面。如果唐玄宗李隆基真的赖在成都，就是不回长安，唐肃宗李亨也不能派兵去把他押回来啊；而唐玄宗李隆基如果一直留在成都，就仍然是两个皇帝并存的二元政治格局，唐肃宗李亨这个皇帝就没法干了，那还费那么大劲、牺牲那么多人打下长安干吗？

还好唐肃宗李亨手下有高人李泌。他一听说就欲追回前表，在知道无法追回之后马上亲自提笔，代唐肃宗李亨重新起草了一份奏表，火速送到了成都。在这第二份奏表中，那句关键的话，改成了"思恋晨昏，请速还京以就孝养"。这样说就对了。

唐玄宗李隆基看到唐肃宗李亨的这句话，"乃大喜，命食作乐，下诰定行日"。这才有了唐玄宗李隆基再次回到望贤宫的机会。

只是唐玄宗李隆基心里明镜儿似的，这一次自己回到望贤宫、回到长安，太上皇当然是继续当，但握有军国实权的皇帝肯定是没戏了，两个皇帝并存的二元政治格局就走向终结了，自己也只能听凭儿子皇帝的摆布了。

好在，自己已经老了，七十三岁了，夫复何求？皇帝也当了，四大美人之一也搂了，夫复何求？有儿如此，夫复何求？以后就是颐养天年罢了。

在这样的心态下，唐玄宗李隆基再次回到了望贤宫。

三
《望贤迎驾图》中这一幕，是父子俩此生唯一温馨的时刻

从《望贤迎驾图》可以看出，在望贤宫，这父子俩好温馨。《资治通鉴》里的记载，很有现场感。

有身体接触，有痛哭流涕。"上皇在宫南楼，上释黄袍，着紫袍，望楼下马，趋进，拜舞于楼下。上皇降楼，抚上而泣。上捧上皇足，呜咽不自胜"。

哭，抱着哭，儿子还抱着老爹的臭脚哭。

哭之外，还有表面客气，还有虚情假意。就是在望贤宫，父子俩开始了"衣食住行"全方位的表面客气。

在"衣"方面：此时，唐玄宗李隆基为唐肃宗李亨穿上了黄袍，"上皇索黄袍，自为上著之，上伏地顿首固辞。上皇曰：'天数、人心皆归于汝，使朕得保养余齿，汝之孝也！'上不得已，受之"。这个举动的象征意义还在于，唐玄宗李隆基正式承认唐肃宗李亨的皇帝地位，李亨不再是自立为帝了，而是经过父皇李隆基批准了。

在"食"方面："尚食进食，上品尝而荐之"，这是孝顺儿子向父亲推荐美食。

在"住"方面："上皇不肯居正殿，曰：'此天子之位也。'上固请，自扶上皇登殿"。这是孝顺儿子请父亲住正殿。

在"行"方面："丁未，将发行宫，上亲为上皇习马而进之。上皇上马，上亲执鞚。行数步，上皇止之。上乘马前引，不敢当驰道"。这是儿子在恭恭敬敬地照料父亲骑马出行。

到了长安，双方还在继续假客气，"上累表请避位还东宫，上皇不

许"。唐玄宗李隆基当然不同意,直接去了自己当皇帝前的旧居兴庆宫,把处理军国政务的大明宫让给了唐肃宗李亨。

作为此次回到长安的总结,唐玄宗李隆基用一句话概括了新形势下的父子关系:"吾为天子五十年,未为贵;今为天子父,乃贵耳!"

唐玄宗李隆基这句话,还是为了让儿子唐肃宗李亨放心。其实父子俩如此矫情做作,都是在向对方表明立场,请对方放心,以后的日子,大家都会默契地演好各自的角色。所谓人生如戏,全靠演技嘛。

问题是,父子二人,如此温馨的表演,就连千百年后的我们看了,都觉着有点假。那他们为什么还如此卖力地演出呢?

其实,原因很简单:望贤宫这一幕,是父子俩此生唯一温馨的时刻。此前和此后,他们的父子关系,都掺杂着权力的争斗和冷酷,彼此之间谈不上感情,只有冷冰冰的权力关系而已。

必须指出的是,这对皇家父子的关系如此冷淡和奇葩,主要责任,还是在父亲唐玄宗李隆基身上。

众所周知,唐玄宗李隆基是唐朝皇帝中的"政变小能手",没有之一。他以第三子的身份,发动两次政变,立下大功,从而越过嫡长子继承制而得到皇位。因为自己的这个成功经验,所以他害怕兄弟子侄们效仿自己,于是唐玄宗李隆基一直病态地认为,儿子们不是自己的继承者,而是自己的替代者。

在这一指导思想下,唐玄宗李隆基一上台,就开始了唐朝史上空前的限制皇族行动,从此终结了唐朝前期皇族们宽松自由的政治和生活环境。

一是打压皇子的社会地位,并严厉禁止皇子与官员交往。唐玄宗李隆基采取降低皇子封爵、限制皇子仕宦途径、削减属官人数及待遇等多方面的措施,来打压皇子的地位;同时唐玄宗李隆基"禁约诸王,不使与群臣交结",还规定"宗室、外戚、驸马,非至亲毋得往还",严格限制皇子们的交游范围,以防患于未然,免得他们成为自己的替代者。

二是皇子不住王府,全部住在"皇族集体宿舍"。不同于此前的皇子封王之后,可以拥有自己的王府和王府属官。唐玄宗李隆基为皇子们修建了"皇族集体宿舍":"于安国寺东附苑城,同为大宅,分院居之,为十王宅";后来皇子们的子嗣多了,"又于十宅外置百孙院",再建大型"皇族集体宿舍"。

很显然，这样的"皇族集体宿舍"，等同于监视居住。

三是太子不住东宫，"但居于乘舆所幸之别院"。也就是说，唐玄宗李隆基住在哪里，就把太子带到自己身边住着，方便自己监视。其实，太子不住东宫，并不是改变了太子居住地这样的一桩小事，而是改变了数百年承袭的太子居于东宫的传统制度，也是撤销了数百年来太子赖以依托的政治舞台。

因为太子的东宫，不仅是他日常生活之地，还是他练习政务的实习之地。东宫其实就是今天我们所说的"影子政府"，在制度上比照朝廷南衙百司，设立了左右春坊、太子詹事府等东宫机构，拥有大量的东宫官员，以赞导、教育、帮助太子熟谙治国之道，以便在继承大统后很快进入角色，行使权力。

然而唐玄宗李隆基不让太子住在东宫，太子也不能随便接见东宫官员，李隆基限制、防范太子成为自己替代者的心理，昭然若揭。所以，当他的儿子、当他的太子，就艰难无比。

唐玄宗李隆基的第一个皇太子，是开元三年立的皇二子李瑛。然而在开元二十五年（737）四月，已经当了二十二年皇太子的李瑛，连同皇五子鄂王李瑶、皇八子光王李琚，竟然因为"各以母失职有怨望语"这样的小罪，同日被废为庶人而惨遭杀害，"杀三子，天下冤之"。这就是唐史上最著名的"三庶人之祸"。

唐玄宗李隆基可是亲爹啊，但他一天能杀三个亲生儿子，这心理素质，可像极了后爹。这个亲爹，后来还在天宝年间听信中官谗言，关押皇四子李琰，害得他忧惧而死。

一番打杀之后，等到他打算立自己的第二个皇太子时，有三个成年皇子可供选择：皇长子李琮、皇三子李亨、皇十八子李瑁。

皇长子李琮不行，是因为颜值太低，这在《新唐书·李林甫传》中有记录。在李林甫建议立李琮时，唐玄宗李隆基回答："庆王往年猎，为豹伤面甚。"李琮因为打猎不小心，被动物毁了容，导致颜值过低，太丑了，从而没有了太子之望。

皇十八子李瑁呼声最高，外朝有宰相李林甫支持，后宫有母亲武惠妃支持。然而，唐玄宗李隆基最终选择了李亨，却没有选择李瑁。

为什么？别忘了唐玄宗李隆基视皇太子为自己替代者的变态心理。李瑛外朝有宰相，后宫有亲妈，里应外合之下，他这个父皇还怎么混？就是发动个政变把他赶下台，估计也很容易吧？不行，绝对不行。

于是，在唐玄宗李隆基的变态心理之下，生母杨氏、养母王氏均已去世，朝中也毫无政治根基的李亨就此胜出，成为他的第二任皇太子。

也是因为唐玄宗李隆基的变态心理，李亨从当上皇太子的第一天起，就变成了乖宝宝。在册立他为皇太子的典礼上，李亨自动降格，服装由绛纱袍改为朱明服，又改变"太子乘辂至殿门"的旧制，"不就辂，自其宫步入"。此举说明李亨在当时就已经想到，有这样的亲爹，自己的皇太子之路将充斥着惊涛骇浪。

以后的事实证明，李亨还是缺乏想象力。他当时只是想到了会有波浪，却没有想到会一浪高过一浪，一浪更比一浪强。用他自己后来当上皇帝后的话概括就是，"当是时，朕不保朝夕"。

概括起来，在唐玄宗李隆基的纵容下，以宰相李林甫为首的政敌，共向李亨掀起了三次大浪，让他丢了两个老婆一个发小。史称："李林甫屡起大狱，别置推事院于长安……事有微涉东宫者，皆指擿使之奏劾。"

第一浪，是天宝五载（746）正月的韦坚、皇甫惟明案。韦坚，是李亨的大舅子，也就是太子妃韦氏的哥哥，时任刑部尚书；皇甫惟明，曾是李亨任忠王时的王府属官，时任陇右节度使兼河西节度使。

攻击的事实是：在正月十五元宵节这天晚上，先是李亨与韦坚见了面，随后韦坚又去和皇甫惟明见了面，如此而已。攻击的理由是：皇太子派大舅子与昔日旧部、如今手握兵权的边将见面，欲行不轨，准备谋反。大狱，随之兴起。

李亨惊吓之下，想出高招儿：离婚。他以"情义不睦"为由，向唐玄宗李隆基请求与已给自己生了两个儿子的韦氏离婚。唐玄宗李隆基也不想把事情闹大，于是接受了儿子与儿媳的离婚，贬韦坚出任缙云太守，皇甫惟明为播川太守。

这一浪，李亨就算躲过去了。

第二浪，仅仅隔了十个月，就再次到来。这一次是杜有邻、柳勣案。天宝五载十一月，时任左骁卫兵曹的柳勣，上告东宫赞善大夫杜有邻"妄称图谶，交构东宫，指斥乘舆"。这个原告柳勣，还是被告杜有邻的女婿。而杜有邻的另一个女婿，就是李亨。

此案本来简单，是柳勣这个小人"与妻族不协，欲陷之"，想害老丈人杜有邻。但经李林甫一利用，矛头就又指向了李亨。

李亨惊吓之余，又想出高招儿：离婚。他再次向唐玄宗李隆基请求，与杜有邻的女儿杜良娣离婚，与这帮人划清界限。唐玄宗李隆基接受了李亨的请求，在大理寺杖死杜有邻、柳勣之后，不再深究此案。

但是，唐玄宗李隆基却又在处理此案的同时，派出御史前往上一案中韦坚和皇甫惟明的贬地，将他们二人赐死。此举估计又把李亨吓得心尖儿一颤一颤的。

第三浪，是天宝六载十月的王忠嗣案。李林甫指使济阳别驾魏林诬告河东节度使王忠嗣，说王忠嗣曾说过"早与忠王同养宫中，我欲尊奉太子"的话，"玄宗大怒，因征入朝，令三司推讯之"。这个王忠嗣，与李亨的关系可不是一般的亲密，他们是发小。于是，此案又轻而易举地把李亨牵连了进来。

王忠嗣九岁时，因为"父死王事"，由唐玄宗李隆基"赐名忠嗣，养于禁中累年。肃宗在忠邸，与之游处"，所以两人是从小一起长大的。如今发小手握重兵，要拥戴李亨谋反上位，逻辑上也完全说得过去。三波攻击，此浪的理由最是合理。

好在唐玄宗李隆基态度坚决，"吾儿居深宫，安得与外人通谋，此必妄也"，只追究王忠嗣的责任，将其贬为汉阳太守了事，李亨再次逃过一劫。

每一次的攻击，李林甫、杨国忠等人，都是利用与李亨有关的人和事，首先兴起狱讼，然后加以诬告，从而达到废除他皇太子之位的目的。

李林甫攻击李亨三次，三次大浪打来，贵为皇太子的李亨，两个老婆加一个发小，没了。

朝中的李林甫、杨国忠频频攻击也就罢了，外官边将来到长安，也对太子李亨上头上脸。典型的例子就是安禄山"见太子不拜"事件。

在天宝六载正月的正式朝会上，安禄山"见太子不拜"，他对唐玄宗李隆基的解释是"不识朝仪，不知太子是何官"，而且"只知陛下，不知太子"。这一回答让唐玄宗李隆基龙颜大悦，"上以为信然，益爱之"。

安禄山这是典型的胡说八道。他有今日，也不是上天赏赐的。在受到唐玄宗李隆基的恩宠之前，他曾多次到长安述职，在地方上他也是一级一级提拔上来的。在其升官的过程中，了解朝仪、知道太子是基本常识。

他这样当面胡说，除了藐视太子以外，主要的目的，就是向唐玄宗李隆基献媚表忠心。而此时的唐玄宗李隆基，无论是真糊涂还是假糊涂，反正安禄山这碗迷魂汤，他干了！

说穿了，李林甫、杨国忠这样的宰相，安禄山这样的边将，从上到下，从内到外，人人都敢藐视太子、攻击太子，根本原因就在于，他们都发现了唐玄宗李隆基不待见李亨，甚至防范、限制李亨。所以，他们才敢上头上脸，肆无忌惮。

从开元二十六年（738）被立为皇太子开始，到天宝十四载（755）"安史之乱"爆发为止，堂堂的帝国皇太子李亨，就是在这样人见人欺的艰难环境下，且行且珍惜的。

所以，我一直相信，在确认安禄山造反的那一刻，李亨的心情和父亲唐玄宗李隆基是完全不一样的：李隆基是忧心如焚，李亨则是忧中有喜、喜忧参半。

他，终于看到了转机，终于看到了曙光。转机，是改善自身政治环境的转机；曙光，是终结冷漠父子关系的曙光。

没有比这更能令他惊喜的了，即使随后要面对的是叛军的屠刀。几乎是从离开长安城的那一刻起，李亨就做了一个艰难的决定。

虽然史书上并没有相关记载，但我们可以肯定，在金城县城的天宝十五载六月十三日那一夜，李亨及其儿子们，还有李辅国等心腹们，应该会很忙很忙。因为，第二天就是决定生死的政变日。李亨运气不错，"马嵬驿兵变"成功了，他得以脱离自己的奇葩父亲，前往灵武。

虽然前途艰危，战事成败、个人生死还不知道，但也比留在唐玄宗李隆基这个亲爹的身边强——这就是上一次李亨经过望贤宫时的心态。

《望坚迎驾图》中父子再次见面时，在温馨一幕的背后，父子俩共同遵守的政治潜规则仍然照常进行，"上皇至凤翔，从兵六百余人，上皇命悉以甲兵输郡库。上发精骑三千奉迎"。史书中的这一笔，意味着在到达望贤宫的前一站凤翔时，唐玄宗李隆基就把自己的人身安全，交给了唐肃宗李亨。

就这样，在唐肃宗李亨"精骑三千"的保护下，父子俩回到了长安。

一开始倒也相安无事。唐玄宗李隆基去了自己此前的潜邸旧居，当了皇帝后升格的兴庆宫，正式退休；唐肃宗李亨入住了皇帝处理军国政务的大明宫，开始履职。

为了进一步确认彼此的立场，在长安的唐玄宗李隆基，放出了当时流行的大招儿，通过"上尊号"向唐肃宗李亨隐晦地传达了一个关键信息。他给儿子李亨上的尊号为"光天文武大圣孝感皇帝"，一长串好听的字眼儿，其中最可注意的，就是"孝感"二字。

这可不是今天我们湖北省以"孝感米酒"而闻名的孝感市，而是唐玄宗李隆基在通过这两个字告诉李亨："儿子，我不争这个皇帝了，你也好好尽孝啊，让我得尽天年吧。"

闻弦歌而知雅意的李亨，听懂了。所以，他只是固辞"大圣"二字，却没有辞"孝感"二字。后来，眼看辞不掉"大圣"二字，李"大圣"也就只好投桃报李，回报了一长串，给唐玄宗李隆基上尊号为"太上至道圣皇天帝"。

此时的父子俩，还时有互动，互相走动，"上时自夹城往起居，上皇亦间至大明宫"；当唐玄宗李隆基按照多年的习惯，前往华清宫后回到长安时，唐肃宗李亨还亲到灞上迎接，再度上演望贤宫那温馨一幕，"上自控上皇马辔百余步，诰止之，乃已"。

然而，就是这次在华清宫，原来打算在那里过冬的唐玄宗李隆基，去了一个月后就返回长安了，因为他发现"从官嫔御，多非旧人"；接着，出于对杨贵妃的思念，唐玄宗李隆基打算为她举办一次隆重的改葬仪式。可是这并不是他改葬小老婆的小事，在政治上已是一件大事，绝不是当初在马嵬驿杀死她的李亨、李辅国他们可以接受的。最后，唐玄宗李隆基硬是没有办成这件他心目中的"小事"。

不仅如此，唐玄宗李隆基还发现自己的朋友圈越来越小，他的心情也就越来越郁闷："明皇在南内，耿耿不乐。每自吟太白《傀儡》诗曰：'刻木牵丝作老翁，鸡皮鹤发与真同。须臾弄罢寂无事，还似人生一梦中。'"看人多有自知之明，到底是当过皇帝一把手的人，转眼就意识到自己是傀儡了。

现在，轮到儿子唐肃宗李亨防范、限制唐玄宗李隆基了。唐肃宗李亨身边的权宦李辅国一直在兴庆宫周围严密监视，"常阴候其隙而间之"。监视的情况表明，唐玄宗李隆基着实不让李亨省心啊。

"上皇居兴庆宫，日与外人交通，陈玄礼、高力士谋不利于陛下"，"上皇多御长庆楼，父老过者往往瞻拜，呼万岁，上皇常于楼下置酒食赐之"。

上元元年（760），唐玄宗李隆基做得更是出格，"召将军郭英义等上楼赐宴。有剑南奏事官过楼下拜舞，上皇命玉真公主、如仙媛为之作主人"。

郭英义，当时掌握着禁军；剑南奏事官，身份是边将；唐玄宗李隆基、高力士，又都是在长安城发动过两次政变的人。这些事，唐肃宗李亨一想，就得汗毛直竖，兴庆宫太不安全了，该给亲爹挪挪地方了。

在唐肃宗李亨的默许下，这年七月就发生了李辅国带兵逼迫唐玄宗李隆基由兴庆宫迁居太极宫的恶性事件。

"忽闻戛戛声，上惊回顾，见辅国领铁骑数百人，便逼近御马。辅国便持御马，高公惊下，争持曰：'纵有他变，须存礼仪，何得惊御！'辅国叱曰：'老翁大不解事，且去！'即斩高公从者一人。高公即拢御马，直至西内安置。"唐玄宗李隆基什么时候遭过这个罪？事后，"上皇泣曰：'微将军，阿瞒已为兵死鬼矣！'"

的确，没有高力士的忠心，李辅国一时动念，真要把李隆基一刀砍了，也是可能的事。可高力士，唐肃宗李亨也容不下了。

搬到太极宫以后，唐玄宗李隆基和高力士两个老家伙，每天也没有什么事做，"亲看扫除庭院，芟薙草木。或讲经论议，转变说话"。是的，这两人当年也算一代枭雄吧。如今老了，又受制于人，两个老伙计只好在一起唠唠嗑了。就是唠嗑，其实也没有新花样可唠了，只好"转变说话"。史书上的这一笔，实在传神。

唐肃宗李亨并没有止步，正如唐玄宗李隆基对高力士所说："吾儿为辅国所惑，不得终孝矣。"唐肃宗李亨下令，"旧宫人皆不得留左右"，陈玄礼被勒令退休，高力士被流放巫州，"上更选后宫百余人，置西内，备洒扫"，把唐玄宗李隆基身边的人，全换了。

这样一来，唐玄宗李隆基身边连个说说知心话的人都没了。唐玄宗李隆基当年固然未为慈父，但好歹已老，软禁起来，不让他有政变条件也就可以了。唐肃宗李亨如此干法，让老父亲了无生趣、百无聊赖，就做得有点过了。

果然，唐玄宗李隆基开始绝食抗议，"因不茹荤，辟谷，浸以成疾"。宝应元年（762）四月五日，七十八岁的唐玄宗李隆基郁郁而终。十三天之后，唐肃宗李亨也随他而去。父子俩就这样，结束了一报还一报的一辈子。

现在，我们可以知道，《望贤迎驾图》中记录的这温馨一幕，在这对父子的一生中，是多么难得了。

《免胄图》
郭子仪的人生高光时刻

唐朝开元二十三年（735），"诗仙"李白北游太原，路遇一位军将因为犯了军法，即将被押赴刑场。李白见他相貌非凡，而且临危不惧，心中顿起爱才之念。于是李白出面斡旋，不仅"救免"了这个人，而且还"奖重之"，勉励他尽忠报国。

李白没想到的是，此举同时也救了自己一命。二十二年之后的至德二年，在李白沦为永王一党身陷囹圄之际，这个人以自己战场搏杀而得的官爵向皇帝求情，赎得李白一命，让他得以从轻处罚，流放夜郎。

《免胄图》局部

李白更没有想到的是，此举同时也救了大唐帝国一命。二十二年之后的至德二年，在这个人帮助大唐平定"安史之乱"之后，唐肃宗李亨由衷地对他说："虽吾之家国，实由卿再造。"

这个救了大唐帝国同时还捎带着报答了李白救命之恩的人，就是大唐中兴第一名将——郭子仪。在这幅由北宋李公麟所绘纸本墨笔白描画《免胄图》中，就是那位唯一没有穿甲胄、戴蹼头，而是穿便服C位出镜的男主角。

《免胄图》，又叫《郭子仪单骑见回纥图》，现藏"台北故宫博物院"。图中所描绘的，是唐朝历史上的真实事件。而图中的郭子仪，此时正处于人生中的高光时刻。

唐朝永泰元年（765）十月，在唐朝叛将仆固怀恩谣称"当今皇帝和郭子仪都死了"的煽动下，吐蕃、回纥、党项等联兵三十余万南侵，京师震动，长安戒严。为此，唐代宗李豫急调郭子仪率兵防守长安正北面

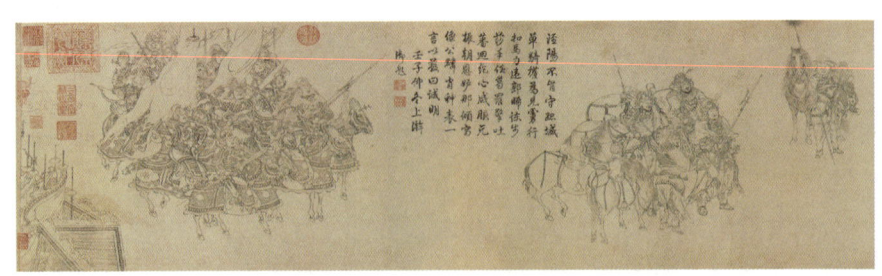

《免胄图》局部

的泾阳城。可是，当时郭子仪所部仅万余人，而正面之敌仅回纥一部，兵力就是他的好几倍。

画家的生花妙笔，也向我们准确地传达了这个信息：《免胄图》右边，那队列整齐、甲胄鲜明、带得尘土飞扬的，就是回纥大队骑兵，他们人多势众，兵强马壮；《免胄图》左边的大唐军队，包括守城和跟随郭子仪的士兵在内，虽然严阵以待，但相对而言，人数上处于劣势。

此时此刻的郭子仪，进退两难。首先，他已退无可退，因为身后就是皇帝，就是长安；其次，他也没有实力去主动进攻，甚至很有可能守不住城池，因为实在是众寡悬殊。更为重要的是，陷入绝境的郭子仪清醒地意识到，大唐，已经输不起这一仗了。

怎么办？名将，自有名将的办法。

郭子仪决定，自己孤身一人，去见城西回纥军营的将领，希望能说服他们解围而去，甚至获得他们的协助，一起攻击在旁边扎营的吐蕃军队，从而彻底解除叛军对长安的威胁。

郭子仪此议一出，马上遭到麾下诸将和儿子郭晞的坚决反对。他们担心郭子仪孤身犯险，会被回纥人杀害。他们提出，实在要去也可以，至少要带上五百铁骑，以便缓急之间，为郭子仪提供掩护。郭子仪则认为，多带人马反而容易造成剑拔弩张的态势，"此适足为害也"，只带少数几个贴身卫士即可。

上马出发时，跟随他出征的儿子郭晞拉住战马缰绳不放，说道："回纥人像虎狼一样，大人作为国家元帅，怎么能轻易地以身犯险呢？"郭子仪心意已决，用马鞭敲开郭晞的手，带着数骑随从，开门而出。

其实，郭子仪此举看似冒险，但他还是有着自己精准的政治考量和军事考量的。政治考量是，既然仆固怀恩造谣说当今皇帝已死，自己已死，那么自己亲身出现在回纥人面前，仆固怀恩的政治谣言就将不攻自破，回纥人出兵也就失去了基础和理由，再动刀动枪就没有了意义。

军事考量则更为重要。在平定"安史之乱"时，郭子仪曾和回纥军队一起并肩战斗。血战香积寺、收复两京，郭子仪与回纥可汗、高级将领甚至很多普通士兵，都结下了血与火的友谊。现在虽然两军对阵，郭子仪仍然相信，他们的友谊经得起时间的考验。

特别重要的一点是，郭子仪相信，即使叛军首领仆固怀恩此时就在回纥大营,他作为自己麾下的副将,作为自己重用多年、一手提拔的老部下,是无论如何也不敢对自己拔刀相向的。

正是在这样的政治考量和军事考量之下,郭子仪才单骑来到回纥大营门前,又除去甲胄去见回纥将领,这才有了《免胄图》中那历史性的一幕。

在图中,全身甲胄的回纥统帅药葛罗跪在地上,而已除去甲胄、只穿袍服的郭子仪,正雍容潇洒地扶起他。史书中还记载了此时此刻药葛罗跪着说的一句话:"果吾父也。"("果然是我们的父亲郭子仪啊。")

药葛罗此话一出,在他身后的回纥将领慌成一团,跪成一片,有的跪立作揖,有的倒地伏拜。在这些高级将领身后,在滚滚烟尘中赶来的回纥大队人马,也就此战意全无。至此,一切问题迎刃而解。双方就在两军阵前,把酒言欢,重申誓约,并且相约共击吐蕃。

郭子仪,又一次一个人拯救了大唐帝国。

一
名将郭子仪,用的是什么兵器?

在膜拜了《免胄图》中处于人生高光时刻的郭子仪后,问题来了:唐朝中兴第一名将郭子仪,肯定武功了得。那么,他在亲自骑马上阵杀敌时,用的是什么兵器?

有人说,关注这个问题纯属多余。郭子仪是千军万马的统帅,还用得着他老人家亲自砍人吗?可是,郭子仪在年轻时,还不是千军万马的统帅时,总要亲自砍人吧?

要知道,史料显示,他年轻时的武艺可是相当高超的。按照今天的网络说法,他曾是大唐帝国的"武状元",但《旧唐书》《新唐书》中,他的列传里只是说"武举高等""武举异等",也就是武艺超出一般人的意思。饶是如此,仍然表明郭子仪年轻时是具备亲自砍人的能力的。

那他在年轻时,是用什么兵器亲自砍人的?总不会是烧火棍吧。

带着这个问题，我查遍有关郭子仪的史料，就是找不到直接记录。又有人说，正史一般不会记录这样的小细节。那可不一定。就在唐朝，就有名将被正史记录了他所用的兵器。

在我国民间大名鼎鼎的程咬金，传说其所用的兵器是板斧，因为一直有着"程咬金三板斧"的说法。然而，正史里面关于程咬金所用兵器的记载却是，他"善用马槊"。唐初名将中，传说中左手虎头金枪、右手瓦面金锏的秦叔宝，还有传说中左手竹节钢鞭、右手丈八蛇矛的尉迟恭，他们在史上所用的真实兵器，其实也是程咬金同款，也是马槊。这都是在《旧唐书》《新唐书》中有着明确记录的。

遗憾的是，也许是史官失载，也许是史官忽略，反正正史没有记录郭子仪所用的兵器。不过不要紧，正史没记录，《免胄图》记录了。

看到《免胄图》中那个和郭子仪同处C位、人在郭子仪左后方、旁边有匹战马的小军官了吗？他挺胸腆肚，一脸嘚瑟，左手拿着甲胄，右手拄着一件长兵器长枪。虽然这个小军官肚子挺大，长得还挺像个领导，但其实看得出来，他就是负责给郭子仪牵马的。他手中的甲胄、兵器，以及身后的战马，全都是郭子仪的！

所以，郭子仪在战场上，所用的兵器是：长枪。

枪，是一种以直刺杀伤敌人的兵器。早在原始社会，先民们把木或竹的一端或两端削尖，做成了最早的枪。随着时代的发展和战争的升级，枪在军队中的地位越来越重要，逐渐成为主要兵器之一。唐朝骑兵用枪，官方称作"漆枪"，其实也就是程咬金所用的马槊。宋朝骑兵用枪，则在枪头之侧加单钩或双钩，分为单钩枪、双钩枪、环子枪等三种。

遗憾的是，我睁着昏花的老眼，无数次地扫描《免胄图》，也没有看出李公麟所画的郭子仪所用的长枪，到底是唐朝的马槊，还是北宋的单钩枪、双钩枪、环子枪。而我必须要指出的是，无论李公麟所画的是哪个朝代的哪一种枪，这个枪杆都太细了。这样细长且易折的枪杆，是无法适应骑兵冲锋的巨大惯性的。

当然，《免胄图》的作者李公麟会说："你懂什么？'艺术源于现实而又高于现实'。"好吧，算他老人家有才任性。

值得注意的是，《免胄图》中，在郭子仪的身后，还有一组人物，共四个人。他们顶盔贯甲，全副武装，"俨然关云之长"，但这时的他们,也都下了马,站在地上,放松了戒备,显得胸有成竹,"宛若诸葛之亮"。他们站在一起,微笑着见证郭子仪的人生高光时刻。

猜测四个人的身份,他们应该是郭子仪手下地位比较重要的将军,但绝不会是他手下仅次于他的重要将领。比如他的儿子郭晞等,此时肯定不在现场。因为,郭子仪是名将。既然是名将,就不会给敌人把己方高级将领一锅烩的机会。他虽然在冒险,但还是留了一手的。

引人注目的是,四位将军手中,却拿着三样兵器。除了两位拿着和郭子仪一样的长枪之外,余下两位手中还拿着另外两件大杀器。最前面那位将军手中所拿的大杀器是戟。

戟,也是一种起源很早的古代兵器。传说黄帝与蚩尤大战,兵器中就有戟。戟是戈和矛合在一起的兵器,也就是在戈的头部再装矛尖,使其成为具有勾啄、刺击双重功能的格斗兵器。

唐朝以前,善使戟的名将较多,比如三国时期的典韦、吕布、甘宁等人。唐初名将中,薛仁贵也曾以使戟出名。但事实上,戟到了唐宋时期,已基本退出了实战,而成了一种礼仪兵器。此时戟的礼仪作用在于,达到了一定级别的朝廷高官,经过朝廷允许之后,在自己的府邸门前列戟,以显示门第威仪。

戟退出实战,是因为戟在战场格斗中存在着一个最大的短处:很容易折断。限于当时的冶炼技术,人们很难制造出这样结构复杂且又坚固耐用的戟。这一点,其实古人早就意识到了。唐朝诗人杜牧在《赤壁》一诗中写有"折戟沉沙铁未销",诗句中的这个"折"字,就道出了戟这种兵器易折的短处。

虽然戟容易折断,但并不排除当年仍有将军任性,就是喜欢这种独特的大杀器。所以,《免胄图》中出现戟,并非不可能。

这四位将军中,最里面那位将军手中拿的,才是当年实战中所用的真正大杀器——大刀。

这位将军的大刀很特别,刀身厚实,而且很长,两边开刃,还有三个刀尖。这种大刀的优点是显而易见的,向前可直刺,左右可劈砍。不像长枪,只能直刺;也不像戟,容易折断。

论起大刀,今天我们最熟悉的,还是传说中关羽手中所使的那柄青龙偃月刀。青龙偃月刀,又称"冷艳锯",重达八十二斤;从整体刀身来看，形似半弦月，又长又阔，只有一个刀头，仅单边开刃；在另一边的刀背，开有歧刃。

很显然，这位将军手中拿的，肯定不是关羽的那把青龙偃月刀，甚至也不是普通的大刀，反而像极了神话传说中二郎神杨戬所用的那把三尖两刃刀。而在我们看来，这种三尖两刃刀是一种异形兵器，是二郎神杨戬为了耍酷而特意打造的，至少在唐宋年间的实战之中，很少能见到这种兵器。

可是事实恰恰相反，在《免胄图》作者李公麟所在的北宋，实战中就有这种两面开刃的大刀，名曰"掉刀"；而在《免胄图》男主角郭子仪所在的唐朝，实战中也有这种两面开刃的大刀，而且还是敌军见之丧胆的大杀器，名曰"陌刀"！

在真实的历史中，郭子仪手下的大将李嗣业，就善使陌刀，而且陌刀杀伤力巨大，"当其刀者，人马俱碎"。请注意史书中的用词，这陌刀一砍，对方是连人带马都"碎"了，而不是"一刀两断"了。由此可以想见，陌刀在实战中的巨大威力。

在郭子仪率军收复长安的香积寺血战中，正是李嗣业及其所率领的陌刀队，"各执长刀，如墙而进"，"所向摧靡"，"所向无前"，在关键时刻扭转了战局。陌刀在此时此刻，发挥了一锤定音的作用。

那么，此时的《免胄图》中，这位手中拿着大刀的将军，是否就是史书所载的李嗣业本尊呢？很遗憾，这只是我们的美好愿望。因为，这位对大唐忠心耿耿的名将，早在七年之前的乾元二年（759），就战死疆场了。

这四位将军身后，还有一小队人并未下马，他们是手执刀枪箭戟等兵器的重甲骑兵，显然是郭子仪的贴身卫队。这些卫士职责在身，所以仍然保持着战场上应有的戒备，以便在主帅出现意外时予以救援。《免胄图》的最左边，则露出了泾阳城头，城头守军也正严阵以待。

图中回纥军队一方，可以看得出以骑兵为主。其所执兵器中，以下跪的药葛罗所佩带的弯刀最为显眼。从其护手和刀鞘来看，这是一把有着明显民族风的弯刀。刀虽未出鞘，但可以推测刀身为柳叶形状，弧度顺畅，刀锋上挑，刀刃锐利。

二
郭子仪的完美人生

身在唐朝的郭子仪，拥有一个让今天的我们都羡慕的完美人生。

《旧唐书》对他的完美人生，有一段精炼的总结："天下以其身为安危者殆二十年。校中书令考二十有四。权倾天下而朝不忌，功盖一代而主不疑，侈穷人欲而君子不之罪。富贵寿考，繁衍安泰，哀荣终始，人道之盛，此无缺焉。"

"天下以其身为安危者殆二十年"：这句话的意思是，大唐天下的安危系于郭子仪一人之身，差不多有二十年之久。这是史实，而且不止二十年，是二十六年。这个时间起点，则要从"安史之乱"爆发的天宝十四载十一月算起。

在被李白救下之后，三十九岁的郭子仪继续在大唐军界平淡地熬着资历，缓慢升迁。到"安史之乱"爆发前，郭子仪用二十年的时间，凭着"长七尺二寸""长六尺余"这样的相当于今天两米的身高，凭着"武举高等""武举异等"这样的相当于大学本科的学历，估计平时作战也非常勇敢，终于得到了"九原太守""朔方节度右兵马使"这样的官职，这也就相当于边防野战军区的副长官吧。如无意外，他大概混个边防野战军区的正长官级别，也就退休了。

这样的小官儿，在"安史之乱"爆发前，帝国的皇帝李隆基、贵妃杨玉环、宰相杨国忠等人，是不会拿正眼瞧郭子仪的；此时的郭子仪，要说一己之身系天下安危，不仅别人觉得轮不到他，就是他自己，也是想都不敢想的。

可是，意外的"安史之乱"，到底还是来了。这是使唐朝由盛转衰的巨大危机。在这个巨大危机面前，此时高高在上的皇帝李隆基、贵妃杨玉环、宰相杨国忠等人，感觉到的只能是"危"，"危险"的"危"；而对于手握兵权且屈处下僚的郭子仪而言，感觉到的就是"机"了，"机遇"的"机"。

在这个巨大危机之中，郭子仪及其麾下的朔方军，成了唐朝平叛所能依赖的、唯一成建制的、与安史叛军战斗力相当的武装力量。这样的情形，极其类似于一千多年后清朝平定太平天国时对于曾国藩及其军队的依赖程度。郭子仪之于大唐，正如曾国藩之于大清。

而郭子仪也和曾国藩一样，在平叛的巨大军功之中，一步步地走向了自己的人生巅峰。

所以，从天宝十四载"安史之乱"爆发开始，直到郭子仪于建中二年（781）去世，确切地说，大唐天下的安危系于郭子仪一人之身，整整有二十六年之久。不是二十年。

所以，从天宝十四载"安史之乱"爆发开始，直到《免胄图》中郭子仪的人生高光时刻，大唐天下的安危系于郭子仪一人之身，也已经有十一年之久。

"校中书令考二十有四"：按照唐朝制度，每年都要对官员政绩进行考核，以作为升迁贬谪的依据。这种例行考核，按照部门职责，历来由吏部考功司具体负责，但朝廷一般都会另行派出德高望重的高官来主持。这对于被委派的高官而言，是一种难得的荣耀。从乾元元年（758）至建中二年（781），郭子仪一共担任了二十四年的中书令，二十四次受朝廷委派参与官员考核，从而创造了一个长期任职高官的荣耀纪录。

自此以后，无论是时人还是后人，均以郭子仪的这项纪录为荣。以至"中书考"这三个字，成了一个祝贺他人富贵而且长寿的美好典故。多位宋朝文人都以郭子仪的这个典故入诗入词，如柳永的"人争羡，二十四遍中书考"；如辛弃疾的"千百岁，从今尽是中书考"；如刘过的"中书上考，过三千岁"；如刘克庄的"先还取，中书考"。

所以，从乾元元年，到《免胄图》中郭子仪的人生高光时刻，郭子仪主持中书考，也已经有八次了。

"权倾天下而朝不忌，功盖一代而主不疑，侈穷人欲而君子不之罪"：其实，哪里是"不忌""不疑""不罪"，史实上的郭子仪，曾经多次被猜忌、被怀疑、被怪罪。只不过，郭子仪用他那异于常人的人生智慧、难能可贵的谦虚谨慎、超出常人的逆来顺受，一一进行了化解而已。

史料表明，在郭子仪向着人生巅峰攀登的途中，他曾不止一次地，因皇帝的猜忌和怀疑，而被无缘无故地夺去兵权。

乾元二年（759）五月，在刚刚收复两京、叛军余孽气焰正盛的时候，唐肃宗李亨听信太监鱼朝恩的谗言，或者根本就是出于他本人害怕郭子仪功高震主的本意，将郭子仪召回长安，而以赵王李系和李光弼取而代之，统领朔方军。此为郭子仪一失兵权。

对于兵权无端被夺，郭子仪的反应是，毫不怨望，绝无怨言，依然心向朝廷，顾全大局，"子仪虽失军，无少望，乃心朝廷"，"子仪虽失兵柄，乃心王室，以祸难未平，不遑寝息"。

三年之后，上元三年（762）四月，在东都洛阳被叛军攻占的危急时刻，郭子仪又被唐代宗李豫紧急召回长安，担任"肃宗山陵使"，负责唐肃宗李亨的陵墓事宜。此为郭子仪二失兵权。这次在唐代宗李豫耳边说郭子仪坏话的，换了一个人——程元振，但其身份还是太监。

对于兵权再次无端被夺，郭子仪的反应是，上表呈进唐肃宗李亨生前赐给他的所有诏敕一千多篇，以示不忘君恩。唐代宗李豫到底是曾经率军跟郭子仪一起并肩作战收复两京的人，是曾和他患难与共的人，总算是良心发现，有点悔悟，下诏："朕不德，诒大臣忧，朕甚自愧，自今公毋有疑。"但他也就是说说罢了，仅此而已，仍然不让郭子仪重掌兵权。

这一次，唐代宗李豫的报应很快就来了。回纥、吐蕃突然大举入寇，逼近长安，唐代宗李豫在计无所出、逃奔陕州的情况下，只好紧急起用郭子仪，让他再次出面迎敌，以挽救危如累卵的被动局面。可是，郭子仪在两失兵权之后，部曲早已离散。到了接诏出征之时，只有二十骑跟随在他身边了。

关键时刻，郭子仪的名将效应再次起了作用了。在他的大旗下，散兵游勇再一次聚集在一起，收复了长安。等到唐代宗李豫终于回到长安时，对郭子仪痛悔："朕用卿不早，故及于此。"

毫无意外地，唐代宗李豫的这次痛悔，依然没有持续多长时间。转过头去，他又对郭子仪开始了新的试探。广德二年（764）十一月，就在《免胄图》中那一幕的一年前，唐代宗李豫任命郭子仪为尚书令。聪慧的郭子仪，马上意识到这又是一次新的猜忌和试探，立即上奏，坚决拒绝。可是，唐代宗李豫这次也是坚决不允。

一个要任命，一个要辞任，唐代宗李豫、郭子仪君臣之间，就此上演了一出拉锯大戏：唐代宗李豫下令，郭子仪必须马上到任尚书令，由五百骑兵执戟护送，由皇宫教坊音乐伴奏，由宰相百僚礼送。搞得这么隆重，郭子仪仍然坚决拒绝。唐代宗李豫这才意识到，郭子仪是真心拒绝，于是装出无可奈何的样子，"赐美人卢氏等六人、从者八人，并车服、帷帐、床蓐、珍玩之具"了事。

有人说，郭子仪的中书令都当了二十四年，为什么当一个尚书令却变成了皇帝的猜忌和试探？这跟唐朝历史上，尚书令这个官职的特殊地位有关。

我们知道，唐朝的中央政府实行三省六部制。其中，中书省负责起草诏敕，门下省负责审核诏敕，尚书省则负责执行诏敕。看起来尚书省只是执行部门，地位最低，但实际上尚书省实权最重。和中书省、门下省没有下属机构不一样，尚书省直接管理吏、兵、户、刑、礼、工等六部。换句话说，尚书令直接管理六部，是手握人权、财权、兵权等国家大权的实权宰相，实际上已经相当于今天的一国总理地位。

更为犯忌的是，尚书令这个官职，李世民在登基之前的武德年间，曾经当过。在他当上皇帝之后，为表示其对龙兴之地的尊崇，当然也有分权的需要，遂将尚书令长期空置，即不再任命尚书令，而以尚书令之下的左仆射、右仆射，作为尚书省的长官。

一是实权最重，二是龙兴之地，三是长期空置，此时此刻的郭子仪，岂敢就此接受尚书令的职务？唐代宗李豫有此任命又岂能是出自真心？幸亏郭子仪这次真的拒绝了，否则很可能早上接受任命，晚上就得走上刑场。

今天的传统戏剧《打金枝》，就生动地表现了唐代宗李豫与郭子仪之间的这种猜忌加试探的关系。

《打金枝》各剧种均有唱本，而以晋剧、京剧较为著名。其情节则大同小异：唐代宗李豫将女儿升平公主，许配给汾阳王郭子仪之子郭暧为妻。时值汾阳王寿辰，七子八婿集体前往拜寿。惟独升平公主自重身份不去，引起兄弟议论，郭暧一怒而打了公主。公主向父皇哭诉，要求治罪郭暧。郭子仪则绑子上殿，请求治罪。唐代宗李豫明事理，顾大局，安慰郭子仪，训斥公主，加封郭暧。于是，一场家暴风波被一个和谐团圆的大结局，取而代之。此后，君臣恢复融洽关系，夫妻再度和睦。

而在真实的历史中，《资治通鉴》记录此事发生于大历二年（767）。也就是《免胄图》中那一幕两年之后。

在《资治通鉴》中，当时郭暧并未动手打老婆，而是在夫妻争吵之时说了一句极为犯忌的气话："你不就是仗着你爹是皇帝吗？我爹有机会当皇帝还不想当呢！"（"汝倚乃父为天子邪？我父薄天子不为！"）升平公主一听，赶紧回了娘家，打了小报告。不料唐代宗李豫却说："他说的是事实。如果郭子仪真的想当皇帝，天下岂能为你家所有？"（"彼诚如是，使彼欲为天子，天下岂汝家所有邪？"）

这年七十一岁的郭子仪，在听说了郭暧这句犯下杀头大罪的气话之后，也并未绑子上殿，而是把郭暧就地囚禁了起来，自己入朝请罪。李豫则表现了自己的大度和宽容："民谚都有说：'不痴不聋，不作家翁。'小孩子们吵架的气话，何必认真呢！"（"儿女子闺房之言，何足听也！"）郭子仪见皇帝不加罪，就自己回家打了郭暧几十下屁股。

郭暧一气之下，把皇帝心中藏着的大实话说了出来，却只被打了几十下屁股，真的很值。这要是在郭子仪还年轻一点时说，而不是在他已七十一岁高龄、已三造唐室时才说，郭家不被满门抄斩才怪。

郭暧不知道，皇帝的猜忌和怀疑，就像乌云一样，一直笼罩在郭家的上空。如果不是他爹那异于常人的人生智慧、难能可贵的谦虚谨慎、超出常人的逆来顺受，包括他自己在内，郭家早就完了。

这一点，对比一下与郭子仪同期的功臣结局，我们就知道郭子仪的人生有多么完美了。郭子仪的老部下、同为中兴名将的李光弼，身遭猜忌和怀疑，吓得在外掌兵而不敢入朝，年仅五十七岁就因忧郁而死；在《免胄图》中，引来回纥和吐蕃军队的郭子仪另一个老部下仆固怀恩，也是因为朝廷的猜忌和怀疑，被活生生地逼反的。要么被逼死，要么被逼反，这才是史上功臣的常态。

"富贵寿考，繁衍安泰，哀荣终始"：郭子仪生前，富贵已极。先说富。郭子仪一年俸禄二十四万缗，还有"前后赐良田美器，名园甲馆，声色珍玩，堆积羡溢，不可胜纪"。二十四万缗是多少钱？对比一个数据，可能就有些概念了，天宝五载（746），帝国正处于全盛时期，全天下岁入的租税钱也就二百余万缗。换句话说，郭子仪一人一年的俸禄，就占了帝国一年岁入租税钱的10%左右！

再说贵。论地位，唐代宗李豫不称名而呼为"大臣"，唐德宗李适赐号曰"尚父"；论官爵，除了尚书令不敢当，汾阳王、摄冢宰、太尉、中书令等高官,都当过了;论威风,郭子仪麾下的数十名宿将,后来都是封王封侯的人了,可郭子仪仍然驱使指挥,宛如家仆,一如当年。

郭府坐落于长安城的亲仁坊,一府就占了该坊的四分之一,是当时长安城首屈一指的府第。其实,在亲仁坊北面紧邻着的宣阳坊,郭府还另有一宅,归《打金枝》中的驸马爷郭暧和升平公主所有。

郭子仪一生,经历武则天、唐中宗、唐睿宗、唐玄宗、唐肃宗、唐代宗、唐德宗等七朝,总共活了八十五岁。这在平均年龄不高的唐朝,甚至是在平均年龄较高的今天,已经属于高寿了。

子孙后代方面,郭子仪一生拥有八子七婿(不是《打金枝》中所谓的"七子八婿"),皆官至贵重;有孙数十人,有家人三千多。到了群孙请安时,郭子仪实在分不清楚,只好含笑点头,敷衍了事。

郭子仪后代中最牛掰的,是郭暧和升平公主所生的长女。这位长女被纳为唐宪宗李纯的贵妃,后来生下了唐穆宗李恒。从此,唐朝的皇室,也有了郭家的血统。

《尚书》说人生有"五福":"一曰寿,二曰富,三曰康宁,四曰修好德,五曰考终命。"从郭子仪的一生来看,他显然是集齐了"五福"的人,拥有了一个今天我们都羡慕的完美人生。正是"人道之盛,此无缺焉"。

三
《免胄图》是宋人画唐史

《免胄图》的作者李公麟,字伯时,号龙眠居士,生于北宋皇祐元年(1049)。他博学多才,工书法、绘画、诗文,中进士后曾为官三十年,但一生未受重用,仅以七品的"朝奉郎"退隐山林。他与同时期的大文人,如王安石、苏轼、黄庭坚、米芾等人,都是好友。

李公麟的绘画作品题材丰富,人物、鞍马、花鸟、山水,无所不包。《宣和画谱》称他"尤工人物,能分别状貌",被誉为"宋画第一""宋人人物第一"。

《免胄图》是纸本白描画,相当于一张黑白照片。白描是中国画中一种重要的绘画技法，它纯用墨色线条勾描形象而不添加任何色彩，具有单纯朴素、清新自然的风格特点。李公麟是白描技法的开创者，被元朝赵孟頫奉为"白描之祖"。后人谈及白描，无不祖述李公麟。

但是，《免胄图》所画的内容，却是唐朝的史事。简单地说，《免胄图》是宋人画唐史。《免胄图》中的史事发生时，李公麟并未在现场。李公麟能够画出此图，是根据历史记载，再加上自己的想象。

在郭子仪离世二百六十九年之后，李公麟才出世。两人之间，还间隔了晚唐、五代、北宋初年等时代。在摄影摄像技术均未发明、纸质画像亦难保存的古代战乱年代，李公麟显然没有机会看到郭子仪到底长什么样儿。所以，《免胄图》中的郭子仪，并非其真实样貌，大家看看就好了。

那么，是什么原因促使北宋人李公麟去画一幅描绘唐朝史事的《免胄图》呢？

主要是基于北宋当时面临的严峻军事形势。北宋的边境，北有辽国，西北有西夏，西有吐蕃。这些敌国经常南下袭扰，导致沿边州郡不得安宁，频频报警。国防消耗了大量的财力物力，这成了北宋最大的问题。最关键的是，北宋军队与他们作战，还经常占不到上风，长期处于被动防守的状态。

于是，包括李公麟在内的北宋仁人志士们，极度盼望本朝能有像郭子仪这样的旷世名将出世，拿出"郭子仪单骑见回纥"的神勇，帮助国家战胜辽国、西夏和吐蕃的军队，从此永绝边患。

《免胄图》，就是在这种心态下诞生的。

《五牛图》

最左边那头牛，作者画的是不是自己？

《五牛图》，画的是唐朝的五头牛。

唐朝的这五头牛，通过画家的生花妙笔，穿越千年的历史尘烟，栩栩如生地，呈现在我们眼前。

要知道，以牛入画，而且只以牛入画的名画，千百年来，仅此一幅而已。

一
《五牛图》不仅有五头牛，还有五个牛气之处

《五牛图》画了五头牛，因此得名《五牛图》。

而在我看来，《五牛图》之所以得此名，除了五头牛这一层含义之外，还有另外一层含义：它还有五个牛气之处。

一是画面牛气。《五牛图》画了五头牛，但又只画了五头牛。哦，最右边那头牛身旁，画了一小丛灌木。除此以外，无天无地，无花无草，无山无水，无人无鬼，没有任何背景衬托。

画作中，画家仅以简洁的线条，就勾勒出了牛的骨骼体态，同时将牛的强健有力、行动沉稳、速度迟缓的特点表现得淋漓尽致，实在是古代畜兽画中的上乘之作。

牛气的是，如果我们把此画裁为五段，那么每一头牛，都可以独立成篇，绝无肢裂和单调之感。

更牛气的是，在这样一幅没有什么背景的画中，我们看到的画面仍然是充满亮点的，每一头牛，都表情丰富，都活生生的。在画中，五头牛一字排开，或行或立，或俯或仰，各具形貌，姿态互异，实在是动感十足，创意无限。

二是作者牛气。《五牛图》的作者韩滉（723—787），是唐朝最牛的画牛的画家。

上面这句话，听起来是不是有点绕口令的意思？那换句简单的，韩滉是唐朝画牛第一人。

唐朝画史上有一个说法，叫"牛马二韩"。这个说法的意思是，画牛和马画得最好的，都姓韩，画牛的叫韩滉，画马的叫韩干。还有一个说法，叫"韩马戴牛"，意思是韩干的马画得最好，戴嵩的牛画得最好。而这个画牛最好的戴嵩，既是韩滉的下属，也是他的徒弟。如果说戴嵩是唐朝画牛最牛的人，那么韩滉就是唐朝画牛最牛的人的老师。所以简称他为"唐朝画牛第一人"。

《唐朝名画录》说韩滉的画作，"田家风俗、人物、水牛，曲尽其

妙",《历代名画记》则说他"牛羊最佳"。

韩滉的身份，也相当牛气。韩滉的父亲韩休，曾是唐玄宗李隆基的宰相，以犯颜直谏而著称，与张九龄齐名。"九龄已老韩休死，明日应无谏疏来"一诗，说的就是这两位唐朝贤相。

韩滉自己，后来也当上了宰相。以门荫入仕的他，先是历任殿中侍御史、考功员外郎、尚书右丞、户部侍郎等这样的京官；到了唐德宗李适主政期间，他开始出任晋州刺史、苏州刺史、浙江东西都团练观察使、镇海军节度使等这样的地方高官。最后，他才又被调回长安就任宰相。

虽然都是宰相，儿子却比父亲还要强。因为韩休的职务仅仅是黄门侍郎、同平章事，而韩滉的职务则是检校尚书左仆射、同平章事、江淮转运使。儿子比父亲的责任，更重。

韩滉职务中的"江淮转运使"，意味着他手握财权。而他此前的职务"镇海军节度使"，在他到了中央任职时，仍然兼任。这使得韩滉继萧嵩、李林甫、杨国忠之后，成为唐朝第四位"宰相遥领节度"者，他既是地方藩帅，又是中央宰相，还是政府财臣。

韩滉就此成为集政权、财权、军权于一身的一代权相。这样的权相级别的画家，牛气吧？

三是地位牛气。《五牛图》传承到今天，至少已有一千二百多年，已是国家级的"镇国之宝"。而且这是一幅我国目前所见的最早作于纸上的画。这幅国宝级的纸画，用纸为麻纸，纵长20.8厘米，横长139.8厘米。

据现有文字记录，用纸绘画，最早始于东汉。而最早用纸绘画的这位画家，就是我们的老熟人张衡。对，就是那位造出了地动仪的大科学家张衡。

唐人张彦远在《历代名画记》卷四中说："张衡，字平子，南阳西鄂人。高才过人，性巧，明天象，善画。累拜侍中，出为河间王相，年六十二。昔建州浦城县山有兽，名骇神，豕耳人首，状貌丑恶，百鬼恶之，好出水边石上。平子往写之，兽入潭中不出，或云：'此兽畏人画，故不出也，可去纸笔。'兽果出，平子拱手不动，潜以足指画兽，今号为巴兽潭。"

从上面这个记录可以看出：一，张衡不是一般的"善画"，而是用脚都可以作画；二，张衡是用"纸笔"作画的。可见，用纸作画，韩滉并非第一人。至少，大科学家张衡是他的前辈之一。

其实，一直到唐朝，绘画还是纸绢并行。或者说，以绢为主，以纸为辅。本来当年用纸作画的就少，居然还有一幅纸画传承到了今天，这样的画可不就是国宝吗？

其实隋唐时期的纸已经很多，当时的造纸技术已经进步到了形成纸张产业的地步。造纸除了使用破布以外，还直接采用生麻纤维，诸如楮皮、桑皮、藤皮、瑞香皮、木芙蓉皮等混合原料。

当时制成后未经加工的纸称为"生纸"或"白纸"，经过砑光、施胶、加蜡、填粉、涂布等技术处理的纸称为"熟纸"。

唐人作画多用熟纸，并且歧视生纸或白纸，认为生纸或白纸只应该在办丧事时才用到。宋人邵博在《闻见后录》中说："唐人有熟纸生纸，熟纸所谓妍妙辉光者，其法不一，生纸非有丧故不用。"

推究起来，唐人不喜欢用生纸或白纸，可能还与其未经加工易遭虫蛀有关。宋人高承在《事物纪原》中说："唐高宗上元三年，以制敕施行，既为永式，用白纸多为虫蛀，自今已后，尚书省颁下诸州诸县，并用黄纸，敕用黄纸，自高宗始也。"和朝廷制敕一样有着长期保存需求的绘画作品，自然也会优先采用经过加工的可防虫蛀的熟纸。

经检验，《五牛图》所用的纸，是桑皮熟纸，由五小块纸粘连而成，纤维束少，纤维分散好，表面有光泽，有蜡层，颜色为浅黄。

四是传承牛气。现藏北京故宫博物院的《五牛图》，是真迹。薄薄一张纸，未遇兵灾，未遭火焚，能够从唐朝穿越千年，到达我们的眼前，实在是牛气。

在数千年的传承过程中，《五牛图》曾经从三双龙目、一双准龙目之前，路过。

三双龙目的主人是北宋徽宗赵佶、南宋高宗赵构、清朝乾隆皇帝，一双准龙目的主人是元朝仁宗的太子。这说明，《五牛图》曾经进入过北宋、南宋、元朝、清朝等四朝皇宫。

清朝乾隆十七年（1752）七月十五日，《五牛图》由两江总督尹继善进贡，最后一次进入皇宫。整整两百年后的1952年，《五牛图》由新中国拨款购回，再一次回到了曾经收藏它的那座皇家宫殿。不过，这一次不再叫清朝皇宫，而是叫作故宫博物院了。

《五牛图》还从几位文化名人的雅目之前，路过。这其中最有名的，就是元朝的赵孟頫。

赵孟頫曾经收藏此图,并用他那同样为"希世名笔"的书法,在图上留下了"右唐韩晋公《五牛图》,神气磊落,希世名笔也"的高度评价。

这样的文化名人,还包括明朝著名书画家项圣谟,清朝"扬州八怪"之首金农。

最险的是,《五牛图》还曾经落入入侵中国的八国联军之手。万幸的是,《五牛图》并没有毁于那场兵灾,而是被出售,辗转落入香港商人吴蘅孙的手中。

五是价值牛气。这么牛的国宝级的《五牛图》,当然是无价之宝了。如果此时此刻,我想讨论一下它值多少钱,是不是显得特别俗?

但它其实还真的有过价格,曾经被俗气的金钱衡量过:六万港币,1950年的六万港币。

新中国成立第二年的一天,周总理收到一位香港爱国人士传来的消息:韩滉的《五牛图》将在香港拍卖,开价十万港币。希望新中国的人民政府能够出资收购,使这一稀世珍宝回归祖国。

周总理当即指示政务院文化部:一,立即派遣专家前往香港对《五牛图》的真伪进行鉴定,然后决定是否收购;二,如系真品,收购后要选派可靠人员专门护送回国,以确保文物安全;三,文物运回后,要交给收藏条件好的单位妥善保存。

随后,经过专家鉴定和收购协商,《五牛图》最终以六万港币成交,顺利回到祖国,并被收藏于北京故宫博物院。

六万港币,这应该是《五牛图》的第一个,也是最后一个报价了。

二

《五牛图》画的
是什么牛?

先看左1这头黄牛,这是全画之中唯一一头系红络缰绳的牛。左1通体赭黄,白色肚皮,面部表情威严,但眼神中似乎还略带一丝无奈。

韩滉实在是大手笔，区区一头牛，硬是被他画得像个主席台上的领导似的。我们从这头牛的表情上，既可以读出其凛然不可侵犯的威严，又可以读出其头系红络、身有羁绊的无奈。嗯，这是一头不大自由的老黄牛。

左2也是一头通体淡黄、白色肚皮的牛。但这头牛，韩滉显然画的是黄牛中的"小鲜肉"。因为，它不仅表情活泼，神态轻松，而且还正在吐舌头！嗯，这是一头调皮的可爱的小黄牛。

左3，也就是中间这头牛，完全以正面示人，视角独特。它通体黑色，有着略带调皮的双眼，咧开的牛嘴，稍带微笑的牛脸。嗯，这是一头友善的牛。

左4是一头黑白相间的花牛。它神态悠闲，闲庭信步之际，似在举首长哞。嗯，这是一头悠闲的牛。

左5也是一头赭黄色的牛。它正伸出脖子，在画中唯一的背景物一丛荆棘上，惬意地蹭痒痒。嗯，这是一头挠痒痒的牛。

画中这五头牛，全是被驯化的黄牛。我以一个打小就放牛，并与小伙伴们多次骑牛赛跑的荆楚大地资深放牛娃的身份，鉴定完毕。

被驯化的牛，问题在于，没有野性；韩滉画牛，问题也在于，他画的牛没有野性。这是见诸《宣和画谱》的看法。

《宣和画谱》对比韩滉戴嵩师徒画的牛，说戴嵩"师滉画皆不及，独于牛能穷尽野性，乃过滉远甚"。可见，在刻画牛的野性方面，师父韩滉不如徒弟戴嵩。

而在我看来，韩滉在《五牛图》中，画的就是被驯化的牛，并不是野牛。画被驯化的牛，又要画出野性来，完全是求全责备。这不是在逗韩滉他老人家玩儿吗？

牛，是人类最早驯化的大型家畜之一，其驯化史可以追溯到新石器时代。到了唐朝，黄牛、水牛、牦牛等三大牛种均已出现，沙牛、犏牛、封牛等也分布在大唐帝国的不同地区。

韩滉所画的黄牛，是唐朝的主流优良牛种。当时的黄牛，毛色并不是一律的黄色。而是以黄色为主，有淡黄色、暗黄色、草黄色、深黄色；红色的黄牛也不少，包括红栗色、红褐色、浅红色；还有褐色和黑色的黄牛。正如我们在《五牛图》中所看到的那样。

《五牛图》局部：左1

《五牛图》局部：左2

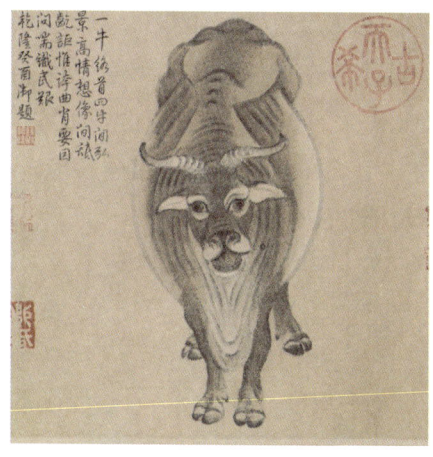

《五牛图》局部：左3

《五牛图》局部：左4

《五牛图》局部：左5

红色的黄牛，大文豪韩愈是见过的。他在《汴泗交流赠张仆射》中写下"红牛缨绂黄金羁"，将其称之为"红牛"。注意，韩愈说的可不是咱们今天的某品牌饮料。

唐朝的牛，很牛很牛。因为它们受到了上自皇帝、下至平民的集体保护。

今天的我们，恐怕难以想象在唐朝吃上一片牛肉的难度。唐朝诸帝为了保障农业生产，曾经多次下诏，以法律的形式禁止宰杀耕牛；甚至在皇帝改元大赦天下的时候，"屠牛"居然与"十恶五逆"等严重的罪行一起，不在赦免之列。

身为唐朝大臣，尤其是本身就爱牛、画牛的大臣，韩滉对于保护耕牛的政策，那可是衷心拥护、严厉贯彻的。

据《唐语林》记载，他在担任镇海军节度使时，在自己的辖区内，实行了禁止屠牛、爱牛护牛的恐怖政策套餐：

套餐一：疑似屠牛者，杀！——"遣官分察境内，罪涉疑似必诛，一判辄数十人，下皆愁怖"，吓得老百姓到了"愁怖"的程度。

套餐二：屠牛者，杀！——滉"又痛断屠牛者，皆暴尸连日"，屠牛者不仅要杀，还要暴尸。

套餐三：知道屠牛而未举报者，杀！——"有犯令者，诛及邻伍，坐死数十百人"，屠牛者的邻居，也被株连。

杀杀杀！杀本人！杀邻居！韩滉对于屠牛者的态度，就是如此坚决。他对牛，那确实是真爱啊。韩滉的辖区，就此成了牛的乐土。

但韩滉本人，并不承认自己此举是出于对牛的真爱。对于这种稍具私心的爱牛护牛恐怖政策，他给出了一个高大上的理由："谓人曰：'草贼非屠牛酾酒，不成结构之计。深其罪，所以绝其谋耳。'""以贼非牛酒不啸结，乃禁屠牛，以绝其谋。"

韩滉的这番诡辩，有必要帮他翻译一下。韩滉的理由是：这帮草贼在打算造反的时候，非杀牛喝酒不可，否则他们无法计划周密。现在我严厉惩罚，他们就不敢再杀牛，而不敢再杀牛就没有牛肉下酒；不能吃牛肉喝酒，他们就商量不出造反的计划来。这样，辖区内的治安问题就解决了。

在今天的我们看来，这样的理由，相当无厘头。难道就没有不吃牛肉，不喝酒，也能聚众造反的暴徒吗？陈胜吴广当年难道也是吃了牛肉、喝了大酒，才造反的？

史料表明，韩滉虽然不是以牛入画的第一人，但他却开创了史上画牛作品的鼎盛局面。

早在商周时期，青铜器上的牛角纹、牛头纹、牛面纹就非常普遍。

汉朝则有不少关于牛的画像石、画像砖、石雕作品，可以让我们看到汉朝牛儿彪悍的造型、圆硕的身躯。此时的画牛，多以农耕、放牧为主，人是主角，牛是配角。

直到唐朝，画家们才开始偏重于对牛本身的描绘，牛才成为主角，画牛才成为一个独立的画种。正是在这样的环境和氛围下，韩滉才有了他的《五牛图》，他的弟子戴嵩才有了其作品，韩滉才开创了画牛作品的鼎盛局面。

唐朝以后，以牛入画开始衰落。宋元明清时期，虽然亦有画牛作品问世，但走兽画已不再受到画家们的重视。

韩滉和他的《五牛图》，遂成绝响。

三
如果说左1那头牛
是韩滉自己，你信吗？

《五牛图》中的左1，那个唯一头系红络缰绳、身有羁绊的老黄牛，表情既威严，又略显无奈。有人说韩滉画的，就是他自己。

既然是出将入相的高级官员，当然宝相庄严；而那个红络缰绳，正好喻示着他身处官场的诸多束缚和羁绊，所以郁闷无奈。

有学者考证，韩滉画《五牛图》是在贞元元年（785）。这一年，有人在唐德宗李适面前进谗言，"人颇言有窥望意，虽帝亦惑之"。所谓"窥望意"，就是说韩滉要凭借手中大权造反。于是，韩滉画下此图，是要向唐德宗李适表明心迹。

他要表明什么心迹？近一千年后，身为皇帝的乾隆也来猜测韩滉

《五牛图》的创作意图，题了一首诗："一牛络首四牛闲，弘景高情想象间。舐龁讵惟夸曲肖，要因问喘识民艰。"

在这里，"书袋帝"乾隆向我们掉了两个书袋——"弘景"和"问喘"。

"弘景"指的是陶弘景，所代表的创作意图是"归隐"。陶弘景是梁武帝萧衍时的隐士。面对梁武帝的多次征召，他画了一幅画，画中有两头牛，一头在自由自在地吃草，另一头则戴着金笼头，还被拿着鞭子的人牵着鼻子。梁武帝一见，便知他想自由自在地归隐，不愿受束缚，于是不再勉强他出来做官。

乾隆掉"弘景"的书袋，表明他认为，韩滉创作《五牛图》是希望向皇帝表明自己无意"窥望"，而是打算"归隐"。

必须指出，"归隐"说不确。因为韩滉最终死于宰相任上，并未归隐。而且，在他生前，也没有史料显示他曾经向皇帝表示过归隐之意。

另一个书袋"问喘"，则指的是汉朝宰相丙吉，所代表的创作意图是"重农"。"丙吉问喘"是一个有名的典故。说的是汉宣帝时的丞相丙吉出行，遇到路边有牛在喘气。他马上停下车，很关心地问牛喘气的原因。对于属下的不解，他解释说："牛在春天行路不远就喘成这样，说明季节不调，会影响农事，这是我作为丞相'重农'的职责所在。"

应该说，"重农"更接近韩滉的真实思想，更符合韩滉长期作为唐朝财政系统官员的基本思路。

韩滉入仕以来，最重要的任职资历，是从大历六年（771）起担任户部侍郎、判度支，与唐朝著名经济改革家和理财专家刘晏一起，分掌天下财赋，时间长达九年。

这九年的财政系统任职经历，奠定了韩滉一生的事业基础，也奠定了韩滉一生的思想基础。

正因为他管理过天下财赋，才知道国家钱粮来得不易，知道农民不易，知道耕牛不易。这才有了"重农"思想，才有了《五牛图》。

所以，如果再有人说左1那头牛是韩滉自己，大家听听就好了。

四
韩滉的人生逆袭

《五牛图》的作者韩滉,虽是宰相之子,但其仕途也并不顺利,中间也遭受过重大挫折。

他在担任户部侍郎、判度支等重要职务时,为当时中央财政状况的好转做出了巨大贡献:"属国计空耗,上难其人,服勤九年,出利百倍,左藏之钱至七百万贯,太仓之粟至数百万斛,其边储或五六万,或十余万。"所以,他深受当时皇帝唐代宗李豫的赏识,前景一片光明。

可惜,"一朝天子一朝臣"是古今通理。唐代宗李豫不久去世,在大历十四年(779)五月继位的唐德宗李适,"恶滉掊刻,徙太常卿","议未息,又出为晋州刺史"。

新上来的老大不仅不喜欢他,还把他从手握重权、条件优裕的京官贬为地方官,远远地打发到了晋州。更重要的是,这位新皇帝唐德宗李适,登基时才三十七岁,年富力强,明摆着还有多年的皇帝要当。这样年轻的皇帝不喜欢韩滉,他的前途由此岌岌可危。

幸运的是,不受新皇帝待见的韩滉,在晋州刺史任上只待了不到一年时间,他的人生逆袭就开始了。

大历十四年十一月,他就调任苏州刺史、浙江东西观察使。此后,他再次受到重用,成为朝廷新设立的管辖范围庞大的镇海军节度使,下辖"润、常、湖、苏、杭、睦、越、明、台、温、衢、处、婺、宣、歙"等十五州,囊括了江东最富庶的州郡。这可是帝国当时最富的封疆大吏。

唐德宗李适是不是吃错药了?怎么对韩滉的态度前后区别这么大?韩滉是不是跑官要官了,要不他的人生逆袭怎么来得这么快、这么好?

事实是,唐德宗李适没有吃错药,韩滉也没有跑官要官。原因用一句话就可以概括:唐德宗李适要打仗,需要具有财政方面任职经验的官员坐镇江东富庶地区,为他筹集军费,而韩滉,恰恰是最合适的人选。

唐德宗李适要打的仗,是唐朝仅次于"安史之乱"的"四镇之乱"。起因在于他改变了其父唐代宗李豫对两河藩镇的姑息政策,激起了成德、魏博、淄青、山南东道等四镇联兵反唐。叛军规模太大，这一次，他非常需要钱，需要很多很多钱。

当时，"两河有事，职税所办者，惟在江东"，是朝野上下的共识。这样一来，就给了极富财政经验的韩滉，人生逆袭的机会。

等到了逆袭机会的韩滉，在镇海军只做了三件事：一是维稳，包括用无厘头的理由恐怖镇压屠牛者；二是强兵，他所训练出来的精兵，元稹后来评价"润之师，故南阳韩晋公之所教训，弩劲剑利，号为难当"；三是征税，为中央政府提供战争经费。

在第三件事上，韩滉之功无与伦比。唐德宗李适几次命悬一线，都是依靠韩滉及时送到的钱粮，才得以绝处逢生。

第一次：兴元元年（784）二月，由于李怀光叛乱，唐德宗李适仓促出逃梁州，物资供应极为匮乏，"六军从官，扈跸千里，时属维夏，未颁春衣"。正在狼狈之际，镇海军节度使韩滉"命判官何士干领健步七百，负绞练十万匹，上献天子"。

如此紧急的情况下，细心的韩滉还能考虑到唐德宗李适爱喝茶，为此做了特别的安排："以夹练囊缄盛茶末，遣健步以进御"，让正在逃难的唐德宗李适一下子感觉好温暖。实在是贴心得很。

功高莫过救驾，救驾还如此细心。估计当时唐德宗李适一边喝茶，一边点头："嗯，韩滉，我看行。"

唐德宗李适马上就给了韩滉丰厚的回报：加封江淮转运使，不久又进封国公。那句俗话怎么说来着？"每一个成功男人的背后，都和领导贴过心。"

在给唐德宗李适送茶的同时，韩滉还"运米百艘以饷李晟"，而后者正率领神策军准备收复京师。

史书如此记录韩滉此时的巨大功绩："时滉以中国多难，翠华不守。淮西、幽、燕，并为敌国，公虑敖仓之粟不继，忧王师之绝粮，遂于浙江东西市米六百万石，表奏御史四十员，以充纲署。淮汴之间，楼船万计。中原百万之师，馈粮不竭者，韩公之力焉。"

第二次：同年九月，逃难的唐德宗李适终于返回了长安。但是祸不单行，叛乱刚过，又遇旱灾蝗灾，贵为皇帝的他，仍然缺钱，"米斗千钱，仓廪耗竭"。还好，他还有贴心的韩滉，"运江、淮粟帛入贡府，无虚月"。

这一次,韩滉不仅自己贡米,还感动了淮南节度使陈少游。韩滉"自临水滨,发米百万斛","既而陈少游闻滉贡米,亦贡二十万斛。上谓李泌曰:'韩滉乃能使陈少游贡米乎!'对曰:'岂惟少游,诸道将争入贡矣!'"

如果"诸道争入贡"实现的话,那韩滉应该算是史上第一个感动中国的人物了吧?

第三次:贞元二年(786)春,关中的饥荒进一步加剧,以至连禁军的粮食都成了问题。军队已有了哗变的苗头:"禁军或自脱巾呼于道,曰:'拘吾于军而不给粮,吾罪人也!'上忧之甚,会韩滉运米三万斛至陕,李泌即奏之。上喜,遽至东宫,谓太子曰:'米已至陕,吾父子得生矣!'"韩滉又一次救了命悬一线的唐德宗李适。

这一次,韩滉由江淮至关中运米约二百万石,由此开创了有唐一代南粮北运的最高纪录;韩滉如此卖力,苦兮兮地等米下锅的唐德宗李适当然也不会亏待了他,"德宗嘉其功,以滉专领度支、诸道盐铁转运等使",也由此开创了有唐一代地方藩帅兼领盐铁转运使的最早记录。

这样贴心又能干的干部,不调中央工作怎么行?贞元二年十一月,韩滉被召入长安当上了宰相,任检校尚书左仆射、同平章事、江淮转运使,仍兼镇海军节度使。史称"韩滉自浙西入觐,朝廷委政待之,至于调兵食,笼盐铁,勾官吏赃罚,锄豪强兼并,上悉仗焉。每奏事,或日旰,他相充位而已,公卿救过不能暇,无敢枝梧者"。

这是逆袭成功的韩滉,一生中的巅峰时刻。当然,也是韩滉一生中的最后时刻。四个月后的贞元三年二月,韩滉在长安昌化里的府邸去世,享年六十五岁,就此善终。

韩滉去世了,他那再造大唐的功业,和他那"希世名笔"的《五牛图》,流传千古。

《会昌九老图》就是白居易在家开的大Party

唐朝会昌五年（845）的夏天，东都洛阳，时年七十四岁的白居易，闲居在家，闷得发慌，就又想开Party（社交聚会），请客吃饭了。

请谁好呢？当然不能请年轻人了，和他聊不到一块儿啊。还是请几个和他一样退休在家的糟老头子吧。名单如下：八十九岁的前怀州司马胡杲、八十六岁的前卫尉卿吉皎、八十四岁的前龙武军长史郑

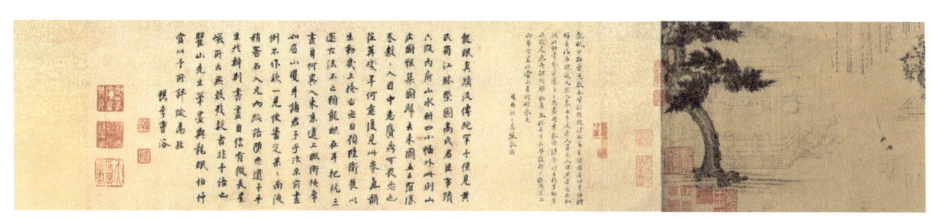

李公麟《会昌九老图》 北京故宫博物院藏 卷 绢本 30.7cm×238cm

据、八十二岁的前磁州刺史刘真、八十二岁的前侍御史内供奉官卢真、七十四岁的前永州刺史张浑,加上一百三十六岁的洛中遗老李元爽、九十五岁的如满禅师,再加上白居易自己,一共九个人。就办个"九老会"吧。

白居易没有想到的是,自己只不过想低调地请个客,聊个天,作个诗,开个Party,结果却高调地青史留名。这不仅成为史上最为有名的老人聚会、尚齿之会,而且影响深远,成了此后历朝历代文人津津乐道的话题,还成了历朝历代画家挥毫创作的主题。

现藏于辽宁省博物馆,由北宋李公麟创作的《会昌九老图》,就是其中最著名的一幅,是以白居易"九老会"为主要内容的历史名画。

一
从"四老会""七老会"到"九老会"

白居易晚年,归隐洛阳。

作为那个时代横跨政坛、文坛的超级明星,虽然白居易退隐在家,却仍然在他身边聚拢了一个以其为核心的闲适文人群体。这个群体的成员,多为退休的官员,比较著名的人物有白居易、刘禹锡、裴度、牛僧孺等。

他们闲居东都洛阳,营建府邸,不再关心京城长安的朝廷政事,不再兼济天下,专意独善其身,专意游山玩水、歌舞宴集、吟诗作赋、好佛亲禅、纵情声色。如此一来,他们的生活,其实就只剩下了四个字:诗、酒、宴、乐。而这,也就是白居易在家开Party、组织"九老会"的大背景。

其实一开始,白居易组织的是"四老会":会昌元年(841),七十岁的白居易写了一首《雪暮偶与梦得同致仕裴宾客王尚书饮》:"黄昏惨惨雪霏霏,白首相欢醉不归。四个老人三百岁,人间此会亦应稀。"

这首诗白居易自注："裴年九十余，王八十余，予与梦得俱七十，合三百余岁，可谓希有之会也。"这里的"裴"，指的是裴洽；这里的"王"，指的是王起。

尤其值得一提的是，"四老会"时，白居易的终生好友之一、和他一起并称"刘白"的大诗人刘禹锡，还健在。可惜的是，刘禹锡在"四老会"后的第二年，即会昌二年（842）就去世了。

而白居易的另一个终生好友、和他一起并称"元白"的大诗人元稹，则去世得更早。早在太和五年（831）七月，元稹就以五十三岁的年纪，暴卒于武昌军节度使的任所。所以，"四老会"有刘禹锡，没有元稹。

到了会昌五年（845）春天，既没有了元稹，也没有了刘禹锡。白居易在组织"四老会"的升级版时，只好找了前面所说的胡杲、吉皎、郑据、刘真、卢真、张浑等六人，组织了一个"七老会"。

为"七老会"，白居易赋诗一首——《胡吉郑刘卢张等六贤皆多年寿，予亦次焉，偶于弊居合成尚齿之会，七老相顾既醉且欢，静而思之，此会稀有，因成七言六韵以纪之，传好事者》：

> 七人五百七十岁，拖紫纤朱垂白须。手里无金莫嗟叹，尊中有酒且欢娱。诗吟两句神还王，酒饮三杯气尚粗。莞峨狂歌教婢拍，婆娑醉舞遣孙扶。天年高过二疏傅，人数多于四皓图。除却三山五天竺，人间此会更应无。

其实，在"七老会"上，还有两个不到七十岁的老者也参加了，一个是秘书监狄兼謩，另一个是河南尹卢贞。由于这二位未到七十不能称"老"，所以虽然出席宴会，也有唱和诗作，但严格坚持标准的白居易，没有将他们两个人的诗作列入盛会诗集之中。

会后，白居易专门为"七老会"编纂诗集，以年齿为序，命名《七老会诗》。

到了夏天，白居易还嫌Party不够盛大，又组织了"七老会"的升级版：他在上述六老之外，邀请了一百三十六岁的洛中遗老李元爽、九十五岁的如满禅师，同时没有再邀请狄兼謩、卢贞，终于凑足九人，开了个规模最大的Party，史称"九老会"。

这一次的"九老会"，在惯常的吟诗作赋之外，白居易还搞了一个创新：像我们今天召开同学会、同乡会一样，来了个合影留念。在没有照相技术的唐朝，白居易找来画手，"续命书姓名、年齿，写其形貌，附于图右。与前七老，题为《九老图》"。《新唐书·白居易传》也证实了当年白居易的这个合影留念："人慕之，绘为《九老图》。"

《九老图》未能流传下来，有见过此图的人，曾写诗赞曰："九老图成天下传，有儒有释仍有仙。"但是，白居易的这个《九老图》与目前我们所见北宋李公麟创作的《会昌九老图》，肯定不是同一个图，甚至也不是同一个风格的图。

简单粗暴地概括，白居易的《九老图》，是正装登记照；李公麟的《会昌九老图》，则是炫富生活照。

而且，白居易的《九老图》，肯定是唐人衣冠，但我们在李公麟的《会昌九老图》里看到的，已是宋人衣冠。

但《九老图》和《会昌九老图》，有一点是共同的，就是其中肯定有白居易本人的画像。好啊好啊，今天的我们，终于可以知道白居易长什么模样了！

老年白居易长什么样儿？六十六岁时，有人把他的模样，画在了屏风上，于是白老帅哥很高兴地写诗嘚瑟："须白面微红，醺醺半醉中。百年随手过，万事转头空。卧疾瘦居士，行歌狂老翁。仍闻好事者，将我画屏风。"这个屏风当然没有留传下来，但我们可以根据这首诗，去《会昌九老图》中找找白居易本尊。

可是，《会昌九老图》中，水中的船上，有两个老人正在下棋，看不出哪个是"面红须白"的白居易；水榭里，有四个老人，一个在提笔写字，一个在伏案读书，还有两个在欣赏画作，也看不出哪个是"面红须白"的白居易。

倒是室外空地上三个正在玩耍的老人，露出了一些端倪：一个老人"为老不尊"，居然头戴大朵牡丹花，在那里狂舞，把旁边两个老人逗得乐不可支。这个"为老不尊""簪花狂舞"的老家伙，倒有点白居易自己在诗中所说的"行歌狂老翁"的意思了。对了，我觉得这个老家伙，极有可能就是白居易。

要知道，牡丹在唐朝，基本已是国花的地位。白居易的好友刘禹锡有诗曰："唯有牡丹真国色，花开时节动京城。"证明了唐朝时举国上下，对牡丹的极度喜爱。

白居易本人，也极爱牡丹。据不完全统计，唐诗之中直接吟咏牡丹的诗，有130余首，而白居易一人就占了12首，位居第一。这样一个极爱牡丹的诗人，把牡丹花插在头上，进而乘醉狂舞，完全是大概率事件。仔细看看那个"簪花狂舞"的老家伙吧，他就是白居易。当然，这只是我个人的直觉判断，仅供参考。

　　而且，实事求是地说，与唐朝白居易等人相隔了两百多年的北宋画家李公麟，并未见过画中九老的形貌。《会昌九老图》中所画的老人形貌，仅在表意而已，我们无法苛求他必须写真。所以，图中到底哪个是白居易，还真说不准。

二

"九老会"的地点，

不是洛阳城外的香山，

而是洛阳城中的履道坊

　　很多人一看《会昌九老图》，上面有山有水，有花园有水榭，再加上白居易自号"香山居士"，就直觉地认为，"九老会"是在洛阳城外的香山举办的，有的文章甚至称"九老会"为"香山会"。其实有误。

　　白居易举行"九老会"的地点，就是洛阳城中的履道坊，白居易自己的家中，而不是洛阳城外的香山。关于"七老会""九老会"的地点，白居易自己在诗集的注释中写得清清楚楚，"会昌五年三月二十一日于白家履道宅同宴"。

　　白居易一生，有私宅四处，分别为长安新昌坊宅、洛阳履道坊宅、庐山遗爱草堂、渭村闲居。所谓"白家履道宅"，就是指白居易在洛阳履道坊的私宅，也是他一生中最后的住处。

　　那么有人就要问了：白居易的家，有那么大吗？有山有石，有水有船，有花有树？我只能说，贫穷限制了我们的想象力啊。

　　白居易的家，真有那么大，大到占地十七亩，而且还真的有山有石，有水有船，有花有树。白居易的家分为三个部分，占地约三分之一的房屋,以及占地约三分之二的两个小花园——南园、西园。在两个花园中,水面占五分之一,竹林占九分之一。这个比例,来自白居易本人的记录:"地方十七亩,屋室三之一,水五之一,竹九之一。"

而在白府的南园、西园两个花园之中,有假山,有小池,池中还有小岛,可以泛舟游玩。这也就是在《会昌九老图》中出现了两个老人在舟中下棋的原因。很显然,李公麟这是非常合理的想象。

更为得天独厚的是,白府花园之中的池水,不是臭臭的一潭死水,而是流动的活水。据清人徐松的《唐两京城坊考》记载:"居易宅在履道西门,宅西墙下临伊水渠,渠又周其宅之北。"也就是说,有一道伊渠,沿着白府西边院墙向北流去,然后在白府西北角右拐,再沿着白府北边院墙向东流走。这就非常难得了。

白居易利用这一水利之便,引水入南园、西园,使花园池水保持流动,同时还别出心裁地在宅西墙下的水中放置巨石,使水石相击,造成潺湲之声,别成一趣。这样一来,九老在聚会时,在这样的流水之中泛舟、对弈,岂不是别有情趣?

那他家有船吗?有的。而且还是苏州的船。

白居易自己在《池上篇并序》中说:"罢苏州刺史时,得太湖石、白莲、折腰菱、青板舫以归。"所以他家的船,是从苏州带回来的"青板舫"。并且,《会昌九老图》中所画的奇石,也和船是同一个来源。

在有山有石、有水有船、有花有树的白居易家,办个"九老会",应该没问题吧?

既然家中就有这么好的接待条件,白居易大可不必和八个年迈的老人们一起,辛辛苦苦奔波几十里路,跑到洛阳城外的香山,只是为了喝个酒,开个Party。更何况白居易在香山,并无私宅,他本人也只是客居于香山寺,参禅礼佛。因为,"九老会"中的那位如满禅师,就是香山寺中的僧人,同时也是白居易的佛家师父。

当然,白居易的"九老会",之所以会被人误会为在香山举办,实在是因为他与这座香山,有着极深的缘分。

香山,位于洛阳城南,因盛产香葛而得名。白居易极爱香山和建于此的香山寺,认为"洛阳之郊,山水之胜,龙门首焉。龙门十寺,观游之胜,香山首焉"。为此,白居易才自号"香山居士"。

香山寺原建于北魏年间，武则天时期曾经重修，李白、孟浩然、韦应物等著名诗人，都曾来此游玩题咏。白居易也曾出资重修此寺，使得"游者得息肩，观者得寓目。关塞之气色，龙潭之景象，香山之泉石，石楼之风月，与往来者耳目一时而新"。

同时，白居易还把他在洛阳所写的800余首诗，合为十卷，编为《白氏洛中集》，郑重保存于香山寺经藏堂中。白居易去世之后，他的归葬之地，就在香山，而且，就在先他而去的九老之一如满禅师墓的旁边。

将"九老会"的地点，误认为香山，最早应该是在南宋的宋高宗、宋孝宗年间。

唐朝的白居易，是北宋、南宋时期文人心中的偶像。我们今天所知道的那些宋朝的大家，比如范仲淹、司马光，特别是"唐宋八大家"中的宋朝六家，都是白居易的铁杆粉丝。对于白居易的"九老会"，他的这些铁杆粉丝更是或吟诗作词，或粉墨丹青，大书特书，歌之咏之，推崇备至，向往之至。同在北宋的画家李公麟，就是在这样浓厚的追星氛围下，创作出这幅《会昌九老图》的。

而自北宋以来，以"九老会"为主题，出现了不同画家创作的多幅作品。在北宋时期，多题为《会昌九老图》《洛阳九老图》《洛中九老图》等；但到了南宋，就开始出现题为《香山九老图》的"九老会"画作了。这是为什么呢？

原因就出在南宋的宋高宗、宋孝宗这对父子身上。宋高宗赵构，是南宋的开国皇帝，他在登基三十多年之后，于绍兴三十二年（1162）禅位给自己的养子宋孝宗赵昚。然后，又当了二十多年太上皇。

在这二十多年间，深感父子关系特殊的宋孝宗赵昚，衷心感激养父在没有血缘关系的情况下仍然选择让自己继承大统，于是想尽办法孝敬自己的养父。这其中，搜罗字画古玩，就成了宋孝宗赵昚表现自己孝心的方式之一。

"九老会"画作就是在此时，进入了宋孝宗赵昚的视野。主题太好了，高寿的老人们欢聚，献上此图，暗含自己对养父长寿的祝愿；地点也太好了，此时宋室南渡已三十多年，洛阳已成养父心心念念的故乡。献上此图，寓意自己将守好养父的江山，伺机恢复中原，打回洛阳。

此时此刻，赵昚君臣关注的重点，是洛阳。而只有香山，必须是香山，才是洛阳的标志和象征啊。履道坊？是什么东西？它在哪儿？它在洛阳吗？

于是，《香山九老图》正式成为呈给太上皇宋高宗赵构的寿庆礼品，正式成为南宋文人话语体系中的主流版本，比如周密的《齐东野语》，比如赵必豫的《覆瓿集》。

就这样，以宋孝宗赵昚为首的南宋人，按照自己的阐释与想象，自作主张地更改了"九老会"的举办地，从履道坊白府，换成了香山。

历史真相，又一次服从了政治需要。

三
图中的九老，
活成了我们羡慕的样子

中国的古人，早在《尚书》之中，就提出了人生的"五福"观点："一曰寿，二曰富，三曰康宁，四曰攸好德，五曰考终命。"简单地说，人生"五福"就是"长寿、富贵、康宁、好德、善终"。

《会昌九老图》中的九老，都有"长寿"之福。九老的平均年龄，已经高达八十九岁。虽然我们有理由对李元爽一百三十六岁的高寿表示怀疑，但却找不到推翻白居易记录的证据。即使不算李元爽在内，其余八老的平均年龄也有八十三岁。与九老们同在唐朝的杜甫，曾赋诗"人生七十古来稀"，可是到了九老这里，这句话却完全不管用了，因为七十岁对他们来说，太轻松了。

《会昌九老图》中的九老，都有"富贵"之福。前文已经说过，九老中除李元爽、如满禅师以外，都是退休的朝廷官员。像曾任刑部尚书的白居易、曾任卫尉卿的吉皎、曾任磁州刺史的刘真、曾任永州刺史的张浑，都是大唐帝国的中高级官员。至于李元爽、如满禅师二位，他们在那个平均年龄不高的时代，能够得享近百岁的高寿，显然也不是窘迫的经济条件，就可以办到的。

《会昌九老图》中的九老，都有"康宁"之福。所谓"康宁"，就是指身体健康，身无疾病。以图中九老喝酒、下棋、写字、读书，甚至簪花狂舞的状态来看，他们的身体，那是相当健康、相当康宁。

《会昌九老图》中的九老，都有"好德"之福。所谓"好德"，是指积德行善。九老中其余八老，史料缺乏，我们不知道这方面情况。但是，白居易曾在晚年，因怜悯伊河行船之难，捐资开凿修通了河床不平、长达十里的"八节滩""九峭石"，使得船夫免于冬天下河推船之苦，却是史有明载的。对于白居易而言，这是显而易见的"好德"之福。合理推测，白居易如此"好德"，能与其推杯换盏的朋友，想来亦是"好德"之辈。

《会昌九老图》中的九老，都有"善终"之福。所谓"善终"，就是指得享天年，寿终正寝。这对于寿命已达八九十岁、人生只剩归途的九老来说，并非难以预期的人生终点。白居易本人，就是这样"善终"的。在"九老会"整整一年之后，会昌六年（846）八月十四日，白居易在洛阳，平静离世，得以寿终。

《会昌九老图》中的九老，正因为"五福"俱全，才活成了我们羡慕的样子。而且，不止今天的我们羡慕九老，在历史上，羡慕九老的人也很多。从北宋到明清，从国内到日韩。

北宋的文人，很羡慕九老。

北宋文人出于"思继白少傅九老之会"，"思白乐天洛中九老之会"，"慕唐白乐天九老会"，"继会昌洛中故事"等同样的动机，仿照白居易的"九老会"，也在洛阳先后举办了富弼主持的"耆英会"、文彦博主持的"同甲会"、司马光主持的"真率会"。

这些文人雅集，参与的主体和白居易的"九老会"一样，也都是退休的闲官老人；集会中彼此相处的方式，也是"用洛中旧俗，序齿不尚官"，以年龄大小为序；集会的主要活动，也都是诗酒唱和、水墨丹青，将参与集会的老人绘于图上，也留下了《张氏十咏图》《睢阳五老图》这样的传世名画；诗词内容、诗词意境，甚至遣词用字，也与白居易"九老会"的诗作相似。

要知道，富弼、文彦博、司马光可都是北宋文人群体中的精英级人物、宰相级高官，由他们出面来主持追慕"九老会"，可见其影响程度。

明清的文人，也很羡慕九老。

明朝初年，林原缙、丘慎余、何东阁等九人"修白香山故事"，组织"花山九老会"。此外，明朝还有詹栋主持的"八耆会"、王正国主持的"澹逸会"、刘贽主持的"同年会"、朱用主持的"敦谊会"、许梦兆主持的"初服会"、刘衍主持的"崇雅会"，等等。这些，都是白居易的"九老会"，在明朝的流风余韵。

到了清朝，此等附庸风雅之事，岂能少了我们的乾隆皇帝？乾隆二十六年（1761）秋，他亲自下诏，组织清朝版的"九老会"：选择在朝的王公大臣年龄最长者九人，共六百七十七岁；又选在朝的武臣九人，共七百二十二岁；再选退休的大臣九人，共七百零四岁。三组老臣共二十七人，也称"九老会"，去北京香山饮酒宴乐，吟诗赋词。乾隆皇帝本人还为此次清朝版的"香山九老会"题诗并作序，以此作为他一手开创的盛世标志之一。

日韩的文人，更是羡慕九老。

白居易生前，其诗集就已风行日韩。从那时起，白居易就已是日韩文人心目中的大明星了。

日本平安时期的文人菅原道真，在白居易去世后的第三十一年，曾写过《暮春见南亚相山庄尚齿会》一诗，在诗前的序言中，他如是说：

大唐会昌五年，刑部尚书白乐天于履道坊闲宅，招卢、胡六叟宴集，名为七叟尚齿会。唐家爱怜此会希有，图写障子，不离座右。有人传送呈我圣朝，即得此障，遍览诸相，诸紫接袖，发眉皓白，或歌或舞，傲然自得，谁谓图画，昭昭在眼。爰南相公感叹顾告云：吾党五六人，年齿虽衰迈，颇觉吟诗，未难酣乐，尚齿高会，何必卢白，请集山宅，续彼旧踪，足传子孙。是善官号同白氏，年齿校卢公，忝侍南氏之席，惭动北山之移，聊述六韵，贻之千载云尔。

菅原道真追述白居易的"九老会"，羡慕之情，溢于言表。此后，日本历代文人还有多次针对白居易"九老会"的效颦之举，不再一一赘述。

在高丽、朝鲜的历史文献中，也多见当时文人模仿"九老会"的记载。崔瀣（1287—1340）在《海东后耆老会序》中说："唐会昌中，白乐天既以太子少傅致仕居洛，与贤而寿者六人，同燕履道里宅，为尚齿之会。"

由此可见，白居易和他的"九老会"，影响之大。